FLENSBURGER HEFTE

Kampf der Kulturen?

Eine andere Welt ist möglich

Aus dem Inhalt

Liebe Leserinnen und Leser!

Der 11.09.2001 hätte unsere Welt verändert, heißt es so oft. Eine richtungsweisende Aussage, leichtfertig ausgesprochen. Denn hat der 11.09. 2001 wirklich unsere Welt verändert, oder hat er vielmehr den Blick auf Problemfelder gelenkt, die wir bisher verdrängt haben, nicht sehen wollten oder von denen wir schlicht nichts wußten?

Seien Sie ehrlich: Wußten Sie, daß in den letzten ca. fünf Jahren im Kongo mindestens drei Millionen Menschen durch Bürgerkriegswirren zu Tode gekommen sind? Das sind 10.000mal so viele Menschen, wie bei dem Anschlag auf das World Trade Center umgekommen sind. Aber wer nimmt das hier zur Kenntnis? Liegt es vielleicht daran, daß es Schwarze sind und daß Schwarze immer noch nicht als vollgültige, den weißen Europäern und Amerikanern ebenbürtige Menschen angesehen werden? Oder liegt es daran, daß wir von den Hintergründen der Bürgerkriegswirren im Kongo nichts wissen wollen? Daß wir einfach nicht glauben wollen, daß Uganda, Ruanda, Angola, Simbabwe teilweise Stellvertreterkriege für die USA bzw. westliche Großkonzerne führen, um die Rohstoffe dieser Region für unsere Konsumbedürfnisse auszubeuten?

Wußten Sie, daß z.B. die Bekleidungsfirma GAP – wie viele andere Firmen auch – in den sogenannten steuerfreien Exportproduktionszonen (siehe FLENSBURGER HEFTE 74, S.19 ff.) Näherinnen unter unmenschlichen Bedingungen beschäftigt; für 0,65 Euro die Stunde? Wußten Sie, daß der mittlerweile größte Konzern der Welt, Wal-Mart, durch Zulieferbetriebe in Bangladesch Erwachsene für 0,09 bis 0,21 Euro die Stunde beschäftigt, 40 bis 70 % unter dem vorgeschriebenen Mindestlohn?

Aus der Militärdiktatur Myanmar haben sich immerhin fast alle westlichen Firmen zurückgezogen, eine harrt aber noch aus: der französische Ölkonzern TotalFina Elf, der auch in vielen Bürgerkriegsländern Afrikas, wie z.B. dem Sudan und Angola, seine Geschäfte tätigt. In Myanmar gab es Zwangsumsiedlungen und willkürliche Hinrichtungen in Ölfördergebieten. Die Friedensnobelpreisträgerin Aung San Suu Kyi bezeichnete TotalFina Elf jüngst als „beste Stütze“ des Militärregimes (vgl. Klaus Werner/Hans Weiss: Schwarzbuch Markenfirmen. Wien/Frankfurt a.M. 2001, S.312 f.).

Wußten Sie, daß die Jeansfirma Levi Strauss noch 1999 Näherinnen in einer bulgarischen Zulieferfirma beschäftigen ließ, die sich nach jeder Schicht nackt ausziehen mußten, angeblich um Diebstählen vorzubeugen?

Oder wußten Sie, daß wir durch unsere Vorliebe für Jeans massivste Umweltschäden anrichten? Auf 34 Millionen Hektar Land wird Baumwolle angebaut; Flächen, die man eigentlich als Agrarfläche für die armen Länder nutzen sollte. 25 % der weltweit verwendeten Pestizide werden auf diesen Baumwollfeldern verspritzt, mit der Folge von einer Million Vergiftungserscheinungen bei den Erntearbeitern pro Jahr (vgl. ebd., S.246 f.).

Man könnte fast beliebig fortfahren.

Wir in den reichen westlichen Ländern leben in einem erschreckenden Ausmaß auf Kosten der Menschen der Südländer. Viele unserer Konsumprodukte werden von Kindern und Erwachsenen im Schweiße ihres Angesichts, auf Kosten ihrer Gesundheit, unter Ruinierung der Landschaft, Kultur und Gesellschaft der armen Länder hergestellt. Das ist seit über zehn Jahren so normal, daß wir es meist nicht einmal wissen, und wenn doch, nicht glauben oder gedanklich möglichst schnell wieder abhaken. Diese Zustände sind moderner Kolonialismus unter dem Mantel der Globalisierung.

Die Ausbeutung der Arbeitskräfte und der Rohstoffe der Entwicklungsländer ist ein Grund, daß mit Schwarzafrika fast ein ganzer Kontinent stirbt. Diese Länder sind die Verlierer der Globalisierung. Korrupte Regime, ethnische Konflikte und Warlords tragen ihr übriges dazu bei, daß die Menschen hungern, erkranken, durch Minen verstümmelt werden oder anderweitig zu Tode kommen.

Vor diesem Hintergrund sollte man die vergangenen, gegenwärtigen und zukünftigen kriegerischen Auseinandersetzungen betrachten, die uns alle beschäftigen: die Anschläge auf die USA sowie den Krieg der USA und ihrer Verbündeten gegen das weltweite Terrornetz und das Taliban-Regime sowie mögliche Militärschläge gegen den Irak oder andere Länder.

Jeder Krieg und jede Auseinandersetzung ist interessegeleitet. Weltweite Achtung der Menschenrechte und die Gleichbehandlung der Menschen zählen oft wenig, auch für den Westen. Das weltweit übelste Regime der letzten Jahrzehnte interessiert uns im Westen überhaupt nicht. Als die Taliban eine Art Tontaubenschießen auf die Buddhastatuen von Bamiyan veranstalteten und sie schließlich sprengten, stutzten wir kurz und zeigten Empörung. Aber daß ein Großteil der Bevölkerung, zumindest alle Frauen, in einer Art Irrenhaus, wie Rosen in der Finsternis, dahinvegetieren mußten, interessierte uns nicht.

Erst als die Wolkenkratzer in New York zusammenstürzten und einige Tausend Menschen starben – die Grausamkeit und Widerwärtigkeit dieses

Anschlags soll damit in keiner Weise relativiert werden –, wachte die Welt auf, und Afghanistan stand im Mittelpunkt des Weltinteresses. Plötzlich war es möglich, das Steinzeit-Regime der Taliban beiseitezuräumen.

Aber daß täglich genauso viele, wahrscheinlich noch mehr, Menschen in Afrika durch kriegerische Auseinandersetzungen, Aids und Hunger sterben, interessiert uns immer noch nicht.

In diesen Tagen geriet ich in Flensburg in eine Demonstration von einigen hundert Arabern, die mit Allahu-akbar-Rufen gegen das brutale militärische Vorgehen der israelischen Regierung in Gaza und im Westjordanland protestierten. Und schlagartig wurde mir wieder einmal klar, wie hautnah wir überall mit den Problemfeldern der Welt verbunden sind. Und wieder mußte ich über die historische Verantwortung der Europäer und Schuld der Deutschen nachdenken, deren Folgen wir tagtäglich in dem immer mehr eskalierenden israelisch-palästinensischen Konflikt ohnmächtig zur Kenntnis nehmen müssen.

Aber wir dürfen dazu nicht schweigen. Kein palästinensischer Anschlag darf gerechtfertigt werden, aber was die israelische Politik in Gaza – dem Gefängnis mit Meeresblick – und im Westjordanland anrichtet, hat schon längst die Grenze zur Unerträglichkeit überschritten.

Drohen jetzt Religionskriege? Juden gegen Muslime, Muslime gegen Christen, Hindus gegen Muslime? Wird es einen Kampf der Kulturen geben, oder ist er schon voll im Gange? Nicht vergessen sollte man in diesem Zusammenhang die amerikanische Politik. Verstehen Sie George W. Bush und seinen Stab noch? Verstehen Sie, wie man ganze Länder, also die komplette Bevölkerung dieser Länder, in einer „Achse des Bösen" einordnen, also schlichtweg verteufeln kann? Verstehen Sie, wie man gezielt Länder, wie z.B. China und Rußland, mit denen man gerade eine Allianz gegen den Terrorismus eingegangen ist, als mögliche Ziele taktischer Atombomben nennen kann? Ich gestehe offen: Hier setzt meine Vorstellungskraft aus.

Selbst wenn man den USA zumessen möchte, daß sie den Weltpolizisten spielen wollen und sich das Zugriffsrecht auf die Rohstoffe der Welt sichern möchten, wie kann man in der weltweit aufgeheizten Situation – Afghanistan, Palästina, Kaschmir – weitere Kriege beginnen? Noch einen Krieg in Nahost – beispielsweise gegen den Irak, ohne die gleichzeitige Schaffung eines souveränen Palästinenser-Staates – verkraften die muslimisch-arabische Welt und auch der Rest der Welt nicht. Und momentan scheint es, als hätten die USA diese Lektion gelernt.

Wir haben dieses FLENSBURGER HEFT „Kampf der Kulturen? Eine andere Welt ist möglich“ genannt, um Ihnen verschiedene Aspekte der weltweiten Konflikte – Afghanistan, internationaler Terrorismus, Palästina, Irak, Kaschmir, Schwarzafrika, Arm und Reich, Religionskriege – durch Interviews näherzubringen. Zeigen möchten wir Ihnen aber auch, daß man nicht ohnmächtig in all diesen Katastrophen stehen muß, sondern etwas tun kann, konkret helfen kann. Das beginnt mit dem Interesse für die Welt und dem bewußten Verstehenwollen des anderen Menschen und der anderen Kultur.

Und dazu gehört, daß man sich sachkundig macht, selbstverständlich durch das Lesen von Büchern wie diesem FLENSBURGER HEFT, aber auch durch das tägliche Studium der Tageszeitung und dem Verfolgen entsprechender Politiksendungen. Das sollte man sich zur Übung machen, gerade wenn es einem widerstrebt. Dann wächst auch der Impuls, wirklich nach Möglichkeiten zu suchen, etwas zu tun und verändernd einzugreifen.

Er steigert sich, indem man die Probleme der Welt anspricht, mit anderen Menschen darüber diskutiert, sich beschwert und das eigene Konsumverhalten ändert. Klare und gezielte Gedanken dienen hier als positive Kraft. Im Austausch mit anderen eröffnen sich Perspektiven, was jeder einzelne tun kann, um notwendige Korrekturen auf unserem Weg zu bewirken. Und er steigert sich nochmals, indem man dazu beiträgt, daß irgendwo an einem Ort der Welt konkret Hilfe geleistet wird. Auch dafür geben wir einige Beispiele in diesem Buch. – Eine andere Welt ist möglich!

Es grüßt Sie
Ihre FLENSBURGER HEFTE-Redaktion
Wolfgang Weirauch

Rosen der Finsternis

Interview mit Rahman Nadjafi

von Wolfgang Weirauch

Rahman Nadjafi, *geb. 1940 in Kabul. 1958 Abitur, 1962 Gaststipendium vom Hamburger Senat und ab 1963 Studium der Geophysik an der Universität Hamburg; ab 1969 Studium des Höheren Lehramts mit den Fächern Physik und Politik. 1973–1975 Gymnasiallehrer im Fach Physik.*

1966 Gründung des ersten afghanischen Studentenvereins an der Universität Hamburg. 1970 Gründung von GUAPS (Generalunion der afghanischen Studenten im Ausland), die 1979 die gewaltlose Besetzung der afghanischen Botschaft in Bonn durchführte.

Aus erster Ehe mit der Lehrerin Gudrun Hinrichs ging die Tochter Simin hervor. Die zweite Tochter Nina ging aus der Beziehung mit der Eurythmistin Verena Tenge hervor. Sie gilt als „die beste Rapperin Deutschlands" (Süddeutsche Zeitung). *– 1977 Heirat der Pädagogin Jutta Holtmann und Eröffnung des ersten afghanischen Spezialitätenrestaurants „Saidal" in Hamburg-Eppen-*

dorf. Im Laufe der Jahre Eröffnung verschiedener Lokalitäten mit ausgewähltem Musikprogramm und diversen politischen Veranstaltungen.

Kurz vor dem Einmarsch der Sowjetarmee in Afghanistan Gründung des KUFA e. V. (Komitee zur Unterstützung der Flüchtlinge in Afghanistan und zum Wiederaufbau des zerstörten Landes e. V.) und Herausgabe der Zeitschrift Afghanistanblätter *mit Berichten über Politik, Ökonomie, Geschichte, Ethnologie und Kultur Afghanistans.*

Seit 1994 Heirat und Zusammenarbeit mit der Eurythmistin Ulrike Nadjafi. 1998 Inszenierung des bekannten multikulturellen Zentrums „Schlachthof Hamburg" und Gründung des „Kultureintopfs", durch den in Hamburg einmal in der Woche für ca. 200 Obdachlose kostenlos warmes Essen und Getränke serviert werden.

***Anschrift:** KUFA e. V., Haynstr. 3, D-20249 Hamburg, Tel. 040/ 48 44 61.*

„Es ist so, wie wenn man eine Blume besitzt, eine Rose. Man gießt sie und behält sie im Hause, um sie anzusehen und daran zu riechen. Eine Frau darf nicht aus dem Haus gelassen werden. Dort können alle an ihr riechen." Was hier scheinbar in schöne Worte gegossen ist, erinnert an eines der großen Verbrechen der letzten Jahrzehnte, dem etwa sechsjährigen weitgehend geglückten Versuch, die Hälfte der Bevölkerung des Landes Afghanistan wegzuschließen, zu entmündigen, ihr Berufsverbot zu erteilen, sie zu demütigen und zu traumatisieren.

Der Rosenvergleich wurde von dem ehemaligen Taliban-Minister Sayed Ghaisuddin über die Frauen seines Landes ausgesprochen, die durch den mit normalem Geist nicht mehr zu fassenden Steinzeit-Islam der Taliban hinter die Burka, den Ganzkörperschleier, verbannt wurden.

Am 26.09.1996 eroberten die Taliban Kabul, hängten zuallererst den seit Jahren inhaftierten ehemaligen kommunistischen Präsidenten Nadschibullah (1986–1992) samt seinem Bruder öffentlich auf und verkündeten schon am nächsten Tag über den Rundfunk – von nun an Radio Scharia genannt – ihre frauen- und kulturverachtenden Gebote.

Von heute auf morgen durften Frauen nicht mehr arbeiten, und wer keinen Mann hatte oder nicht von ausländischen Hilfsorganisationen unterstützt wurde, saß im Rinnstein oder vor den Moscheen und hielt schweigend die Hand auf. Immer wieder muß ich an den ergreifenden Film „Im Reich der Finsternis" von Saira Shah denken, die als Exil-Afghanin einen Besuch in dem Land ihrer Eltern machte und Afghanistan unter den Taliban von innen zeigte.

Nie werde ich die dort gezeigten bettelnden und halb verhungerten Frauen vergessen, an denen die Männer achtlos vorbeischreiten. Nie werde ich vergessen, wie eine Witwe auf dem Markt schimmeliges Brot kauft, zu Hause mörsert und es mit ihren Kindern ißt. „Diese Armut ist gewollt", sagt Saira Shah. Aber: „Trauer, sagt man, bringt Berge zum Einstürzen. Aber schau mich an: Ich stehe." So drückt es ein afghanisches Gedicht aus, das zur Situation der Frauen Afghanistans von heute paßt. Denn es ist ein Wunder geschehen.

Am 13.11.2001 flohen die Taliban aus Kabul, vertrieben durch die Nordallianz und das sie unterstützende amerikanische Bombardement. Und nun sitzen zwei Frauen in der Interimsregierung. Die Frauen Afghanistans erobern sich ihr Terrain zurück, üben wieder Berufe aus, publizieren in Frauenzeitschriften, unterrichten nicht mehr im Geheimen, und Mädchen dürfen wieder zur Schule gehen. Aber alles sind nur erste Keime. Die Armut ist groß, und Afghanistan wurde jüngst von der Weltbank als ärmstes Land der Welt deklariert. Viele Frauen möchten Berufe ausüben, wissen aber nicht welche.

Am schlimmsten betroffen sind nach wie vor die Witwen. Für sie und ihre Kinder sowie für Waisenkinder gründet Rahman Nadjafi mit der Hilfe westlicher Spendengelder und der Unterstützung des Interimspräsidenten Karsai voraussichtlich demnächst ein Waisenhaus in Kabul.

Aber Afghanistan ist noch lange nicht befriedet. Neue Gefahren drohen durch weitere Flügelkämpfe und Gulbuddin Hekmatyar, den Chef der fundamentalistischen Hisb-i-Islami. Wer ist Gulbuddin Hekmatyar?

Immer wieder wird von ihm berichtet, wie er bereits als Student in den 70ern unziemlich gekleideten Studentinnen Säure ins Gesicht geschüttet habe. 1981 noch Gast der CSU in Bayern, setzte er nach dem Sturz Nadschibullahs Anfang 1992 zur Machtübernahme in Kabul an. Aber schon wenig später, im Frühjahr 1992, brachen alsbald Flügelkämpfe unter den Mudschaheddin aus. Der mit Massoud verbündete Tadschike Rabbani wurde im Sommer 1992 vom Führungsrat der Mudschaheddin zum Übergangspräsidenten gewählt, Monate später zum Staatspräsidenten.

Aber dann wurde Kabul zerstört, und das war das Werk des durch die USA, Pakistan und Saudi-Arabien unterstützten Gulbuddin Hekmatyar, eines Paschtunen. Die Flügelkämpfe unter den Mudschaheddin rissen nie ab, auch nicht, als Hekmatyar im März 1993 durch Vermittlung Pakistans und Saudi-Arabiens formal zum Ministerpräsidenten Afghanistans ernannt wurde.

Wegen dieser Wirren im Land setzten die USA auf die Taliban, die mit ihrer militärischen Hilfe ab 1994 das Land vom Süden her eroberten, bis sie schließlich 1996 Kabul einnahmen. Hekmatyar floh in den Iran, obwohl der Iran seine Gegner, die Nordallianz Massouds, ein Bündnis aus Usbeken, Tadschiken und den schiitischen Hazaras, unterstützte, welche heute auch in der Übergangsregierung tonangebend sind.

Der Iran möchte es sich nicht mit dem neuen afghanischen Regime Karsai verscherzen und verwies Hekmatyar, der sich nach dem 11.09.2001 den Taliban angedient hatte, aus dem Land. Nun ist er untergetaucht und diffamiert Karsai als Marionette der USA. Aber bereits Anfang April 2002 ließ er wieder von sich hören, als ein mutmaßlicher Putsch Hekmatyars aufgedeckt wurde. Hekmatyar, seine Anhänger und versprengte Taliban, so hieß es in ersten Meldungen, wollten die Übergangsadministration Karsai mit einer Serie von Bombenanschlägen destabilisieren.

23 Jahre Krieg in Afghanistan, Spielball der Großmächte, Kampfplatz zersplitterter Volksgruppen, Gefängnis für die Frauen, Grab Hunderttausender! Ein Land im Trauma. Aber es besteht Hoffnung für eine bessere Zukunft für dieses geschundene Land, auch wenn es sicherlich weitere 23 Jahre dauern wird, bis die Narben etwas verheilt sind.

Rahman Nadjafi beteiligt sich als Afghane im Ausland tatkräftig am Aufbau seines Landes. Lesen Sie in nachstehendem Interview seine persönliche Geschichte, die zugleich die Geschichte Afghanistans der letzten Jahrzehnte ist.

Wolfgang Weirauch: In Afghanistan gibt es 55 Ethnien. Haben diese in den letzten 200 bis 300 Jahren – bis 1978 – immer friedlich zusammengelebt?

Rahman Nadjafi: Die Gründung des afghanischen Staates erfolgte 1747 als Großreich unter Ahmed Schah Durani. Seit dieser Zeit haben die Völker friedlich zusammengelebt. In meiner Jugend, als ich zur Schule ging, habe ich von den Widersprüchen der einzelnen Volksgruppen, die in den letzten zwei Jahrzehnten verstärkt aufgetreten sind, überhaupt nichts mitbekommen.

Erste Keime des Parlamentarismus

W.W.: Welcher Volksgruppe bzw. Religion gehören Sie an?

R. Nadjafi: Ich bin durch und durch „Mischling". Das beginnt bereits mit der Religionszugehörigkeit. Meine Mutter gehört zu den schiitischen

Sayed, den Nachkommen Mohammeds. Mein Vater dagegen ist Sunnit. Beide haben mich allerdings religiös tolerant erzogen. Mein Vater lebte als Sunnit im Kerngebiet der Schiiten, einem Schiitenviertel in Kabul. Er war bei ihnen sehr angesehen und hat auch stets die Trauerzeremonien der Schiiten im Monat Muharram mitgemacht, also in dem Monat, in dem die Schiiten der Ermordung Husains, dem Sohn Alis, im Jahre 680 in Kerbela gedenken.

Meine Großeltern kommen aus der Pandschab-Gegend, also aus dem späteren Pakistan. Mein Großvater war Gelehrter, Weiser, Dichter, Philosoph. Sein jüngerer Bruder studierte in der Zeit von Habibullah (1901–1919), dem Vater des Reformkönigs Amanullah (1919–1929). Er studierte u.a. auch in London und lernte dort den Bruder Habibullahs kennen. Zu dieser Zeit suchten sie Menschen aus den Bereichen Erziehungswissenschaften und Politik, um mit ihnen einen modernen afghanischen Staat aufzubauen. Mein Großvater lehrte zu dieser Zeit in Lahore an der Universität. Der dritte Bruder war auch Pädagoge, und alle drei folgten dann dem Aufruf, nach Afghanistan zu kommen, um an einem modernen Staatsaufbau mitzuwirken. Mein Großvater wurde Ataliq unter Habibullah. Wer diese Stellung innehat, erzieht den Sohn des Königs zum König. So wurde er der Erzieher von Amanullah. Er mußte ihm alles beibringen, von der Religion über die Mathematik bis zur Politik.

In dieser Zeit haben sie auch das erste afghanische Gymnasium gegründet. Und damals entstand die erste politische Bewegung Afghanistans, deren Mitbegründer mein Großvater und seine Brüder waren.

W.W.: Was war das für eine politische Bewegung?

R. Nadjafi: Es war eine parlamentarische Bewegung, die die absolutistische Macht des Königs beschneiden wollte. Selbstverständlich war das eine Art Untergrundbewegung, denn der König ließ eine solche politische Bewegung nicht zu. Allerdings wurden ihre Aktivitäten entdeckt, und ihre Anführer kamen für zwölf Jahre ins Gefängnis. Mein Großvater und seine beiden Brüder waren auch unter ihnen. Der Rest der Familie durfte sich nicht weiter als sechs Kilometer von Kabul entfernen.

W.W.: Wie vollzog sich der Wechsel von Habibullah zu Amanullah?

R. Nadjafi: Ungefähr nach diesen zwölf Jahren Gefängnisaufenthalt meines Großvaters wurde Habibullah umgebracht, und Amanullah kam 1919 an die Macht. Da Amanullah der Schüler meines Großvaters und seiner Brüder war, entließ er sie aus dem Gefängnis. Aber sie wollten alle drei nicht mehr in Afghanistan bleiben und zogen zurück nach Pandschab.

Nur mein Vater blieb in Kabul. Mein Großvater kehrte noch einige Male nach Afghanistan zurück und veröffentlichte dort zwei Bücher, eines davon über den Kalifen Omar. Er wurde damals von den orthodoxen Muslimen scharf kritisiert und galt als eine Art Reformer der islamischen Bewegung Afghanistans. Er trat z.B. auch für die Gleichberechtigung der Frauen ein.

Meine Familie ist also ein Beispiel dafür, daß die Völker und verschiedenen Religionszugehörigkeiten früher in Afghanistan friedlich zusammengelebt haben, also z.B. Schiiten und Sunniten.

Die Ruhe vor dem Sturm

W.W.: Wie regierte König Sahir Schah 1933–1973 in bezug auf die einzelnen Volksstämme? Gewährte er ihnen Autonomie?

R. Nadjafi: Ja. Deswegen konnte Sahir Schah ohne Kriege und interne Kämpfe immerhin 40 Jahre in diesem Land in Ruhe herrschen. Er hat auch die einzelnen Zeremonien und Festtage der verschiedenen Religionen und Volksstämme geachtet. Beispielsweise besuchte er jeweils die schiitischen Trauerfeierlichkeiten am 10. Muharram. Da ich im schiitischen Viertel Kabuls wohnte, bekam ich immer mit, daß der König die Zeremonie mitmachte. Er selbst ist kein Schiit, hat aber auf diese Weise die anderen Religionen und Volksstämme geachtet.

W.W.: Sind Ihnen die verschiedenen Volksstämme in Ihrer Jugend als unterscheidende Merkmale bewußt geworden?

R. Nadjafi: Nein, ich kann mich nicht daran erinnern, daß während meiner Schulzeit darauf hingewiesen worden wäre, daß der eine Paschtune oder Tadschike ist bzw. zu den Hazaras gehört.

Afghanische Windhunde

W.W.: Wie war die politische Situation in Afghanistan in den 60er Jahren?

R. Nadjafi: Die Unterschiede zwischen Arm und Reich waren damals in Afghanistan ziemlich groß. Eine kleine Gruppe von Menschen konnte sich alles leisten, andere mußten zu fünft in einem Raum leben. Man hat die meisten politischen Bestrebungen im Keim erstickt. Man wollte nicht, daß sich die jungen Menschen politisierten. Ich selbst war damals ein apolitischer Mensch. Nach meinem Abitur war es mein Ziel, ein Stipendium für Deutschland zu bekommen und dort zu studieren.

W.W.: Politisierten Sie sich dann in Deutschland?

R. Nadjafi: Zuerst nicht. Das einzige, was mich verwunderte und störte, war, daß fast niemand von den Deutschen überhaupt wußte, wo Afghanistan lag. Nur einige sehr ältere Herrschaften konnten sich noch an König Amanullah erinnern, weil er während der Kaiserzeit Deutschland besucht hatte. Über ihn gab es auch einen Schlager. Ansonsten kannte man nur afghanische Windhunde. Obwohl ich damals überhaupt nichts von Politik verstand, war es mein Ziel, eines Tages nach Afghanistan zurückzukehren und Minister zu werden. Zuerst habe ich in Deutschland Geophysik studiert, später dann das Erste Staatsexamen zum Gymnasiallehrer gemacht, und zwar in den Fächern Physik und Politik. Mein erster Anstoß, mich mit Politik zu beschäftigen, war ein afghanischer Teppich, den ich in einem Schaufenster erblickte, der aber mit einer persischen Flagge gekennzeichnet war. Da Afghanistan keine Kolonie des Iran war, beschwerte ich mich bei dem Geschäftsführer des Kaufhauses.

Politisierung im Ausland

An der Universität habe ich dann mit einigen afghanischen Kommilitonen die politische Arbeit begonnen, angelehnt an die Arbeit der persischen Studenten, die gegen den Schah protestierten.

W.W.: Welche politische Richtung haben Sie eingeschlagen?

R. Nadjafi: Zuerst keine. Mein Ziel war lediglich, Afghanistan in Deutschland bekannt zu machen. Wenig später haben wir den ersten afghanischen Studentenverein an der Universität Hamburg gegründet. Und als in Deutschland die Studentische Linke und die marxistischen Gruppen entstanden, wurde ich von diesen angezogen. In diesen Zusammenhängen lernte ich dann auch meine erste Frau Gudrun kennen, die Marxistin war. Sie war Atheistin, ich war religiös, wenn auch nicht im strengen Sinne, aber ich mußte mich zuerst nächtelang mit ihr auseinandersetzen. Nach und nach habe ich dann die gesamte einschlägige Literatur gelesen, Marx, Engels, Lenin und Wilhelm Reich, und meine Zimmer hingen voll mit Plakaten von Ho Chi Minh und Che Guevara. In Kürze war ich Marxist und Revolutionär. Und auf diese Linie brachte ich auch meine afghanischen Kommilitonen. Insofern gehöre ich zu den Gründern der intellektuellen Bewegung Afghanistans im Ausland. Das Haus, in dem ich hier jetzt noch wohne, wurde damals zum Sitz fast aller K-Gruppen Hamburgs.

W.W.: Gab es auch in anderen Städten afghanische Studentengruppen?

R. Nadjafi: Ja. Ende 1968, Anfang 1969 gründeten wir in Münster die Generalunion der afghanischen Studenten im Ausland. Ich wurde zum Vorsitzenden gewählt und führte diesen Verein jahrelang. Die meisten von uns waren Maoisten und demzufolge auch gegen die Sowjetunion eingestellt.

Falsche Freunde

W.W.: Wie ging die Entwicklung in Afghanistan bis zum Einmarsch der Sowjetunion 1979 weiter?

R. Nadjafi: In Afghanistan gab es verschiedene kommunistische Bewegungen, zum einen die Maoisten, andererseits und die moskautreue Bewegung. Sicherlich haben Sie von Muhammad Daud, dem Cousin König Sahir Schahs, gehört. Bis 1962 hatte er verschiedene Ämter im Königreich inne, z.B. war er Verteidigungsminister und Ministerpräsident Afghanistans. Er war ein national orientierter Prinz und sehr machtbewußt. Er wollte unbedingt den König ablösen und suchte sich Unterstützer, die ihm behilflich sein sollten, den König zu stürzen. Während seiner Regierungszeit als Ministerpräsident entwickelte er zwei wirtschaftliche Fünfjahrespläne, und seine Berater waren die Sowjets.

Die Russen ihrerseits hatten schon sehr lange ein Auge auf Afghanistan geworfen. Besonders Stalin wollte neben Usbekistan, Turkmenistan und Tadschikistan auch Afghanistan in die UdSSR integrieren. Das Hegemonialbestreben der Sowjets in Afghanistan und die Machtgelüste Dauds ergänzten sich also Ende der 60er Jahre. Alle Pläne, die für Afghanistan entwickelt wurden, waren im Interesse der Sowjets. Das betraf z.B. den Straßenbau, vor allem die Straßenführung von Kabul zur sowjetischen Grenze. Unter meinen linken deutschen Kommilitonen wurde immer argumentiert, daß die Sowjets die Freunde der Afghanen seien, da sie unsere Straßen bauten, aber ich vermutete schon damals, daß sie diese Straßen nur bauten, um Rohstoffe aus Afghanistan in die Sowjetunion zu schaffen und um gegebenenfalls mit Panzern nach Kabul zu rollen. Ich befürchtete schon damals, daß dieser Tag kommen würde. Daud schickte auch viele junge Menschen in die Sowjetunion, die dort ideologisch geschult wurden und als sogenannte Freunde der Sowjetunion nach Afghanistan zurückkehrten.

König Sahir Schah setzte dann zwar Daud ab, aber dieser verfolgte seine Pläne weiter im Hintergrund.

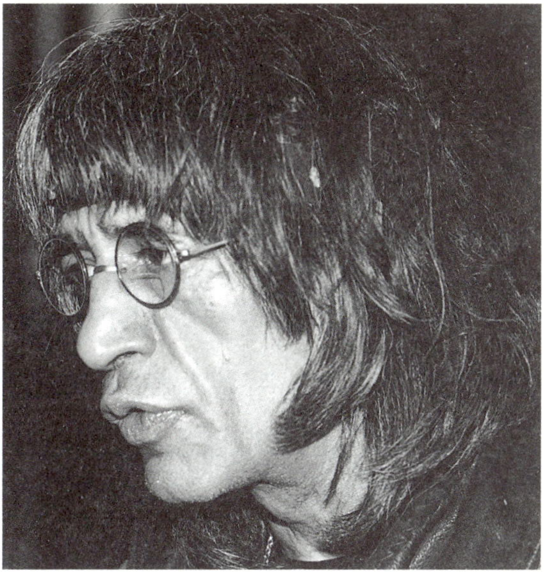

Rahman Nadjafi

W.W.: Und wie kam Daud wieder an die Macht?

R. Nadjafi: 1973, während einer Urlaubsreise des Königs im Ausland, putschte Daud mit seinen moskautreuen Anhängern. Afghanische Panzer rollten durch Kabul. Beide kommunistische Parteien Afghanistans schwenkten jetzt ganz auf die Linie Moskaus ein, obwohl sie miteinander konkurrierten. Der Führer der einen kommunistischen Partei war Karmal, der der anderen Taraki. Bis 1978 war Daud wieder an der Macht und übernahm die Ämter des Staatschefs und des Ministerpräsidenten der 1973 gegründeten Republik Afghanistan. Beide kommunistische Parteien spielten innerhalb seiner Regierung eine erhebliche Rolle. Aber Daud war kein Kommunist, sondern Nationalist. Er war so machtbesessen, daß er nicht erkennen wollte, wer ihn wirklich an die Macht gebracht hatte. Er nahm sich sogar heraus, Breschnew auf dem Flughafen in Moskau zwei Stunden warten zu lassen.

Gleichzeitig knüpfte Daud aber Verbindungen in den Westen, vor allem nach Frankreich und in die USA. Das verstieß natürlich enorm gegen die sowjetischen Machtinteressen. 1978 wurde Daud umgebracht, und die beiden kommunistischen Parteien kamen an die Macht. Moskau liebäugelte bereits mit einem Einmarsch in Afghanistan. Taraki wurde neuer Premierminister, während Karmal von den Sowjets quasi in Reserve gehalten wurde. Infolge dieser Machtergreifung begann der bewaffnete Widerstand der Mudschaheddin gegen das kommunistische Regime Tarakis.

Taraki war genau wie Karmal ein 100%iger Anhänger der Sowjetunion, aber in seinen eigenen Reihen bereitete man schon bald seinen Sturz vor. Sein Stellvertreter Amin führte während eines Auslandsaufenthalts einen Putsch gegen ihn durch, ließ ihn nach seiner Rückkehr ermorden und ergriff seinerseits im September 1979 die Macht. Aber eine Regierung Amin war nicht im Plan der Sowjetunion vorgesehen. Obendrein hatte Amin die ersten Kontakte zur CIA geknüpft. Sein hartes Vorgehen gegen die Opposition führte Ende 1979 zu Unruhen und Aufständen in Afghanistan, so daß sowjetische Truppen am 24.12.1979 aufgrund des ein Jahr zuvor geschlossenen Freundschaftsvertrages in Kabul einmarschierten. Drei Tage später wurde Amin gestürzt und hingerichtet, und der aus dem sowjetischen Exil zurückkehrende Karmal übernahm die Regierung und verfolgte einen strikt sowjetischen Regierungskurs.

Weltpolitik auf dem Rücken Afghanistans

W.W.: Gibt es Hinweise darauf, daß die CIA den Einmarsch der Sowjets in Afghanistan im Geheimen wollte, damit sie dort ihr Vietnam erleben?

R. Nadjafi: Ich denke schon. Die CIA unterhielt Kontakte zu Amin, der seinerseits die Sowjetunion provoziert hat. Die Breschnew-Doktrin besagte, daß die Sowjetunion zu Hilfe kommt, wenn ein mit ihr befreundetes Land von außen angegriffen wird. Und der Kontakt der CIA zur Regierung Amin, die im Plan der Sowjetunion nicht vorgesehen war, galt als ein solcher Angriff von außen. Und schließlich rief ja auch der mit der Sowjetunion verbrüderte Staat Afghanistan um Hilfe. Damit haben die Sowjets ihren Einmarsch und den Krieg gerechtfertigt. Das ist der Hintergrund des 10jährigen Bombardements Afghanistans und der 1,5 Millionen Toten.

W.W.: Wie beurteilen Sie den Kampf der Mudschaheddin gegen die sowjetische Besatzungsmacht?

R. Nadjafi: Zu Beginn war es ein Kampf des Volkes. Die Afghanen haben nie akzeptieren können, daß sie eine fremde Macht länger beherrscht, gleich ob dies nun Alexander der Große, Dschingis Khan oder arabische Imperialisten waren. Keine Besatzungsmacht hat längere Zeit in Afghanistan Fuß fassen können. Wenn die Afghanen von außen angegriffen werden, sind sie als Volk einig. Anfang der 80er Jahre war Afghanistan ein Volk ohne Führung. Die Afghanen kamen aus ihren Dörfern und kämpften gegen die Sowjets oder flohen nach Pakistan. Der Kampf des Volkes begann mit primitivsten Mitteln, bis man die ersten Kalaschnikows von besiegten Sowjets erbeutete. Später kam die Unterstützung durch die USA und die arabischen Staaten.

W.W.: Aber irgendwann zerfiel die Einheit des Widerstands, und die Mudschaheddin kämpften auch gegeneinander. Warum?

R. Nadjafi: In diesem Kampf entstand etwas, das ich anfangs nicht erkennen konnte. Und das war der Einfluß der Islamisten, der immer stärker wurde. Den Boden für diese Islamisten hat die Sowjetunion mit ihrem Einmarsch bereitet. Der islamistische Einfluß wurde bald so stark, daß große Teile des Volkes nunmehr im Namen Allahs gegen die Sowjetunion kämpften. Leider bekam dann der äußerst unangenehme Gulbuddin Hekmatyar immer mehr Einfluß.

W.W.: Welche Pläne verfolgten die USA in Afghanistan?

R. Nadjafi: Sie unterstützten die Mudschaheddin, finanzierten zusammen mit arabischen Staaten die sogenannten arabischen Freiheitskämpfer, die Anfang der 80er Jahre über Pakistan nach Afghanistan hineinkamen. Unter ihnen war dann auch Osama bin Laden. Der Hintergrund war natürlich die Absicht, eine Pipeline aus der Gegend des Kaspischen Meeres durch Afghanistan zu verlegen. Auch nachdem die Sowjets aus Afghanistan abgezogen waren, verfolgten die USA weiter die Pläne dieser Pipeline und unterstützten auch weiterhin Osama bin Laden, obwohl ihnen seine antiwestliche Einstellung längst bekannt war.

Der Hauptgegner waren die Frauen

W.W.: Mich interessieren vor allem die Taliban. Das Taliban-Regime war im Grunde ein Regime zur Vernichtung der Frau: Ganzkörperverschleierung, Schul- und Arbeitsverbot, keine medizinische Versorgung, gewollte Armut. Was sind das für Menschen, was geht in den Köpfen und Herzen dieser Männer vor, wenn sie derartige steinzeitliche Richtlinien aufstellen?

R. Nadjafi: Die Taliban sind die radikalsten Kräfte der Islamisten, die aber teilweise – und das ist der Widerspruch bei ihnen – das, was sie abschaffen und dem Volk verbieten wollen, gleichzeitig für sich in Anspruch nehmen. Das wurde offenbar, als man den Palast Mullah Omars in

Kandahar stürmte. Dem Volk wurde Bescheidenheit gepredigt, Musik war verboten. Er aber besaß eine große Musikanlage, einen Harem mit fünf oder sechs Frauen und reichlich westliche Konsumgüter.

W.W.: Aber was sind das für Menschen? Haben sie kein Mitleid? Sind sie so dumm oder irre, daß sie nicht begreifen, daß ein Volk ohne Frauen nicht existieren kann?

R. Nadjafi: Das sind Menschen, die – wie Sie es sehr gut ausgedrückt haben – irre sind. Sie haben sich selbst in Afghanistan ein System aufgebaut, aber das Volk ist ihnen gleichgültig. Jeder Mensch, der auch nur ein bißchen Vernunft besitzt, weiß, daß ein solches Taliban-Regime nicht lebensfähig ist. Es war ein Haufen verrückter Männer, die aber von Osama bin Laden und seinen Anhängern unterstützt worden sind. Sie wurden von dem weltweiten Terroristennetz Al-Qaida am Leben erhalten. Osama bin Laden vertritt nicht den Steinzeit-Islam der Taliban mit der Frau an sich als ihrem Hauptgegner, sondern sein Hauptgegner sind die USA. Er hat die Taliban einfach ausgenutzt. Und er hat sie ausnutzen können, solange die CIA die Taliban unterstützte. Mit dem Anschlag vom 11. September 2001 veränderte sich natürlich alles.

Krieg in Afghanistan

W.W.: Wie stehen Sie zu dem Krieg gegen die Taliban und das terroristische Netz in Afghanistan? War dieser Krieg gerechtfertigt und nötig?

R. Nadjafi: Das ist eine sehr schwere Frage. Eigentlich bin ich mein ganzes Leben gegen jede Art von Krieg gewesen. Ich selbst will nicht töten und will auch nicht getötet werden. Andererseits lebe ich in einer Welt, die nicht ohne Krieg auskommen kann. Und gerade mein Land und mein Volk sind durch einen über 20jährigen Krieg von verschiedenen Seiten fast vollkommen ruiniert worden, und Afghanistan ist heute das ärmste Land der Welt. In den letzten Jahren, vor dem 11.09.2001, hatte ich eigentlich meine Hoffnung für Afghanistan aufgegeben.

Im Sommer 2001 habe ich Massoud in Paris kennengelernt und habe mich mit diesem großartigen Menschen unterhalten. Seit Jahrzehnten habe ich ihn sehr geschätzt. Massouds Worte waren sehr mutig, und sie gaben mir ein bißchen Hoffnung für eine Lösung und eine bessere Zukunft in Afghanistan.

Etwa zur gleichen Zeit kamen auch die USA zu der Erkenntnis, daß es mit dem Taliban-Regime in Afghanistan so nicht weitergehen könne, und

Ahmed Schah Massoud und Rahman Nadjafi

man stellte sich die Frage, inwieweit man die Nordallianz unterstützen sollte. Ich habe Massoud auch gefragt, ob die Welt nicht langsam erkannt habe, daß die Zeit für die Taliban abgelaufen sei, und ob man nicht bald mit Unterstützung der Nordallianz rechnen könne. Und ich fragte ihn weiter, ob seine Einladung in den Westen ein erstes Anzeichen dafür sei. Er bestätigte meine Annahme, und das gab mir ein klein bißchen Hoffnung.

Für mich war es immer außerordentlich erstaunlich, wie schnell sich die Taliban mit Unterstützung der arabischen Freiheitskämpfer in Afghanistan ausbreiten konnten. Es war wie ein Überfall von Bakterien. Und alles lief mit der Unterstützung der CIA. Und dann stellte ich mir die Frage, ob Afghanistan diese Bakterien aus eigener Kraft jemals wieder loswerden könnte. Ohne fremde Hilfe hätte Afghanistan das nie geschafft.

Zwei Tage vor dem 11. September 2001 starb Massoud durch ein Attentat der Taliban, und ich habe wirklich um ihn geweint. Zwei Tage nach den Anschlägen in New York und Washington habe ich in Hamburg auf einer Demonstration eine Rede gehalten. Mit dieser Rede habe ich mich klar dafür ausgesprochen, daß die Taliban bekämpft werden müßten. Gleichzeitig habe ich aber die USA und die übrige Welt zur Besonnenheit auf-

Ankunft mit Peter Maffay in Peschawar (1986)

gerufen. Für ein besonnenes Vorgehen war es notwendig, daß die USA nicht allein gegen die Taliban und die Terroristen vorgingen, und von daher war die Allianz, die sich dann auch sehr schnell gebildet hat, eine Notwendigkeit. Insofern sind die USA sehr klug vorgegangen. Gleichzeitig habe ich bei dieser Demonstration dazu aufgerufen, daß man diese Allianz mit uns Afghanen zusammen bilden sollte. Denn die Taliban allein machen nicht das afghanische Volk aus. Auf der anderen Seite gab es auch noch die Nordallianz und die breite Schicht der Intellektuellen im Ausland.

Mittlerweile hat die militärische Strategie der USA aber eine Grenze überschritten. Bereits die Streubomben waren ein Schritt zuviel, und Kriege gegen die sogenannte „Achse des Bösen" und der erwogene Einsatz von kleineren Atomwaffen gehen entschieden zu weit. Ich lehne dies strikt ab. Wenn man z.B. solche Atombomben auf Afghanistan werfen würde, um noch die letzten Kämpfer der Al-Qaida zu töten, dann würde man dieses Land endgültig ruinieren. Wenn Bush weiter Krieg führen wird, dann wird die Allianz auseinanderbrechen, und wenn die Allianz auseinanderbricht, dann wird es einen weltweiten Flächenbrand geben. Und so dumm kann Bush nun auch wieder nicht sein.

Es ist ein Wunder geschehen

W.W.: Wie beurteilen Sie den Interimspräsidenten Karsai, mit dem Sie auch vor kurzem in Berlin gesprochen haben?

R. Nadjafi: Er ist mutig und hat eine enorme Kraft, und ich hoffe, daß er seine Ziele verwirklichen kann. Seit seiner Machtübernahme bemerkt man, daß er sowohl national als auch international eine gute und angesehene Rolle spielt. Er verbindet das Ausland in wohltuender Weise mit Afghanistan. Allerdings benötigt er noch viel mehr Unterstützung, vor allem Geldmittel und viel mehr Friedenssoldaten, die im ganzen Land stationiert werden sollten. Nur so kann das Land wieder befriedet werden, in dem 22 Jahre gegeneinander gekämpft worden ist. Die allgemeine Situation in Afghanistan ist zwar sehr schlecht, aber ich sehe eine positive Möglichkeit für die Zukunft. Ich hätte es z.B. in meinem Leben nicht mehr für möglich gehalten, daß jetzt zwei Frauen im afghanischen Kabinett sitzen. Es ist also ein Wunder geschehen.

Hilfe für Afghanistan

W.W.: Sie haben in den letzten Jahren verschiedene Hilfsaktionen für Afghanistan organisiert. Begonnen hat es mit Nahrungsmitteltransporten. Was haben Sie alles auf die Beine gestellt?

R. Nadjafi: Das geht zurück bis ins Jahr 1978, als Taraki in Afghanistan an der Macht war. Und ich habe zusammen mit unserer Generalunion verschiedene Veranstaltungen durchgeführt, um die Weltöffentlichkeit auf die Zustände in Afghanistan aufmerksam zu machen. Später stieß Jürgen Bertram, der ARD-Korrespondent, zu uns, hat eine Sendung über afghanische Flüchtlinge im Fernsehen gebracht und uns darauf aufmerksam gemacht, daß statt politischer Arbeit humanitäre notwendig sei. Das war Anfang der 80er Jahre.

Wir haben dann das „Komitee zur Unterstützung der Flüchtlinge in Afghanistan" (KUFA e.V.) gegründet, ein erstes Konzert in Hamburg mit Peter Maffay, Udo Lindenberg und anderen für die afghanischen Flüchtlinge veranstaltet und Geld für sie gesammelt. Davon konnten wir Kleider, Nahrungsmittel und Medikamente kaufen. Später sind wir dann auch nach Pakistan geflogen, und haben in Peschawar unsere erste Einrichtung aufgebaut, und zwar eine allgemeine Klinik. Seitdem haben wir dort auf medizinischer, sozialer und schulischer Ebene für die afghanischen Flücht-

Mit Peter Maffay im Flüchtlingslager

linge in Pakistan gearbeitet. Gleichzeitig versuchten wir, für verletzte afghanische Kinder Krankenhausaufenthalte in Deutschland zu organisieren, und das tun wir auch heute noch. Diese Arbeit wurde vor allem von Musikern unterstützt. 1986 kam Peter Maffay auch mit mir nach Peschawar, um die dortige Klinik zu besuchen, und er unterstützt die Arbeit bis heute weiterhin. In den Jahren danach wurde es etwas ruhiger.

W.W.: Wie hat sich Ihre Arbeit mit dem 11. September 2001 verändert?

R. Nadjafi: Wir sind wieder stark an die Öffentlichkeit getreten und haben viele Nahrungsmittel gesammelt. Allerdings fand ich keine Möglichkeit, sie nach Afghanistan zu schaffen. Nina, meine Tochter aus zweiter Ehe mit der Eurythmistin Verena Tenge, ist Rapperin, und sie gab mit anderen HipHop-Bands in der Großen Freiheit 36 in Hamburg ein Konzert und sammelte Geld für Afghanistan. Meine ältere Tochter Simin hat auf Ibiza je ein Konzert mit Nina Hagen und Eric Burdon, der auch Gründungsmitglied unseres Komitees ist, organisiert und viel Geld für Afghanistan gesammelt. Auch Udo Lindenberg, Peter Maffay, Nena sowie die Kurzen Hosen gaben Ende letzten Jahres in Hamburg ein Konzert, ferner Maya Fahrenkrug, Matthias von Hartz, Jan Delay, Fettes Brot und viele andere.

Rahman Nadjafi und Eric Burdon (1993)

Für die Zukunft planen wir, in Kabul ein Waisenhaus zu gründen, auch für alleinstehende Mütter mit Kindern. Wir werden dort ca. 80 Kinder und 20 Mütter aufnehmen. Den Müttern wird außer Wohnraum, Nahrung und Kleidung auch ein Arbeitsplatz angeboten. Eine Schneiderei mit dem notwendigen Material wie Nähmaschinen, Stoffen usw. wird eingerichtet. Langfristig ist geplant, daß sich dieses Projekt durch eigene Produktion zu einem großen Teil selbst finanzieren kann. Zur Teilfinanzierung bieten wir Patenschaften an und werden uns um weitere staatliche Unterstützung bemühen. Für dieses Projekt habe ich Herrn Karsai in Berlin angesprochen, und er hat mir zugesichert, mir dafür in Kabul ein Grundstück zu geben.

Ein zweites Projekt ist die Behandlung von schwerverletzten Menschen, insbesondere Frauen und Kindern, die in Afghanistan keine Chance auf Heilung haben. Wir bekamen sowohl in Deutschland als auch in Spanien eine positive Antwort bezüglich freier Krankenhausbetten und der unentgeltlichen Versorgung dieser Patienten. Wir hoffen, in Afghanistan auch eine Prothesenwerkstatt aufbauen zu können. – Fernerhin habe ich in Hamburg die erste Schulpartnerschaft für Afghanistan abgeschlossen, zwischen einer Gesamtschule in Rahlstedt und der Massoud-Schule in Bazarak.

Krieg zwischen Kreuz und Halbmond?

Interview mit Peter Scholl-Latour

von Wolfgang Weirauch

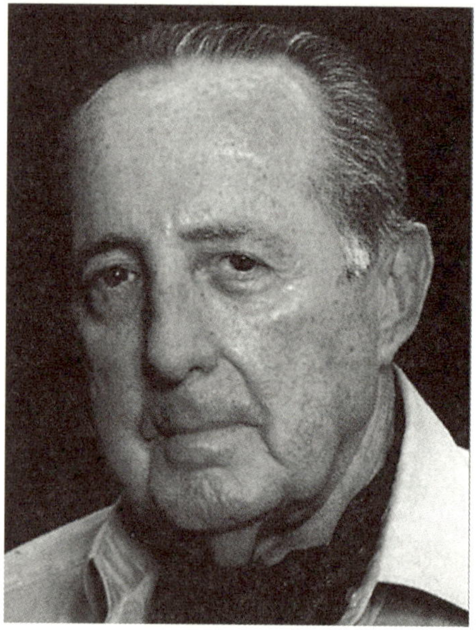

Dr. Peter Scholl-Latour, *geb. 1924 in Bochum. Er studierte an den Universitäten Mainz, Paris und Beirut. Neben einer Promotion an der Sorbonne und dem Diplom des Institut National des Sciences Politiques in Paris erwarb er an der Libanesischen Universität Beirut das Diplom für arabische und islamische Studien. Seit 1950 Arbeit als Journalist. Als Korrespondent der ARD hielt er sich von 1960–1963 in Afrika auf; danach leitete er bis 1969 das ARD-Studio in Paris, anschließend war er zwei Jahre Programmdirektor des WDR-Fernsehens. 1975 übernahm er die Leitung des ZDF-Studios in Paris, die er bis 1983 innehatte. Peter Scholl-Latour ist neben seiner Fernseh-, Rundfunk- und Pressearbeit auch Autor zahlreicher erfolgreicher Bücher, die von den Brennpunkten der Weltpolitik berichten, u.a.:*

„Der Tod im Reisfeld. 30 Jahre Krieg in Indochina“ (1979); „Allah ist mit den Standhaften. Begegnungen mit der islamischen Revolution“ (1983); „Der Wahn vom Himmlischen Frieden. Chinas langes Erwachen“ (1990); „Das Schwert des Islam“ (1991); „Den Gottlosen die Hölle“ (1991); „Asien. Ein verlorenes Paradies“ (1992); „Unter Kreuz und Knute. Russische Schicksalsstunden“ (1992); „Eine Welt in Auflösung“ (1993); „Im Fadenkreuz der Mächte. Gespenster am Balkan“ (1994); „Das Schlachtfeld der Zukunft. Zwischen Kaukasus und Pamir“ (1996); „Lügen im Heiligen Land. Machtproben zwischen Euphrat und Nil“ (1998); „Allahs Schatten über Atatürk“ (1999); „Afrikanische Totenklage. Der Ausverkauf des Schwarzen Kontinents“ (2001); „Der Fluch des neuen Jahrtausends. Eine Bilanz“ (2002).

Die Welt brennt. Kaschmir, Afghanistan, Irak, Palästina, Sudan, Ruanda, Kongo – fast beliebig ließen sich viele andere Länder hinzufügen, in denen Krieg herrscht oder kurz bevorsteht, in denen Bürgerkriege toben oder Völkermord verübt wurde.

Ist die Welt aus den Fugen geraten? Schauen wir tatenlos zu, wie mit Schwarzafrika fast ein ganzer Kontinent stirbt? Werden die USA wirklich den Irak angreifen? Gibt es noch eine Lösung für den Kaschmir-Konflikt?

Der bekannte Journalist und Buchautor Peter Scholl-Latour hat es sich zur Maxime gemacht, nicht nur zuzuschauen, sondern die Konfliktpunkte der Erde direkt aufzusuchen und aus eigener Erfahrung und von eigenen Erlebnissen zu berichten. Im Laufe seines Lebens hat er jedes afrikanische Land besucht, viele mehrmals. Vor zwei Jahren war er wiederum in Afrika, und erst kürzlich hat er Kaschmir und den Irak aufgesucht. Ich befragte ihn im folgenden Interview über einzelne Konfliktherde der Erde und die momentane politische Lage.

Krieg gegen den Irak?

Wolfgang Weirauch: Sie haben gerade eine Reise durch den Irak gemacht. Gehen Sie davon aus, daß die USA in den nächsten Monaten einen Krieg gegen den Irak beginnen werden?

Peter Scholl-Latour: Davon kann man nach den jüngsten Äußerungen der US-Regierung ausgehen. Auch nach den Eindrücken, die ich im Irak gewonnen habe, erscheint der Krieg fast unvermeidlich. Allerdings ist die immer wieder angeführte Verbindung von Osama bin Laden zum Irak meines Erachtens völlig frei erfunden, und die Behauptung wird auch von den Amerikanern nicht aufrechterhalten. Wenn wieder Waffeninspektoren vom Irak zugelassen würden – so ist die amerikanische Position momentan –, dann würden diese doch nur wieder von Saddam Hussein betrogen werden. Und die irakische Position ist, daß die Waffeninspektionen nur dazu dienten, amerikanische Spione ins Land zu schleusen. Zudem gibt es eine ganz klare Erklärung von Präsident Bush, daß er das Regime in Bagdad beseitigen will.

W.W.: Hat der Irak noch Massenvernichtungswaffen?

P. Scholl-Latour: Wahrscheinlich hat der Irak weiterhin chemische Waffen hergestellt. Aber das ist nichts Besonderes, das tun viele Länder, und das kann man fast in jeder Garage. Dazu braucht man sich nur eine Gasmaske aufzusetzen. Wahrscheinlich gibt es keinen Staat in dieser Region, der keine chemischen Waffen hat. Abgesehen davon sind früher auch die chemischen Waffen vom Westen in den Irak geliefert worden, um während des ersten Golfkrieges die Iraner aufzuhalten. Das sollte man bei dieser Gelegenheit nicht vergessen. Was die bakteriologischen Waffen betrifft, so machen die Iraker vielleicht entsprechende Versuche, aber sie sind noch nie zum Einsatz gekommen. Bisher hat noch kein Mensch bakteriologische Waffen eingesetzt. Warum nun gerade die Iraker dazu in der Lage sein sollen, erscheint mir etwas schleierhaft.

W.W.: Welche Strategie werden die USA bei einem möglichen Krieg wählen: Luftschläge und gleichzeitige Mobilisierung von kurdischen und schiitischen Bodentruppen?

P. Scholl-Latour: Der Luftkrieg wird wahrscheinlich Ausmaße annehmen, die den Afghanistan-Krieg und den zweiten Golfkrieg bei weitem übertreffen. Sie werden jede Kommandozentrale bombardieren, so daß die einzigen Verstecke noch die großen Städte sein werden. Große Teile des Landes sind gut zu überblicken, da es flach wie ein Teller ist.

Keine Unterstützung durch die Kurden ...

Was die Unterstützung durch Kurden und Schiiten betrifft: Ich bin gerade bei den Kurden im Norden des Irak gewesen. Nach meinem Eindruck haben sie kaum Neigung, für die USA einen Stellvertreterkrieg zu führen, zumal die Amerikaner auch nicht bereit sind, den Kurden danach die Unabhängigkeit zu gewähren, denn dann würden die Türken einmarschieren. Insofern sind die Kurden momentan in einer Situation, wie sie besser für sie kaum sein kann. De facto sind sie unabhängig von Bagdad, und durch den Schmuggel, der durch ihr Territorium geführt wird, geht es ihnen wirtschaftlich nicht schlecht. Deshalb haben sie kein Interesse daran, ihre Situation zu verändern.

... und Schiiten

Die Schiiten haben 1991 nach dem Aufruf der Amerikaner einen Aufstand gegen Saddam Hussein begonnen. Sie hatten fast das halbe Land besetzt. Auch die heiligen Stätten von Kerbela und Nadschaf sowie Basra waren in den Händen der Schiiten. Aber bereits 100 Stunden später vereinbarten die Amerikaner einen Waffenstillstand mit dem Irak. Die Republikanergarde, die Elitetruppen Saddam Husseins, wurde nicht vernichtet, und dann wurde den Irakern seltsamerweise auch noch die Erlaubnis gegeben, weiterhin mit Hubschraubern zu operieren. Deshalb wurde der schiitische Aufstand vom irakischen Militär wenig später auf das Blutigste zusammengeschossen. Das haben die Schiiten bis heute nicht vergessen. Die Amerikaner sollten nicht darauf spekulieren, daß bei den Schiiten noch einmal eine große Begeisterung besteht, auf amerikanischer Seite gegen Saddam Hussein zu kämpfen.

W.W.: Wie ist die Versorgungslage im Irak?

P. Scholl-Latour: Die Versorgungslage ist besser als bei meinem letzten Besuch vor einigen Jahren, weil das Programm „Oil for Food" jedem irakischen Bürger ein Minimum an Grundnahrungsmitteln beschert. Und das reicht aus, um satt zu werden. Organisiert wird es durch ein Kartensystem der Regierung, so daß die Bevölkerung mit Grundnahrungsmitteln versorgt werden kann. Fleisch bekommt man dagegen kaum, da es auf dem freien Markt sehr teuer ist. Außerdem fehlen natürlich die Medikamente, weil Chemikalien nicht ins Land hineingelassen werden, da sie weiterhin auf dem Sanktionsplan stehen.

W.W.: Schreitet die Islamisierung auch im Irak fort?

P. Scholl-Latour: Das ist unterschiedlich. Früher neigten die Kurden nicht so sehr zu strengen islamischen Vorschriften, aber bei meinem jetzigen Besuch war ich sehr erstaunt, außerordentlich viele verschleierte Frauen zu erblicken und auch viele Neubauten von Moscheen. Früher trugen die Kurdinnen meist bunte Kleider, jetzt gehen sehr viele in Schwarz. Auch in Pakistan gibt es eine derartige Entwicklung. Früher trugen etwa 5 % der Studentinnen ein Kopftuch, heute sind es 75 %. Früher gab es im Irak auch unverhohlenen Alkoholausschank, aber das gibt es heute nicht mehr.

Trotz ihrer Armut bauen die Menschen Moscheen, flüchten sich also in die Religion. Diese Wendung zur Religion war bisher im Irak in dieser Weise nicht anzutreffen, was auch nicht weiter verwunderlich war, denn Saddam Hussein ist weder Fundamentalist noch Islamist, sondern ein nationalarabischer und laizistischer Politiker.

Die USA schufen ein Monster

W.W.: Wie beurteilen Sie den Afghanistan-Krieg der USA in der bisherigen Phase. War er gerechtfertigt, moderat durchgeführt, oder hätte es andere Lösungen gegeben?

P. Scholl-Latour: Der Afghanistan-Krieg ist natürlich noch nicht beendet. Nach den Zerstörungen vom 11. September 2001 mußten die Amerikaner reagieren. Das ist verständlich. Daß die Spur der Hintermänner nach Afghanistan führte, ist wohl unbestreitbar, obwohl die eigentlichen Planungszentralen sicherlich eher in Saudi-Arabien gelegen haben. Der Feldzug gegen die Terrorzentralen und die Taliban in Afghanistan ist gut geführt worden, allerdings weiß ich nicht, was jetzt das Ziel des weiteren Feldzuges ist.

W.W.: Wie stark war die Unterstützung der Mudschaheddin und später Osama bin Ladens und der Taliban durch die CIA?

P. Scholl-Latour: Total. Die Waffenlieferungen erfolgten über Pakistan. Es wurden modernste Waffen geliefert, z.B. Stinger-Raketen. Osama bin Laden gehörte zu denjenigen Kriegern, die in der ganzen Welt für den Krieg der Afghanen gegen die Sowjetunion angeworben wurden. Sowohl diese Anwerbungen als auch die Kämpfe selbst erfolgten mit amerikanischer Betreuung. Osama bin Laden ist von der CIA ausgebildet worden.

Nachdem die Russen sich aus Afghanistan zurückgezogen hatten und auch Nadschibullah gestürzt war, entstand in Afghanistan ein Chaos. Die Amerikaner aber brauchten Ruhe in Afghanistan, denn sie wollten eine Pipeline durch das Land verlegen. Um das Chaos der sich bekämpfenden Mudschaheddin in Afghanistan zu beenden, haben die Amerikaner zusammen mit dem pakistanischen Geheimdienst die Taliban ins Leben gerufen. Auch der derzeitige Interimspräsident Karsai war daran mitbeteiligt; zwar nicht als Kämpfer, aber als Organisator. Die Taliban-Krieger wurden über die Koranschulen in Pakistan organisiert und mit militärischem Material ausgestattet. Wo sich Widerstand bot, wurde dieser mit Geldzahlungen beiseite geräumt. Und dann haben die Taliban Afghanistan in einer Art

Blitzfeldzug eingenommen, ähnlich schnell wie sie es jetzt wieder verloren haben.

Das Ziel der USA war, Afghanistan mit Hilfe der Taliban zu stabilisieren und den Amerikanern zu ermöglichen, eine Pipeline für die Erdöl- und Erdgasvorkommen Zentralasiens von dort, an Rußland und Iran vorbei, durch Afghanistan und Pakistan zum Indischen Ozean zu führen. Ein entsprechender Vertrag zwischen der texanischen Ölfirma Unocal und den Taliban war schon abgeschlossen, und diese Firma richtete ihre Geschäftsstelle in der Stadt Kandahar in Sichtweite der Residenz Osama bin Ladens ein. Mit den Taliban hatten die USA wiederum eine Art Frankenstein-Monster erschaffen und ähnlich Schiffbruch erlitten wie zuvor schon mit Saddam Hussein und Laurent Kabila, die auch einstmals von ihnen unterstützt worden waren.

W.W.: Welche Interessen verfolgen die USA heute in bezug auf Afghanistan? Sind es weiterhin Ölinteressen und die Absicht, eine Pipeline durch Afghanistan zu legen?

P. Scholl-Latour: Ich kann mir vorstellen, daß die USA an einer Stabilisierung in Afghanistan interessiert sind, um das Pipeline-Projekt wieder aufleben zu lassen. Und unser Land stellt für dieses Projekt ja auch schon deutsche Soldaten zur Verfügung, die in Kabul stationiert worden sind.

W.W.: Welche längerfristigen Absichten verfolgen die USA mit der Kampagne der „Achse des Bösen"? Will man sich die Option offenhalten, gegebenenfalls verschiedene Länder angreifen zu können, um sich den Zugriff auf Rohstoffe zu sichern?

P. Scholl-Latour: In bezug auf die „Achse des Bösen" wurden nur die Länder Irak, Iran und Nordkorea genannt.

W.W.: In diesen Tagen kamen noch einige Länder als mögliche Ziele kleinerer Atomwaffen hinzu, nämlich China, Rußland, Libyen und Syrien, auch wenn man diese nicht explizit in die sogenannte „Achse des Bösen" eingereiht hat.

P. Scholl-Latour: Ich weiß beim besten Willen nicht, welche Ziele die USA damit verfolgen. Dazu müßten Sie den Präsidenten Bush fragen, aber ich kann seinen Gedankengängen nicht folgen.

W.W.: Was würde passieren, wenn zusätzlich zum Irak auch noch der Iran angegriffen würde?

P. Scholl-Latour: Der Iran wird nicht angegriffen werden. An ihm würden sich die Amerikaner die Finger verbrennen.

Keine Lösung für Kaschmir

W.W.: Vor einigen Wochen waren Sie an einem weiteren Brennpunkt der Weltpolitik, in Kaschmir. Wie ist dort momentan die Situation?

P. Scholl-Latour: In Kaschmir lebt eine überwiegend muslimische Bevölkerung, die sich in einem Aufstand gegen die indischen Besatzungstruppen befindet. Dieser Aufstand existiert seit vielen Jahren und verschärft sich seit Ende des Afghanistan-Krieges zunehmend, weil die Kaschmiris auch Verstärkung von außen bekommen. Früher hätte man sie als Freiheitskämpfer bezeichnet, aber heute bezeichnet man sie als Terroristen.

W.W.: Welche Lösung sehen Sie für den Kaschmir-Konflikt?

P. Scholl-Latour: Keine. Die Inder werden auf keinen Fall aus Kaschmir herausgehen, und die Pakistanis werden nicht auf Kaschmir verzichten.

W.W.: Die UNO hat 1972 für Kaschmir einen Volksentscheid vorgeschlagen. Wäre das nicht eine Lösung?

P. Scholl-Latour: Sicherlich. Aber diesen Volksentscheid hat man wohlweislich verhindert. Wenn die Kaschmiris sich frei entscheiden könnten, würden sie sich wahrscheinlich für einen eigenen Staat, unabhängig von Pakistan und Indien, entscheiden. Kaschmir ist ein sehr fruchtbares Land und wäre auch ein exzellentes Tourismusziel. Aber ein solcher Volksentscheid und eine entsprechende Unabhängigkeit Kaschmirs liegen weder im Interesse Indiens noch in dem Pakistans, insofern wird es zu diesem Volksentscheid nicht kommen. Wenn die Kaschmiris für Pakistan oder Indien stimmen müßten, dann würden sie eher zu Pakistan tendieren.

Afrika – ein Kontinent verfällt

W.W.: Vor etwa zwei Jahren haben Sie erneut den afrikanischen Kontinent besucht. Sind Sie in jedem afrikanischen Land gewesen?

P. Scholl-Latour: Während meines Lebens bin ich in jedem afrikanischen Land gewesen, allerdings nicht vor zwei Jahren.

W.W.: Welchen Eindruck hatten Sie insgesamt von dem afrikanischen Kontinent?

P. Scholl-Latour: Der Kontinent ist in einem erschreckenden Zustand, es herrscht totaler Verfall. In bezug auf Afrika zeichnet sich der Westen durch absolute Heuchelei aus. Ich verstehe auch die deutschen Medien nicht mehr. Nehmen wir nur das Beispiel Simbabwe, wo Mugabe gerade durch Wahlfälschungen die Wahl gewonnen hat. Die westlichen Medien tun dabei gerade so, als handele es sich hier um einen Bruch der Demokratie in Belgien. Es gibt fast kein einziges Land in Afrika, in dem wirkliche demokratische Verhältnisse herrschen. Und nun stürzen sich die Medien auf Mugabe, den ich natürlich auch nicht besonders sympathisch finde, aber statt dessen sollte man z.B. lieber nach Ägypten schauen, ein Land, das uns viel näher steht. Mubarak läßt seit über 20 Jahren überhaupt keine Opposition heraufkommen, und die gibt es immerhin noch in Simbabwe. Mubarak wird immer wieder durch ca. 95 % der Wählerstimmen im Amt bestätigt, und das findet man im Westen völlig in Ordnung. Daran gibt es überhaupt keine Kritik, aber über Mugabe fallen sie alle her.

Die totale Irreführung unserer Medien kann man auch an einem zweiten Beispiel erkennen: Man regt sich über die sieben oder acht weißen Farmer auf, die in Simbabwe umgebracht worden sind, aber in Südafrika sind seit dem Machtwechsel über 1.400 Weiße umgebracht worden. Und davon redet kein Mensch, das ist eine heilige Kuh. Wahrscheinlich will die deutsche Industrie in Südafrika investieren und an diesem Land verdienen.

W.W.: Sehen Sie in Ruanda nach dem Völkermord der Hutu an den Tutsi 1994 noch Möglichkeiten einer Aussöhnung zwischen den beiden Völkern?

P. Scholl-Latour: Die Tutsi haben ihre traditionelle Machtstellung wieder angetreten und sind wieder die absoluten Herren im Land. Die Hutu müssen kuschen, so wie es fast immer der Fall gewesen ist. Die Tutsi haben eine sehr gute Armee und sind seit einigen Jahren wesentlich am Kongo-Einsatz beteiligt. Eine wirkliche Aussöhnung zwischen beiden Völkerschaften halte ich in nächster Zeit für ziemlich unwahrscheinlich. Im Jahre 1994 haben innerhalb von etwa drei Wochen die Hutu systematisch zwischen 500- und 800.000 Tutsi umgebracht. Die Horden der Interahamwe begannen mit einem systematischen Morden von registrierten Tutsi und töteten sie mit Knüppeln bzw. zerhackten sie mit ihren Buschmessern. Viele der Mörder standen unter Drogeneinwirkung.

Öl im Sudan

W.W.: Vom Sudan wird immer behauptet, dort herrsche ein Religionskrieg zwischen dem islamischen Norden und dem eher christlich orientierten Süden. Stimmt das überhaupt?

P. Scholl-Latour: Die Situation habe ich vor Ort erlebt. Die Behauptung, daß dies ein Religionskrieg zwischen Norden und Süden sei, ist bei weitem übertrieben. Dort handelt es sich vor allem um Stammeskriege, wobei die Dinkas im Süden z.B. ein sehr kriegerischer Stamm sind.

Auf der anderen Seite haben die USA den Sudan vor einigen Jahren auch als Schurkenstaat deklariert, was aber jetzt ein wenig in den Hintergrund getreten ist, seitdem der islamistische Ideologe Turabi von seiner Machtposition verdrängt worden ist. Nach einer Machtprobe mit Präsident Bashir wurde er Schritt für Schritt kaltgestellt, steht nicht mehr an der Spitze der National-Islamischen Front und wurde auch als Parlamentspräsident abgesetzt. Vermutlich steht er immer noch unter Hausarrest in Khartoum. General Bashir seinerseits vollzieht jetzt einen leiseren Kurs.

Der Sudan ist sehr reich an Erdöl, was man erst seit kurzem entdeckt hat. Insofern ist der Sudan für Amerika ein sehr interessanter Partner. Und wenn die USA in bezug auf das Erdöl Konzessionen erhalten würden, könnte ich mir gut vorstellen, daß sich die Haltung der USA gegenüber dem Sudan schlagartig ändert.

W.W.: Gibt es Großmächte, die bereits Ölbohrungen im Sudan vornehmen?

P. Scholl-Latour: Ja, schon seit längerer Zeit. Auch die USA bohrten früher im Sudan nach Öl. 1998 kamen die Schwierigkeiten mit dem Sudan, während der man aufgrund einer Fehlinformation die Pharmazeutik-Fabrik El Shifa bombardierte, weil man dort eine Giftgas-Produktionsstätte Osama bin Ladens vermutete. Ich hatte 1994 Gelegenheit, sowohl mit Präsident Omar el-Bashir als auch mit Scheikh Hassan el-Turabi zu sprechen, und hatte nicht den Eindruck, zwei Männer vor mir zu haben, vor denen sich die USA fürchten müßten.

Auch mit Kairo hat sich Bashir wieder oberflächlich ausgesöhnt, nachdem Mubarak vor einigen Jahren fast einem Attentat, mutmaßlich durch Sudanesen, zum Opfer fiel.

W.W.: Haben andere Staaten bereits im Sudan Konzessionen für Ölbohrungen?

P. Scholl-Latour: Ja, nach der Verstimmung mit den Amerikanern kamen die Chinesen ins Land, und sie waren sehr regsam. In Rekordzeit haben sie von den Ölfeldern im Süden, dem Bahr el-Ghazal, eine Pipeline bis ans Rote Meer verlegt. Das Bahr el-Ghazal ist eine riesige Sumpffläche. Im November 2000 habe ich den Ort Turalei in der Nähe des Bahr el-Ghazals besucht. Das ist ein vorgeschobener Posten der Sudanesischen Volksbefreiungsarmee SPLA von General John Garang, deren christliche und heidnische Niloten-Stämme schon fast ein halbes Jahrhundert einen Krieg gegen den islamischen Norden führen.

W.W.: Wollen die USA mit Hilfe von Uganda, Ruanda und auch Äthiopien das islamische Regime im Sudan ausschalten?

P. Scholl-Latour: Das war zeitweise die Absicht der USA, und man hat auch Äthiopien hochgerüstet. Aber dann ist Äthiopien nichts Besseres eingefallen, als wegen eines Fetzens Steppe einen Krieg mit 100.000 Toten gegen Eritrea zu führen. In der Führung Äthiopiens sind sowohl Christen als auch Muslime, aber die Macht liegt in den Händen der koptischen Christen. Diese gehen nun mit dem Segen der USA gegen Somalia vor.

Somalia ist in drei mehr oder weniger chaotische Separatstaaten zerfallen, in denen sich angeblich islamische Terroristen aufhalten. Äthiopien und Somalia sind von jeher Todfeinde, und wenn zwischen diesen beiden Ländern ein Krieg entstünde, gäbe es auch dort einen Konflikt zwischen Kreuz und Halbmond, der sicherlich sehr weitreichende Auswirkungen hätte. Der Funke könnte bis nach Nigeria überspringen, wo alle Voraussetzungen für einen ähnlichen Krieg vorhanden sind. Und ein solcher Religionskrieg könnte die gesamte Sahelzone sprengen. Mittlerweile kreuzt ja auch schon die deutsche Marine vor den Küsten Somalias.

Ausplünderung des Kongo durch den Westen

W.W.: Am schlimmsten ist wohl die Lage im Kongo. Man liest von zwei bis vier Millionen Toten allein in den letzten fünf Jahren. Welche afrikanischen Staaten kämpfen im Kongo, und welche westliche Interessenpolitik steckt dahinter?

P. Scholl-Latour: Den USA ist es zweifellos gelungen, die französischen und belgischen Interessen im Kongo zurückzudrängen. Präsident Mobuto war Anfang der 90er Jahre zu einer Belastung für die USA und Bill Clinton geworden. Hintergrund waren die unermeßlichen Mineralschätze des Kongo. Deshalb wurde der frühere Anhänger Mao Zedongs und Kampfgefährte Che Guevaras, Laurent Kabila, als neuer Staatschef im Kongo durch die USA auserkoren. Der Preis für die Einsetzung Kabilas war die Überschreibung der Schürf- und Vertriebsrechte für Diamanten, Gold und Kobalt zugunsten von US-Firmen.

Zum Sturz von Mobuto kämpften die Verbündeten der USA, Uganda und Ruanda, im Kongo. Aber nach Kabilas Einzug in Kinshasa wurde die Lage im Kongo immer verworrener und grotesker, denn die Allianz zwischen Ruanda und Uganda zerbrach. Von Süden drangen Truppen aus Simbabwe und Angola in den Kongo ein. Speziell die Truppen aus Simbabwe sitzen auf den reichen Diamantengruben von Mbuji-Mayi in Kasai, aber dahinter stehen südafrikanische und dahinter wieder nordamerikanische Interessen. Und hinter den ruandischen und ugandischen Kräften, die von Nordosten in den Kongo eindringen, stehen ebenfalls nordamerikanische Interessen. Meist haben die afrikanischen Länder Scheinfirmen gegründet, sind aber selbst kaum in der Lage, die Diamanten und andere wertvolle Rohstoffe kommerziell zu vermarkten. Deshalb – wenn man ein bißchen kratzt – findet man hinter diesen Scheinfirmen meist große internationale Konzerne. Bei den Diamanten kann man sich ziemlich sicher sein, daß dahinter meist die Firma DeBeers steckt.

W.W.: Wie steht es mit dem Mineral Coltan?

P. Scholl-Latour: Das ist ein besonders gesuchtes Amalgam zwischen Columbit und Tantalit, und es ist für die Interkontinentalraketen wichtig bzw. unentbehrlich. Außerdem braucht man es für Mikroprozessoren. Dieses extrem seltene Mineral findet man vor allem in Ruanda. Coltan wird von einer ruandischen Firma gefördert, aber dahinter steht eine nordamerikanische Firma. Im Juni 2000 wurde seitens der US-Regierung interveniert, die etwas zurückgegangene Förderung von Coltan wieder auf die vereinbarte Leistung zu bringen.

Che Guevara verzweifelte an Kabila

W.W.: Sie hatten in den 60er Jahren eine gefährliche Begegnung mit den Simbas am Tanganijkasee, den Kämpfern der Kongolesischen Volksbefreiungsarmee, um ein Interview mit ihrem Anführer Gaston Soumialot zu machen. Das waren Lumumbisten, die nach der Ermordung von Lumumba 1961 im Frühjahr 1964 eine große Revolte gegen die Zentralregierung des Kongo begannen, im weiteren Verlauf besonders gegen den Ministerpräsidenten Moise Tshombe, der vom Sommer 1964 bis zur Machtübernahme Mobutos im November 1965 Premierminister war. Und diesen Soumialot, der Sie damals aus den Klauen der Sie bedrohenden Simbas gerettet hat, haben Sie jüngst in Afrika wiedergetroffen. Wie war diese Begegnung?

P. Scholl-Latour: Ja, ich traf ihn als alten, schon sterbenden Mann. Das war eine sehr bewegende Begegnung. Er ist jetzt ein sehr kranker Mann und ist von Kabila sogar vorübergehend ins Gefängnis geworfen worden, obwohl sie damals Kampfgefährten waren. Mobuto hat ihm niemals etwas getan. Die Begegnung war sehr rührend. Wir haben uns gleich erkannt und uns umarmt.

W.W.: Hat Kabila in den 60er Jahren auch in den Truppen Che Guevaras im Kongo mitgekämpft?

P. Scholl-Latour: Ja. Kabila war eine sehr schillernde Figur. Ich habe ihn 1964 kennengelernt, als er noch Marxist war. Soweit ich weiß, hielt er sich auch vorübergehend in der DDR, in Moskau und in China auf. Dort wurde er ausgebildet, um später gegen die Amerikaner und die Regierung Mobuto im Kongo zu kämpfen. Che Guevara hat sich über ihn bitter beschwert, weil er sich ständig in den Bordellen Kigomas, in Tansania, aufhielt, statt bei der Truppe zu sein. Im Laufe seines späteren Lebens hat Kabila immer wieder kleine Aktionen gegen Mobuto gestartet, aber die Hauptzeit seines Lebens saß er in Daressalam, wo er u.a. vom Schmuggel mit Waffen, Drogen und Diamanten sowie vom Betreiben einiger anrüchiger Bars gelebt hat.

Bereits in der zweiten Hälfte der 80er Jahre hat Kabila sich auf die Seite der USA geschlagen und ihnen die Schürfrechte der reichen Mineralvorkommen des Kongo – Kupfer, Kobalt, Uran, Gold und Diamanten – überschrieben, und zwar bevor er überhaupt an der Macht war. 1997 ist dann Oberst James Kabarere, der stellvertretende Stabschef von Ruanda und graue Eminenz des Staatspräsidenten Kagame, im Auftrag der CIA nach Daressalam gereist – wie er mir im Jahre 2000 gestand –, um Kabila offiziell aufzufordern, Mobuto zu stürzen und die Macht in Zaire/Kongo zu übernehmen. Kabila war die Wahl der Amerikaner.

Ausbeutung durch internationale Konzerne

W.W.: Wenn von Globalisierung die Rede ist, heißt es von den Globalisierungsbefürwortern immer, daß letztlich alle Staaten Gewinner der Globalisierung sein werden, und als Beleg dafür gibt man immer wieder die Tigerstaaten an. Wie ist aber die Situation der meisten afrikanischen Staaten aus dem Blickwinkel der Globalisierung?

P. Scholl-Latour: Vielleicht sollten wir zuerst auf die sogenannten Tigerstaaten blicken. Globalisierung bedeutet im Grunde ja, daß man rund um die Welt in Sekundenbruchteilen kommunizieren kann, was zweifellos ein Fortschritt ist. Weiterhin bedeutet es auch die Ausbreitung der Vorstellungen von westlicher Demokratie und der freien Wirtschaft, der ungehemmten spekulativen Wirtschaft. Die Tigerstaaten haben ihren Aufschwung unter der Hand von sehr rauhen Diktatoren vollzogen. Ob das nun der General Park Chung Hee in Südkorea (1962–1979), die Chiang-Dynastie in Taiwan oder Lee Khuan Yew von Singapur (1959–1990) waren, so waren das sicherlich recht fähige Leute, aber der Wohlstand ihrer Länder ist nicht auf dem Boden der Demokratie entstanden. Ein gleiches Bild ergibt sich momentan in China, wo sich der ungeheure Aufschwung auch nicht im Zeichen der freien Meinungsäußerung und des politischen Pluralismus vollzieht. Es sind dumme Behauptungen, teilweise auch von der deutschen Industrie, wenn postuliert wird, daß Demokratie zu materiellem Wohlstand führe. Das ist keineswegs immer der Fall, denn Demokratie kann auch Chaos bringen.

W.W.: Und Afrika ist und bleibt der Verlierer der Globalisierung?

P. Scholl-Latour: Im Rückblick erscheint dagegen der europäische Kolonialismus in einem Glorienschein. Die Portugiesen, Belgier, Engländer und Franzosen sind oft sehr restriktiv und zeitweise brutal in Afrika vorgegangen, auf der anderen Seite haben sie für die Schwarzen gesorgt, auch wenn sie sie dumm gehalten haben. Was jetzt in Afrika vor sich geht, ist wesentlich schlimmer. Es ist die Ausbeutung Afrikas durch internationale Finanzinteressen und Konzerne. Die früheren Kolonialmächte haben dagegen Schulen, Straßen und Hospitäler gebaut und haben sich um die Gesundheit der Bevölkerung gekümmert. Der Kolonialismus bedeutete natürlich auch Ausbeutung und Demütigung der Bevölkerung, aber es war nicht so schlimm wie heute. Immerhin glaubte man damals noch allen Ernstes an die Würde des weißen Mannes und fühlte sich für die schwarze Bevölkerung verantwortlich. So etwas gibt es heute überhaupt nicht mehr. Heute werden die afrikanischen Länder auf die abscheulichste Weise ausgebeutet. Und wenn die westlichen Interessen irgendwo keinen Erfolg haben, werden meist Stellvertreterkriege ausgelöst.

„Schafft es aus eigener Kraft“

W.W.: Wie müssen wir im Westen umdenken, damit den Verlieren der Globalisierung in Afrika geholfen wird, und zwar auf Regierungsebene wie auch privat?

P. Scholl-Latour: Wir müssen alle begreifen, daß viele Länder Afrikas im Grunde sehr reich sind, und sollten Möglichkeiten für die einzelnen Länder eröffnen, damit sie mehr von ihren Bodenschätzen profitieren können. Aber das Resultat, das uns heute vorliegt, ist erschütternd. Im Grunde ist Afrika überhaupt kein armer Kontinent, die Bevölkerung von Angola z.B. lebt im totalen Elend, und das Land ist vom Bürgerkrieg völlig verwüstet, trotzdem ist es das reichste Land Afrikas. 7 % des amerikanischen Erdölkonsums kommt bereits aus Angola. Angola hat die reichsten Diamantenfelder Afrikas, man hat dort fruchtbaren Boden und könnte mit seiner Landwirtschaft halb Afrika ernähren.

Im Grunde ist es dummes Gerede, wenn man behauptet, daß Afrika arm sei. Wenn in Äthiopien eine Hungersnot ausbricht, dann stimmt es zwar, daß in gewissen Gebieten nichts mehr wächst, weil dort seit vielen 1.000 Jahren die Wüste vorherrscht. In den südlichen Regionen ist das Land dagegen außerordentlich fruchtbar, allerdings mangelt es an Verkehrsverbindungen in Äthiopien. Um wirksam einzugreifen, müßte man auch die Getreidehändler daran hindern, das Getreide zu horten, um in Hungerzeiten den Getreidepreis nach oben zu treiben.

W.W.: Junge Menschen, die das politische Leben heute wach verfolgen – z.B. im Irak, in Kaschmir, Afghanistan oder Palästina –, sind vielfach verzweifelt, weil sie die allgemeine Lage und die ihres etwaigen Engagements als hoffnungslos ansehen. Wie kann man heute als junger Mensch noch politisch aktiv werden?

P. Scholl-Latour: Parallel zu der Veröffentlichung meines Buches „Afrikanische Totenklage" (München 2001) habe ich viele Vorträge gehalten, und während dieser Vortragsreise sind auch viele Afrikaner dabeigewesen, die das Buch und die Vorträge sehr gut aufgenommen und die mir die gleiche Frage gestellt haben. Ich habe ihnen gesagt, daß es einen Spruch von Mao Zedong gebe: „Schafft es aus eigener Kraft." Nehmen wir z.B. Burkina Faso, eines der ärmsten Länder der Welt, ein Land in der Sahelzone, ohne Rohstoffe und mit mangelhafter Infrastruktur, in dem in weiten Teilen nichts mehr wächst. Wenn in ein solches Land durch die UN-Organisationen oder die vielen NGOs Getreide und andere Nahrungsmittel geliefert werden, so ist das zwar eine sehr gute Arbeit, aber sie wird oft auch zu einem Selbstzweck. Die landwirtschaftlichen Produkte kommen dann in Burkina Faso oder auch in Angola und anderen Staaten zu Spottpreisen auf die Märkte, und dann lohnt es sich für einen einheimischen Bauern nicht mehr, selbst landwirtschaftlich tätig zu werden. Er wird kaputtgemacht, und die Landwirtschaft stirbt.

W.W.: Glauben Sie, daß es zu dem vielbeschworenen Kampf der Kulturen zwischen westlicher und arabisch-muslimischer Welt kommen wird?

P. Scholl-Latour: Das kann man nicht so simplifizieren, wie es immer wieder gern getan wird. Man kann diesen Kampf nicht auf die beiden von ihnen genannten Kulturkreise reduzieren. Der Kampf der Kulturen ist längst im Gange. Dafür haben wir ein Beispiel bei uns in der Nähe; das war der Krieg in Bosnien. Was unterschied denn einen kroatischen und einen serbischen Bosniaken von einem muslimischen Bosniaken? Das war und ist einzig und allein die Religionszugehörigkeit. Sie gehören der gleichen Bevölkerung an, sie sehen gleich aus, sie sprechen den gleichen Dialekt.

„Mich interessiert die Welt“

W.W.: Sie kennen fast jedes Land, haben fast aus jedem Land über Jahrzehnte berichtet und sind Gesprächspartner unzähliger Politiker gewesen. Wagen Sie ein Fazit Ihres Lebens als Zeitzeuge zu ziehen?

P. Scholl-Latour: Ich habe nie versucht, eine Botschaft zu übermitteln. Ich habe versucht, die Gegebenheiten der einzelnen Länder möglichst wirklichkeitsgemäß und nach eigener Anschauung zu schildern. Aber einen politischen Einfluß habe ich nicht. Da mache ich mir auch gar nichts vor, und es hat mich auch noch nie ein Politiker um Rat gefragt.

W.W.: Und woher nehmen Sie die Kraft, ständig aus gefahrenvollen Situationen zu berichten und auch noch im fortgeschrittenen Alter solche Strapazen auf sich zu nehmen?

P. Scholl-Latour: Mich interessiert die Welt. Es ist für mich eine Leidenschaft, vielleicht ein Hobby, in andere Länder zu reisen, die Zusammenhänge zu verstehen zu versuchen und über die Geschehnisse vor Ort zu berichten. Ich bin zwar 78 Jahre alt geworden, und wenn ich eines Tages auf dem Rücken liege, werde ich nicht mehr reisen können. Aber bisher hat es mir immer großen Spaß gemacht.

W.W.: Und Sie machen noch weiter?

P. Scholl-Latour: Ganz sicher.

Der Westen im Spiegel der Welt

Interview mit Michael Engelhard

von Wolfgang Weirauch

Michael Engelhard, *geb. 1936 in Hamburg. 1945 je zweimal in Hamburg und Osnabrück ausgebombt. 1956 Abitur und Aufnahme in die Studienstiftung des Deutschen Volkes, Beginn des Studiums (Germanistik, Romanistik, Anglistik) in Hamburg. 1957 Wechsel zum Jura-Studium. 1958 Jura-Studium an der Universität Lausanne/Schweiz, 1959 Universität München. 1961 Erstes Staatsexamen, 1966 Zweites Staatsexamen und Aufnahme in den Diplomatischen Dienst. 1966–2001 Auswärtiger Dienst: Zentrale, Korea, Kamerun (Botschafter), Mailand (Generalkonsul), Chicago (Generalkonsul).*

Vom 01.01.1975–30.06.1979 Redenschreiber für Bundespräsident Walter Scheel, vom 01.01.1985–31.12.1986 für Bundespräsident Richard von Weizsäcker, vom 01.01.1987–01.11.1991 für Bundesminister Hans-Dietrich Genscher. – Michael Engelhard ist seit 1961 verheiratet und hat einen Sohn.

Buchveröffentlichungen: „Giacomo Leopardi: Gesänge“ (1990); „Michelangelo: Sämtliche Gedichte“ (1992); „Michelangelo: Sämtliche Sonette“ (1992); „Niccolò Forteguerri: Ricciardetto“ (1998); „Alexander S. Puschkin: Gedichte“ (1999). – Literatur: „Landschaften der Freundschaft. Zu Ehren Michael Engelhard“ (1999).

„Einem gelang es, – er hob den Schleier der Göttin Sais – Aber was sah er? er sah Wunder des Wunders, sich selbst.“ (Novalis: Die Lehrlinge zu Sais. Paralipomena) Diesen Blick in den Spiegel, den Spiegel der Erkenntnis, haben wir heute nötiger denn je. Wer die Probleme der Welt, die zahlreichen Konflikte und die weltweit ungerechte Verteilung der Konsumgüter und Besitzverhältnisse in ihrem gesamten Ausmaß samt allen Hintergründen durchschaut, kann eigentlich nicht mehr ruhig auf seinem Stuhl sitzenbleiben.

Der Blick in diesen Spiegel der Erkenntnis ist nicht angenehm, besonders für uns Menschen in den reichen westlichen Industriestaaten nicht. Aber es ist an der Zeit, den Schleier zu lüften. Wir müssen lernen, die Fehler der Vergangenheit anzuschauen, um unser Verhalten in Gegenwart und Zukunft ändern zu können.

Michael Engelhard spricht dieses Problem an: „Die europäische Geschichte im Verhältnis zu allen Nichteuropäern ist eine reine Katastrophe.“ Das sind unangenehme Worte für die Betroffenen, denn sie tun weh. Aber sie müssen ausgesprochen werden.

Spätestens der 11.09.2001 hat uns gezeigt, daß wir nicht mehr so weiterleben können wie bisher, wenn nicht die gesamte Menschheit im Chaos versinken soll. Wir müssen umdenken.

„Es gibt zum Beispiel nichts, was der Wahrheit abträglicher ist [...] als der Nationalismus. Aber der Nationalismus gehört gerade zu dem Programm, das als ein besonders segensreiches Programm der nächsten Zukunft gelten wird. Er gehört zu dem Programm der nächsten Zukunft. Daher wird man es erleben müssen, wenn dieser Nationalismus wird bauen wollen – er kann ja in Wirklichkeit nur zerstören –, daß die Illusionen, die von der Lüge durch eine schmale Kluft getrennt sind, sich eben fortsetzen werden. Denn so viel Nationalismus in der Welt entstehen wird, so viel Unwahrheit wird in der Welt sein, besonders gegen die Zukunft hin.“ (GA 185a/1963/15.11.1918/S.77)

Diese Worte Rudolf Steiners aus einem 1918 gehaltenen Vortrag sind heute genauso wahr wie vor knapp 100 Jahren. Die gleiche mit dem

Nationalismus verwandte zerstörerische Kraft liegt in der Überheblichkeit verschiedener westlicher Völker gegenüber dem Rest der Welt. Wer das eigene Volk, die eigene Kultur, die eigene Religion höherwertiger als eine andere betrachtet, legt einen kulturvergiftenden Keim in die Weltgemeinschaft. Nur wenn wir uns auf den Weg machen, um den anderen Menschen, seine Eigenheit, seine Andersartigkeit, seine Religion und seine Kultur wirklich zu verstehen, besteht die Möglichkeit einer Begegnung von Mensch zu Mensch.

Michael Engelhard, Kenner der deutschen Klassik, sieht diese Kulturinteressen z.B. bei Goethe und Herder vorbildlich ausgeprägt. Er zeigt uns in nachstehendem Interview, wie er durch das Redenschreiben für deutsche Staatsoberhäupter, Kanzler und Minister Denkanstöße gegeben hat und wie er durch seine internationale politische und kulturelle Tätigkeit die Welt und ihre Kulturen kennengelernt hat. Er formuliert auf dieser Basis eine ernüchternde Bilanz der europäischen und amerikanischen Geschichte sowie der aktuellen politischen Situation.

Wenn andere die eigenen Reden halten

Wolfgang Weirauch: Sie haben für viele bekannte Politiker – Scheel, Schmidt, von Weizsäcker, Genscher – teils außerordentlich beachtete Reden geschrieben. Was ist dies für ein Verhältnis, wenn z.B. ein Staatsoberhaupt die eigenen Gedanken öffentlich vorträgt, dafür Lob erntet, man selbst aber mehr oder weniger im Verborgenen bleiben muß?

Michael Engelhard: Ich habe einmal eine Rede für den damaligen Bundespräsidenten Scheel anläßlich der Jahrhundertfeier der Universität Tübingen geschrieben. Und bei dieser Rede war Carlo Schmid anwesend, der der Universität Tübingen vielfältig und eng verbunden war. Ihn interessierte es, wer diese Rede geschrieben hatte. Eines Tages erhielt ich einen Anruf von ihm, in dem er mich bat, zu ihm zu kommen. Er wollte mit mir über meine Rede sprechen, weil sie ihm sehr gefallen hatte.

Wir führten dann ein sehr schönes Gespräch miteinander. Leider war es die einzige Begegnung, die ich mit ihm hatte. In diesem Gespräch teilte er mir mit, daß es ihm persönlich unmöglich wäre, sich eine Rede schreiben zu lassen. Er war ein bedeutender Redner, einer der wenigen großen Parlamentsredner zu Beginn unserer Republik. Er redete immer frei. Die Vorstellung, in einer Rede nicht die eigenen Worte zu benutzen, war ihm fremd.

Und dann sagte er zu mir: „Wissen Sie, Herr Engelhard, Sie schreiben nun seit einigen Jahren für andere Menschen Reden, und ich glaube, daß dazu eine große Portion Demut gehört." Das war das erste und einzige Mal, daß mich jemand in dieser Funktion richtig verstanden hat. Nicht nur deshalb, weil dieser Mann wußte, was eine gute Rede ist und wie sie zustande kommt, sondern weil das Verhältnis des Redenschreibers zu dem Redner keineswegs unproblematisch ist.

Ich persönlich kann nur für jemanden Reden schreiben, den ich achte und mit dem ich in einem großen Teil dessen, was zu sagen ist, übereinstimme. Selbstverständlich sind Menschen verschieden. Insofern gibt es zwischen den Menschen ein gewisses Maß an Gemeinsamkeiten, aber auch ein Maß dessen, was nur der eine, und ein Maß dessen, was nur der andere vertritt. Wenn die letzteren Teile zu groß sind, kann man für einen anderen keine Rede schreiben, zumindest keine vernünftige.

Ich habe beiden Bundespräsidenten – Scheel und von Weizsäcker – dargelegt, als sie mich anforderten: „Es kann gut gehen, probieren wir es. Ich werde mir die größte Mühe geben. Aber es kann auch sein, daß es Ihnen von Natur aus widerspricht, wie ich denke. Und dann müssen wir auseinandergehen."

Bei beiden hat es gut funktioniert, bei Scheel sogar sehr gut, da wir schon nach kurzer Zeit Vertrauen zueinander faßten und wir darin übereinkamen, daß ich das Richtige für ihn mache. – Bei Richard von Weizsäcker war es etwas anders. Er ist ein intellektuellerer Mensch als Walter Scheel, und deswegen treffen für ihn die Carlo Schmidschen Bedenken eher zu. Er wollte seine jeweilige Rede so verfaßt haben, daß sie seine Handschrift zumindest mitträgt, was natürlich ein völlig legitimes Verlangen ist. Andererseits wird dadurch die Einheit einer Rede häufig zerstört, und bei einer genauen Analyse spürt man, daß zwei Hände daran gearbeitet haben.

Drei Tage ohne Schlaf für eine Helmut Schmidt-Rede

W.W.: Ich würde gerne noch auf einige Reden etwas eingehen: Sie haben für den damaligen Bundeskanzler Helmut Schmidt die Rede zum 30jährigen Bestehen der Bundesrepublik Deutschland geschrieben. Was war das Besondere dieser Rede, und wie ging Schmidt damit um?

M. Engelhard: Das Besondere dieser Rede war, daß in ihr die gesamte Politik – Außenpolitik, Deutschlandpolitik, Europapolitik, die atlantische Politik, Entwicklungspolitik, Innen- und Sozialpolitik und die Stellung der relativ jungen Bundesrepublik in der Welt – definiert werden sollte. Es war ein Rundumschlag, und die Rede war auf zwei Stunden angesetzt.

Ich bekam die Aufforderung an einem Freitagnachmittag. Als erstes teilte ich dem Leiter des Kanzlerbüros mit, daß ich zunächst Bundespräsident Scheel fragen müsse, ob er mir für diese Aufgabe seine Genehmigung erteile, denn ich war zu dieser Zeit noch für das Bundespräsidialamt tätig. Der Präsident genehmigte es anstandslos. Dann ging ich zum Bundeskanzleramt und verlangte bis zum Montagmorgen zwei Sekretärinnen und einen Mitarbeiter. Zu diesem Zeitpunkt wollte der damalige Bundeskanzler die Rede als Entwurf vorliegen haben, denn er flog zu seinem Freund, dem österreichischen Bundeskanzler Bruno Kreisky. Und während des Fluges wollte er diesen Redeentwurf durcharbeiten.

Ich habe dann von Freitagabend bis Montagfrüh durchgearbeitet, ohne zu schlafen, unter der Mitarbeit von zwei wunderbaren Sekretärinnen und einem Mitarbeiter, der bis heute mein Freund geblieben ist.

W.W.: Sie haben drei Nächte durchgearbeitet, ohne zu schlafen?

M. Engelhard: Ja. Zuerst einmal habe ich meine Gedanken diktiert. Dann habe ich das Diktierte durchgesehen, verschiedene Passagen zusammengesetzt, danach wieder auseinandergerissen, anschließend einzelne Passagen neu diktiert, von meinen Helfern durchschauen lassen, mit ihnen durchgesprochen, neue Formulierungen gefunden, einzelne Passagen verkürzt, andere verlängert usw. Dann wurden während dieser Vorbereitungen in der DDR *Spiegel*-Redakteure verhaftet, was die gesamte Deutschlandpolitik stark beeinflußte. Und dieses Ereignis veränderte auch wiederum meine Rede.

Montagfrüh – unrasiert und etwas nach Schweiß riechend – gab ich meine Rede ab. Am Mittwoch kehrte der Bundeskanzler zurück und ließ mir meinen Redeentwurf mit der in Grün geschriebenen Bemerkung „Ein sehr guter Entwurf!!!", mit drei Ausrufezeichen, zukommen.

Heftiger Widerstand im Bundeskanzleramt

Mit dieser Bemerkung wurde die Rede kopiert und an die einzelnen Abteilungen des Bundeskanzleramts verteilt, was einen unglaublichen Widerstand des gesamten Amtes mir gegenüber zur Folge hatte.

W.W.: War es Neid?

M. Engelhard: Weniger Neid. Die Macht des einzelnen Abteilungsleiters besteht darin, inwieweit er auf die öffentlichen Reden des Regierungschefs Einfluß nehmen kann, denn „Politik" ist, was der Regierungschef öffentlich sagt. Ich kann den Unmut der Mitarbeiter daher verstehen: Da kommt jemand von außen, der noch nie im Kanzleramt gearbeitet hat, erstellt einen Entwurf, der alle wichtigen Themen umfaßt, und der Bundeskanzler findet diesen Entwurf auch noch gut. Der damalige Leiter des Planungsstabs, ein Herr Albrecht, versah jedenfalls meine 80 Seiten Redeentwurf mit vielfältigen Randbemerkungen, z.B.: „CSU-Stil", „idiotisch", „völliger Quatsch", „Nazi-Jargon", insgesamt etwa 150 derartige Glossen. Und diese entsprachen der Stimmung, in der mein Redeentwurf im Bundeskanzleramt besprochen wurde.

Schließlich kam es zu einer Sitzung mit dem Bundeskanzler im Gästehaus des Senats in Hamburg. Der Kanzler, der psychologisch scharfblikkend ist, übersah sofort die Situation. Als der Entwurf im Kreise aller wichtigen Mitarbeiter durchgesprochen wurde, konnte ich es mir nicht verkneifen, ihm jede Bemerkung vorzulesen und zur Diskussion zu stellen, mit denen Herr Albrecht meinen Entwurf verziert hatte. In 95 % der Fälle entschied der Kanzler in meinem Sinne, was das Verhältnis des Hauses zu mir nicht gerade verbesserte.

W.W.: Traurig, aber verständlich, schließlich haben Sie den gesamten Apparat überflüssig geschrieben.

M. Engelhard: So in etwa müssen sie empfunden haben. Eigentlich hatte ich mich für ein Jahr als Redenschreiber bei Helmut Schmidt angeworben, aber nachdem sich das Haus mir gegenüber derartig benommen hat, habe ich diesen Plan fallengelassen. Ich bin zwar Sozialdemokrat, aber ich kann nicht eingleisig parteipolitisch denken. Manches, was die Sozialdemokraten sagen, besonders ihre Bildungspolitik, finde ich katastrophal.

„Ich bin nicht bereit, das Denken aufzugeben"

Zu dieser Rede, die öffentlich sehr gelobt wurde, gab es allerdings einen Kommentar des *Kölner Stadtanzeigers,* der mir zu denken gab. Dort hieß es: „Der Bundeskanzler redet wie ein Bundespräsident." Man wollte damit zum Ausdruck bringen, daß er eine nicht parteigebundene Rede gehalten habe. Ich ging dann zum damaligen Pressesprecher Klaus Bölling und erörterte mit ihm dieses Problem. Bölling sagte mir auf den Kopf zu, daß ich keine eigenen Gedanken zu äußern hätte, sondern das, was mir die anderen sagten, in eine vernünftige deutsche Sprachform zu bringen hätte.

Um diese Zumutung zu verdauen, ging ich dreimal um das Bundeskanzleramt herum, traf mich daraufhin wieder mit Herrn Bölling und teilte ihm mit, daß ich zwar bereit sei, dem Bundeskanzler meine Gedanken zur Verfügung zu stellen, aber daß ich nicht bereit sei, für den Bundeskanzler das Denken aufzugeben. In einem Brief habe ich dem Bundeskanzler mitgeteilt, daß ich unter diesen Umständen nicht für ihn arbeiten könne, ich mich aber anerbieten würde, falls er Verlangen danach habe, für ihn weitere Redeentwürfe auszuarbeiten, aber nicht im Rahmen des Bundeskanzleramts. Davon hat er später noch zwei- oder dreimal Gebrauch gemacht, als ich Botschafter in Kamerun war.

W.W.: Welchen Eindruck hatten Sie damals von Helmut Schmidt?

M. Engelhard: Das war eine positive Erfahrung. Vor allem haben mir die Klarsicht und Entscheidungsfreude und auch die Selbstdistanz Helmut Schmidts sehr imponiert. Es gab in der Rede einen von Herrn Albrecht eingefügten Passus, der den Satz enthielt, daß wir Deutschen nicht die Lehrmeister der Nationen seien. Als Helmut Schmidt diese Worte las, lächelte er und sagte: „Das ist ein völlig richtiger Satz. Aber ich glaube nicht, daß ich die geeignete Person bin, diesen Satz öffentlich auszusprechen." Er war sich klar darüber, daß er als Oberlehrer der Weltwirtschaft auftrat und deswegen diesen Satz nicht sagen konnte. Das ist ein Beispiel seiner Selbstdistanz.

Hans-Martin Schleyer – „Wir bitten um Vergebung"

W.W.: Nach der Ermordung Hans-Martin Schleyers hatten Sie zweieinhalb Tage Zeit, eine Rede Scheels für den Staatsakt zu seinen Ehren zu schreiben. Wie sind Sie mit dem Motiv der Vergebung in dieser Rede umgegangen?

M. Engelhard: Das war eines der aufregendsten Kapitel meines Lebens. Der entscheidende Satz meines Entwurfs war: „Wir bitten um Vergebung." – Um diesen Satz gab es großen Streit. Der damalige Staatssekretär im Präsidialamt, Paul Frank, sagte, daß der Bundespräsident diesen Satz nicht aussprechen könne, da die Handlungsweise der Regierung im Fall Schleyer gerechtfertigt sei; auf keinen Fall könne dieser Satz ohne die Zustimmung des Bundeskanzlers gesagt werden, was eine Selbstverständlichkeit war.

Wir haben dann diesen Entwurf dem Bundeskanzler zur Stellungnahme zugeschickt.

W.W.: Hat er etwas an der Rede korrigiert?

M. Engelhard: Er hat mit Grün ein einziges Komma eingesetzt. Den Rest hat er stehenlassen. Scheel hat dann diesen Satz ausgesprochen, obwohl Herr Frank ihn weiterhin bedrängt hatte, ihn nicht zu sagen. Aber dieser Satz stellte sich dann als das wirkliche Zentrum der Rede heraus.

W.W.: Warum waren verschiedene Vertreter der Regierung bzw. des Präsidialamtes gegen die Bitte um Vergebung?

M. Engelhard: Weil das als eine Art Schuldbekenntnis gewertet wurde, was es in meinem Redeentwurf auch sein sollte. Das schlimmste Opfer, das ein ehrbarer Politiker bringen muß – zuweilen und unausweichlich bringen muß –, ist, daß er zugunsten des Staates und des Volkes Schuld auf sich laden muß. Das ist das schwerste Opfer, das man einer Gemeinschaft bringen kann. Und es gibt Konstellationen, wo man diesem Opfer nicht ausweichen kann. Aber das ändert nichts daran, daß es Schuld ist. Wenn die Politiker mehr über die sittlichen Grundlagen ihres Handelns nachdächten, dann würden sie auch mehr Gemeinschaft zuwege bringen.

Von Weizsäckers Rede zum 40. Jahrestag des Kriegsendes

W.W.: Warum wurde die Rede von Richard von Weizsäcker zum 40. Jahrestag des Kriegsendes ein derart grandioser Erfolg?

M. Engelhard: Das hing mit der historischen Konstellation zusammen. Es war der 40. Jahrestag des Kriegsendes. Um den 8. Mai 1985 stand der Staatsbesuch des amerikanischen Präsidenten Reagan in Bonn an. Sowohl auf deutscher als auch auf amerikanischer Seite beging man in diesem Zusammenhang allerlei Ungeschicklichkeiten, die dann in dem gemeinsamen Besuch von Reagan und Kohl auf dem amerikanischen Friedhof Bitburg gipfelten. Auch wurde diese Veranstaltung auf einen Sabbat gelegt. Und dazu lud man die Juden und verschiedene Rabbiner ein, die dankend ablehnten, weil sie wegen des Sabbats nicht kommen konnten. Es gab also eine Panne nach der anderen. Allgemein herrschte Gedankenlosigkeit. Zwar ahnte man den guten Willen auf allen Seiten, aber man handelte erstaunlich ahnungslos. Und der Bundespräsident hat sich arg darüber geärgert.

Die Diskussionen über den 40. Jahrestag schaukelten die Stimmung in der Öffentlichkeit immer höher. Es gab die dümmsten und die gescheitesten Ansichten, alles diskutierte durcheinander, und am Ende wußte keiner mehr, woran er war. – In einer derartigen Situation hat ein klares Wort eine große Wirkung, vor allem wenn es mit der Autorität des Bundespräsidenten ausgesprochen wird. Alles wogte durcheinander wie ein aufgewühltes Meer – und dann sprach der Bundespräsident, und man gestand sich erleichtert: Gott sei Dank, da ist wenigstens einer in diesem Chaos, der die Dinge klar sieht und ausspricht.

W.W.: Haben Sie Politiker mitunter auch mit sich selbst und mit neuen Gedanken konfrontiert?

M. Engelhard: Das habe ich immer getan. Wobei ich aufgrund meiner Erfahrung glaube, daß man neue Gedanken nur in Form der Konterbande einführen kann. Man muß sie so formulieren, daß Redner und Publikum glauben, sie sprächen und hörten Altbekanntes. Dann finden es die Menschen schön und sagen es auch. So habe ich einmal eine Rede für den damaligen Bundeskanzler Kohl zur Eröffnung eines Goethe-Instituts geschrieben. Kohl redet gerne in wohlklingenden Worten, und entsprechend habe ich diesen Entwurf formuliert. Aber daß er dort die Grundzüge einer liberalen Kulturpolitik verkündet hat, ist ihm möglicherweise überhaupt nicht aufgefallen.

Keine Verträge mit „Halbaffen"

W.W.: Heute stehen wir mehr oder weniger vor einem Kampf der Kulturen, zumindest aber auf einem Scherbenhaufen der Kolonialpolitik des Westens und der Ausbeutung der Länder des Südens durch die Nordländer im Rahmen der Globalisierung. Was ist grundsätzlich in den letzten 300 Jahren schiefgelaufen?

M. Engelhard: Wir sollten noch viel weiter zurückgehen und daran denken, daß schon die Griechen alle Nichtgriechen als Barbaren bezeichnet und behandelt haben. Darin ist ihnen Europa im Laufe seiner 2.000jährigen Geschichte leider nachgefolgt. Europa hat sich immer für das Zentrum der Welt gehalten, und diese Vorstellungen sind noch tief in unseren Köpfen, in unseren Herzen und in unserer Psyche eingeschrieben.

Wenn Sie sich die Entstehung der Rassentheorien im 18. und beginnenden 19. Jahrhundert anschauen, werden Sie feststellen, daß selbst sehr kluge Leute, wie z.B. Carl Gustav Carus, hier schlimmen Unsinn gedacht und geschrieben haben. Carus hat ein Büchlein über die Verschiedenheit der Rassen verfaßt, das er unpassenderweise noch dem Andenken Goethes gewidmet hat. Das Ergebnis dieses Buches war die Behauptung, daß es eine Rasse gäbe, die allen anderen überlegen sei: die europäisch-kaukasische. Alle anderen Rassen seien vergleichsweise mehr oder weniger minderwertig. Und dann gab es viele Gelehrte, wie z.B. Sömmering, die diesen Quatsch in scheinbar gelehrten Abhandlungen zu beweisen suchten.

Das Gefühl der Europäer, die Besten und die intellektuell Überlegenen zu sein, steckt in den meisten von uns noch ganz tief drinnen. Denken Sie nur an Berlusconis Ausspruch von der Überlegenheit der europäischen Kultur gegenüber der islamischen. Das ist eine naive Äußerung dieses Tatbestandes.

Schauen Sie sich einmal das Phänomen des Kolonialismus auf dieser Grundlage an. Ich habe einmal einen Vortrag eines gescheiten afrikanischen Historikers gehört, Kouma N'Doumbé III., der in München studiert und sich habilitiert und die Afrikapolitik Hitlers untersucht hat. Im Laufe dieses Vortrags wies Professor Kouma N'Doumbé III. nach, daß die Deutschen während ihrer Kolonialzeit (1884–1916) alle Verträge, die sie mit den afrikanischen Fürsten geschlossen hatten, gebrochen haben. Alle Verträge wurden gebrochen! Nach dem Vortrag habe ich meine Hand erhoben und ihn gefragt, ob er sich vorstellen könne, daß damals niemand in der Reichsregierung in Berlin auch nur einen Augenblick daran gedacht habe, einen einzigen dieser Verträge einhalten zu wollen. Diese Verträge waren von vornherein nicht ernstgemeint. Sie waren deswegen nicht ernstgemeint, weil die anderen „Neger" waren, d.h. „Halbaffen" bzw. „Halbmenschen". Und Verträge, die man mit „Halbmenschen" schließt, braucht man nicht zu halten.

Erlegt wie ein Tier

Ich habe manche Bücher gesammelt, die aus der deutschen Kolonialzeit in Afrika stammten. Eines dieser Bücher stammt von einem deutschen Reisenden, der sich für afrikanische Masken interessierte und auf der Suche danach durch die afrikanische Steppe ritt. Stolz beschreibt er folgendes Geschehnis: Er begegnet einem afrikanischen Medizinmann, der mit einer Maske durch das Elefantengras schleicht. Und der deutsche Reisende, der natürlich mit einem Tropenhelm bekleidet und mit einer Pistole bewaffnet ist, bedeutet diesem Medizinmann, daß er seine Maske kaufen wolle. Der Medizinmann lehnt dies ab, weil er gerade auf dem Weg zu einem religiösen Fest seines Dorfes sei, und dafür braucht er diese Maske. – Daraufhin hat der deutsche Reisende seine Pistole gezogen, den Medizinmann erschossen und seine Maske an sich genommen.

W.W.: Er hat ihn also erlegt wie ein Wild.

M. Engelhard: Ja, wie ein Tier. Und dieses Ereignis beschreibt der deutsche Reisende voller Stolz in seinem Reisebericht. Also müssen auch die Leser sein Verhalten als „normal" gewertet haben.

Kolonialismus als geistige Perversion

Das ist die Haltung der Europäer gegenüber nichteuropäischen Kulturen seit der Entdeckung Amerikas. Man erkennt darin den Kolonialismus als eine dem Wahnsinn verwandte Denkart, als geistige Perversion. Die europäischen Menschen haben es sich herausgenommen, über lange Zeit alle anderen Menschen für Halbmenschen zu halten und als solche zu behandeln. Mit Humanität hat dies wohl nichts mehr zu tun.

Das zieht sich noch bis in unsere heutige Zeit hinein. In den Vereinigten Staaten wurde bis vor kurzem in vielen weißen Kirchen gepredigt, daß der Schwarze durch Gott zum Dienen geboren sei und der Weiße zum Herrschen. Und indem man den Schwarzen zum Sklaven macht, hält man die gottgewollte Ordnung ein, die es im Namen Christi zu bewahren gilt. Ein Aufstand gegen diese Zustände entspricht demzufolge einem Aufstand gegen die gottgewollte Ordnung. Mit dieser Auffassung untermauerte man theologisch auch die Ideologie der Apartheid.

Dieses Gefühl der Überlegenheit gegenüber allen anderen Kulturen ist eine der Konstituanten der westlichen Kultur. Ich werde nicht müde, deutlich zu machen, daß diese westliche Kultur, die ich sehr liebe und auch ausreichend kenne, einen gravierenden Fehler hat: Sie ist völlig unfähig, den „anderen" zu sehen und als anderen zu respektieren. Das ist in dieser Form bei vielen anderen Kulturen nicht der Fall. Sie waren oder sind wesentlich offener und freundlicher gegenüber dem Fremden. Das war häufig der Hauptgrund ihres Untergangs, z.B. in Südamerika.

Als ich in Afrika war, habe ich einen großen afrikanischen Dichter, Samuel Martin Eno Belinga, kennengelernt, der einer meiner engsten Freunde wurde. Er sagte mir: „Wenn Du Afrika verstehen willst, mußt Du folgendes verstehen: Die zentrale Tugend von Euch christlichen Westlern ist die Caritas. Bei uns ist die zentrale Tugend die Gastfreundschaft. Sie ist das Zentrum unserer Ethik." – Das ist eine vollkommen andere Werteskala, denn es bedeutet, daß der Gast, weil er der „andere" ist, geehrt wird.

Bei uns in der westlichen Kultur wird der Fremde dagegen als der Feind betrachtet, gegen den es sich zu wehren gilt.

Dschingis Khan und König Etzel werden bei uns als Massenmörder betrachtet; aber daß es großartige Staatsmänner waren, die als Strategen viel besser als ihre westlichen Kontrahenten taktierten, erwähnt man bei uns nicht. Wenn die anderen uns besiegen, sind sie Massenmörder, wenn wir die anderen besiegen, sind wir die gottgewollten Herren der Welt. Diese permanente Schiefsicht durchzieht unsere gesamte Geschichtssicht.

„Die europäische Geschichte ist eine Katastrophe"

W.W.: Woher stammt das eurozentristische Weltbild, das Überlegenheitsgefühl der Europäer gegenüber anderen Kulturen?

M. Engelhard: Ich sprach schon von den Griechen. Hinzu kommt das Christentum, das behauptet, nur die Christen kämen in den Himmel. Und da die anderen keine Christen sind, kommen sie eben auch nicht in den Himmel. An denen ist die Gnade Gottes vorbeigegangen. Und aus gutem Grund, wie man meint. Die Christen sahen sich also auch als auserwähltes Volk. Dieser jüdische Komplex ist in umfassender Weise auf das christliche Abendland übergegangen. Die Kreuzzüge waren entsetzlicher Ausdruck dieser Weltsicht.

Diese Haltungen haben in Europa tiefe Wurzeln geschlagen. Es wäre eine der großen kulturellen Aufgaben unserer Erziehung, unserer europäischen Jugend die Achtung vor fremden Kulturen zu lehren, indem man all das fürchterliche Unrecht, das die Europäer im Laufe ihrer Geschichte an den nichteuropäischen Kulturen begangen haben, ihr einmal schonungslos darstellte. Man brauchte dann nur die Entsetzlichkeiten aufzuzeigen, die die spanischen Konquistadoren in Südamerika begangen haben; und was die Europäer in Afrika und Asien an Verbrechen begangen haben, ist ja nicht viel besser. Ich finde: Die europäische Geschichte im Verhältnis zu allen Nichteuropäern ist eine reine Katastrophe. Tut mir leid! Daran ist nichts Heroisches. Fast alles an dieser Geschichte ist zu verwerfen.

Wenn man dafür die Augen öffnet, daß wir als Europäer gegenüber dem Rest der Welt allen Anlaß haben, uns zu schämen, und zwar fürchterlich, dann bekäme man ein neues Verhältnis zur Welt. Aber das ist unbequem, und dieser Mühe unterziehen sich die meisten Europäer nicht. Man möchte auf seinem „guten Gewissen", dem kuscheligen Ruhekissen, weiterschlafen.

W.W.: Man braucht sich ja nur die fehlgeleitete Entwicklungspolitik der Industriestaaten anzuschauen.

M. Engelhard: Genau. Das ist nahezu alles zum Weinen. Schwarzafrika stirbt. Ganze Regionen sind mit Aids verseucht, und der amerikanische Senat beschließt, die Aids-Hilfe zu streichen, weil er es unsittlich findet, Kondome zu benutzen. Wenn einen da nicht die Wut packt, dann weiß ich nicht mehr, wo überhaupt noch sittliche Empörung gerechtfertigt ist. Und der Vatikan betreibt die gleiche Politik. Man nimmt es in Kauf, daß die Schwarzen krepieren: Der Heilige Geist hat Aids erfunden, damit man wieder keusch werde. Wobei man nicht vergessen sollte, daß Keuschheit in Afrika keine Tugend ist.

Goethes Achtung vor dem Menschen

W.W.: Von welchen Motiven wurde demgegenüber Goethe geleitet, als er seinen „West-östlichen Divan" schrieb?

M. Engelhard: Goethe hat einmal gesagt: „Wenn ich ganz verzweifelt bin und schaue in ein menschliches Gesicht, bin ich wieder getröstet." Goethe war ein Mensch, der den Menschen als Menschen achtete, den anderen Menschen und sich selbst. Eine der tiefsten und wichtigsten Lehren Goethes ist die Ehrfurcht vor sich selbst, d.h. vor sich als Menschen. Ein solches Menschenbild entspricht auch christlichem Denken: Es ist das Bild vom Menschen als Tempel Gottes, der nicht verunreinigt werden darf. Wenn ich mich selbst als Mensch achte, tue ich bestimmte Dinge nicht, weil sie meiner Selbstachtung widersprechen.

Ich stelle beispielsweise keine falschen Spendenquittungen aus. Warum nicht? Weil *ich* als Mensch so etwas nicht tue – aus reiner Selbstachtung. Ich behaupte, all jene, die z.B. im Kölner Sumpf stecken oder die schwarzen Kassen gefüllt haben, haben alle keine Selbstachtung.

Goethe dagegen hatte eine tiefe Achtung vor sich und allem, was Menschenantlitz trägt. Und diese Menschenachtung ist in ihm durch Johann Gottfried Herder geweckt worden. Herder ist der erste, der ausgesprochen hat: „Wer bin ich eigentlich, um über die anderen zu urteilen?"

Herders Gefühl für die Durchseeltheit des Universums

Herder veröffentlicht in seinen „Stimmen der Völker in Liedern" folgendes peruanische Gebet an eine Regengöttin:

Schöne Göttin, Himmelstochter,
Mit dem vollen Wasserkruge,
Den dein Bruder dann zerschmettert,
Daß es wettert Ungewitter,
Blitz und Donner! –

Schöne Göttin, Königstochter!
Und dann gebest du uns Regen,
Milden Regen. Doch du streuest
Oft auch Flocken, oft auch Schloßen:
Denn so hat dir's Er, der Weltgeist,
Er der Weltgott, Virakocha,
Anvertrauet, anempfohlen.

Das ist doch hinreißend. Das stelle ich gleichberechtigt neben jeden griechischen Chorgesang. In diesen Worten lebt ein wunderbares Gefühl für die Durchseeltheit des Universums und eine demütige Ergebung in alles, was uns vom „Weltgeist" beschieden ist. Herder fühlt mit dieser fremden, sehr anderen peruanischen Indianerkultur und stellt sie in dieser schönen Übersetzung in all ihrer Würde dar. Er glaubt und weiß und spricht aus, daß alle Menschen, welcher Rasse und Kultur und Religion sie auch angehören, gleiche Würde haben, die es – erste Bedingung des Weltfriedens – anzuerkennen und zu achten gilt. Dies entsprach auch Goethes Überzeugung, die ihn den Gedanken der Weltliteratur denken ließ.

Die ganze Welt hält bei Goethe Einzug

Stellen Sie sich vor, wie man vor Herder und Goethe dachte. Damals beherrschten die Franzosen die kulturelle Welt Europas. Und der angebliche Prophet der Toleranz, Voltaire, erklärte alles Nichtfranzösische für unkultiviert. Er fand sogar Shakespeare barbarisch, weil dieser in seinen Dramen nicht den französischen Dramenregeln entsprach. Und dann schauen Sie sich dagegen an, wie menschlich und freundlich sich Goethe, durch Herder angeregt und bestärkt, allen Kulturen, die zu seiner Kenntnis gelangten, öffnet und sie aus ihren eigenen Voraussetzungen zu verstehen trachtet: von Kalidasa[1] über die „Chinesisch-deutschen Jahres- und Tages-

1. Kalidasa, indischer Dichter, 5. Jh. Goethe bewunderte seinen „Meghaduta" (Der Wolkenbote) und sein Drama „Sakuntala", das ihn zum „Vorspiel auf dem Theater" (Faust I) anregte.

zeiten“ bis zum „West-östlichen Divan“, zu serbischen Volksliedern usw. Die ganze Welt hält bei Goethe Einzug.

Ich habe einmal, als ich in Südkorea Kulturattaché war, versucht, vor der Royal Society einen Vortrag über Goethe und Asien zu halten. Dazu ging ich in meine große Goethe-Bibliothek und begann dort, über dieses Thema zu forschen. Nach etwa 14 Tagen erkannte ich, daß diese Arbeit überhaupt nicht in kurzer Zeit zu bewältigen war. Ich mußte mich auf das Thema „Goethe und Ostasien“ (China, Japan und Korea) beschränken. Denn bei Goethe finden wir ein tiefes Interesse für alles auf der Welt. Man kann also ohne weiteres einen guten und langen Vortrag über Goethe und Ostasien halten, genauso über Goethe und Indonesien, Goethe und Lateinamerika oder Goethe und Afrika. Goethe interessierte sich für die ganze Welt und für die Menschen in der Welt.

Der Schlüssel zum Weltfrieden

1813 ist Goethe in Dresden und besucht dort mit dem jungen Leutnant von Hess die Dresdner Galerien, insbesondere die japanische Abteilung. Von Hess schreibt später in seinen Erinnerungen:

„Ganz richtig entwickelte er ihre Kunstrichtung und Fortschritte aus der eigentümlichen Lebensweise und dem gesellschaftlichen Gange jeden Volkes oder Stammes, sowie der Naturprodukte, womit jedes Land besonders gesegnet war. Die meisten verfolgte er nun stufenweise, einige von Jahrhundert zu Jahrhundert, zeigte hierauf die in jedem derselben entstandenen Erzeugnisse und Meisterstücke. [...] Und so erhielt ich in wenigen Stunden eine Übersicht des Kulturganges dieser Völker, die sich in den vor uns liegenden Gebilden Schritt für Schritt nachwies und ihren Ursprung wie ihre Reihenfolge bekundete. [...] Noch jetzt kann ich Sammlungen dieser Art, ja keinen einzelnen Gegenstand derselben besehen, ohne überall den Maßstab und die Anerkennungsweise, die mir [sic!] Goethe gelehrt, in großen, alle Zeiträume einer Kunst überschauenden Zügen, anzuwenden.“

Dieser Maßstab und diese Anschauungsweise Goethes sind ja nicht nur wichtig zum Verständnis von Kunstwerken – sie sind, davon bin ich fest überzeugt, der einzige Schlüssel zum Weltfrieden. Sie enthalten ein Welterziehungsprogramm, dessen sich die Kultur- und Erziehungsminister nicht nur in Deutschland, nicht nur in Europa, sondern in der ganzen Welt einmal annehmen sollten, wenn sie etwas für die Bildung der Welt Nützliches, Menschliches, Wirksames tun wollen. Doch schauen Sie sich auf diesem Globus um: Überall versperren noch nationale, kulturelle, religiöse Superioritätsscheuklappen den Blick auf den anderen. Solange es diese Scheuklappen gibt, wird es Krieg und Mord und Totschlag und Gewalt zwischen den Völkern, Religionen und Kulturen geben. Nur wenn wir uns bemühen, den anderen aus *seinen* – nicht unseren! – Voraussetzungen zu verstehen und zu respektieren, erweisen wir uns als friedensfähig.

„Ich gedenke, jene heilige Nacht zu feiern"

W.W.: Welche Beziehung hatte Goethe zum Islam?

M. Engelhard: Das ist wohl der Bereich, der uns gegenwärtig am meisten interessiert. Zunächst ist es einmal eine Frage der grundsätzlichen Achtung vor dieser Religion. Und was derzeit gegenüber dieser Religion in der westlichen Welt gesündigt wird, ist eigentlich nicht mehr zu fassen. Dagegen möchte ich einen Satz von Goethe stellen. Er spricht aus, er gedenke, jene heilige Nacht zu feiern, in der der Koran vollständig dem Propheten von oben her gebracht ward. Die Inspiration des Propheten, die sich im Koran niederschlägt, wird der Geburt Christi gleichgesetzt: Offenbarung, Epiphanie des Göttlichen. Das bedeutet nicht, daß Goethe keine kritischen Einwände gegen bestimmte Passagen des Korans gehabt hätte. Aber als Ganzes erschien ihm der Koran als ein verehrungswürdiges, ein heiliges Buch, durch das Wahrheit in diese Welt gekommen ist.

Solange wir nicht lernen, überzeugte Achtung vor einer Weltreligion zu erringen, wird es keine wirkliche Begegnung zwischen Menschen verschiedener Kulturen und Religionen geben können.

Unter den Muslimen gibt es große Denker und Theologen. Ich denke dabei z.B. an Muhammad Iqbal (1877–1938), der in Oxford und Heidelberg studiert und der auf den „West-östlichen Divan" geantwortet hat. Ihn hat eine tiefe Liebe zu Goethe ergriffen, und er wollte das Gespräch zwischen Islam und offenen Christen und offenen Westlern aufnehmen. Er wußte mehr von europäischer Kultur als die allermeisten Europäer. Aber man hat ihm aus dem Westen nicht geantwortet.

Wir interessieren uns nur für Öl

1973 kam ich aus Korea zurück, zur Zeit der Ölkrise. Warum gab es diese Ölkrise? Wie kam der reiche Westen, der wirtschaftlich entwickeltste Teil der Welt, dazu, den größten Teil seiner Energieversorgung aus Erdteilen außerhalb seiner Grenzen zu decken? Das konnte nur geschehen, weil man die Wüstenscheichs für gehorsame Hunde ohne eigenen Willen hielt, denen ein Generaldirektor von Royal Dutch, Exxon oder BP widerspruchslos Befehle erteilen konnte. Auf den Gedanken, daß das Öl den Ländern im Nahen Osten gehört, ist über Jahrzehnte kein Mensch gekommen. Und dann war man im Westen geplättet, als die Ölscheichs den Hahn zudrehten und den Preis verlangten, den sie für richtig erachteten. Die Energieversorgung des Westens beruht auf Entscheidungen und Abkommen, die von einer tiefen Nichtachtung anderer Länder zeugen. Während der Ölkrise mußte der Westen für seine arrogante Haltung büßen. Aber anstatt daraus zu lernen, trieb man es anschließend auf gleiche Weise weiter.

Die islamische Kultur wurde durch den Westen schlechterdings überhaupt nicht zur Kenntnis genommen, nicht einmal, als Khomeini im Iran an die Macht kam. Khomeini war ein bedeutender Theologe und ein tiefreligiöser Mensch, aber im Westen glaubte man nicht im Entferntesten daran, daß irgendwelche Mullahs Weltgeschichte machen könnten. Statt dessen hätte man erkennen müssen, daß der Islam eine historische Macht ist, mit der man sich auseinandersetzen muß. Aber auch durch den Machtwechsel im Iran haben wir nichts gelernt. Wir interessierten uns nur für das Öl, für nichts anderes. Die Kulturen des Nahen Ostens und der Islam waren uns egal. Diese Länder waren für den Westen nur insofern relevant, als sie Öllieferanten sind. Und so etwas rächt sich natürlich. Ein solches Mißverhältnis kann nicht ewig gutgehen.

1985 war ich stellvertretender Planungsstabschef. Dem damaligen Planungsstabschef sagte ich damals: „Wir müssen etwas über die Entwicklungspolitik in die Planung hineinschreiben, denn das ist die zentrale Frage der Zukunft unserer Weltgeschichte." Daraufhin antwortete er mir, daß die Entwicklungsländer keinerlei politische Relevanz und Wertigkeit für uns hätten, sie glichen einer politischen Null. Es sei Unsinn, sich mit diesen Ländern politisch auseinanderzusetzen: Außenpolitik müsse sich auf die politisch relevanten Länder beschränken.

Wir leben auf Kosten der armen Länder

W.W.: Was haben Sie ihm geantwortet?

M. Engelhard: „Dann macht mal so weiter, die Antwort werdet ihr eines Tages bekommen. Irgendwann knallt das auf eure Köpfe." Nach meiner Zeit bei Richard von Weizsäcker habe ich auch viele Reden für Hans-Dietrich Genscher entworfen, u.a. sechs Reden, die er vor den Vereinten Nationen gehalten hat. Ich habe ihm in jeden Redeentwurf den Skandal hineingeschrieben, daß der Nettokapitalfluß der ärmsten Länder in den reichen Westen immer größer war als der in die umgekehrte Richtung, was nichts anderes bedeutet, als daß die reichen Länder u.a. auch auf Kosten der armen Länder immer reicher werden. Und diesen Tatbestand stellt die Weltbank fest, die man wohl kaum kommunistischer Umtriebe bezichtigen kann.

Aber diese Sätze wurden mir immer wieder aus meinen Redeentwürfen herausgestrichen. Sechsmal! Meist war es das Wirtschaftsministerium, das diesen Tatbestand herausstrich, und zwar mit der Begründung, es schade unseren Wirtschaftsinteressen. Ich habe geantwortet, daß wir mit einer solchen Definition unserer Wirtschaftsinteressen unsere Zukunft zerstören. Aber meine Einwände haben nichts genützt. Etwas Gedankenloseres als die Entwicklungspolitik der westlichen Welt in Afrika gibt es nicht. Zumindest für Kamerun kann ich dies an sehr vielen Beispielen nachweisen.

Goethe sieht das Göttliche, wo es auftaucht

W.W.: Zurück zu Goethe: Hat er eine geistige Beziehung zu Gott bzw. zur geistigen Welt aufgezeigt, jenseits aller Religionsbekenntnisse, so daß sich die Vertreter verschiedener Religionen durch diesen geistigen Weg verstehen können?

M. Engelhard: So ist es. In einem berühmten Brief an Sulpiz Boiserée schrieb er, daß er immer Schwierigkeiten zu antworten hätte, wenn er nach seinem Religionsbekenntnis gefragt werde. Aber nun sei er auf eine vorderasiatische Sekte gestoßen, auf die Hypsistarier. Diese wählten sich aus allen Religionen das Beste aus und machten es sich zu eigen. Und so schrieb er in diesem Brief, daß er sich folglich zum Hypsistarier qualifiziere.

Goethe sieht das Göttliche, wo es auftaucht, wo es ist. Er sieht es auch in der Bibel, aber nicht nur in der Bibel. Genau wie in der Bibel Verehrungswürdiges steht, so steht auch im Koran Verehrungswürdiges. Das betrifft nicht jedes Wort, aber es reicht, um darauf eine große Kultur aufzubauen. Und das haben die arabischen Völker getan. Wenn man vor dem Taj Mahal steht, steht man ja nicht vor einer Hütte, sondern vor einem der großartigsten Gebäude der Weltarchitektur. Und wenn Sie sich nach Granada oder Cordoba begeben, werden Sie feststellen, daß die Höhe der arabischen Kultur des 8. und 9. Jahrhunderts weit über der des christlichen Abendlandes gestanden hat.

W.W.: Ein ähnliches Motiv finden wir auch schon in Wolframs Parzival, wenn Feirefiß, der muslimische Bruder Parzivals, ohne Kirchenbekenntnis und Taufe gemeinsam mit ihm den Weg zur Gralsburg beschreitet.

M. Engelhard: Ja, natürlich. Dante und Oswald von Wolkenstein haben Gedichte in drei und mehr Sprachen geschrieben. Dieses Grenzüberschreitende ist immer ein Zeichen des wirklich großen europäischen Geistes gewesen. Aber die Mittelmäßigen sind den Großen ihrer Kulturen niemals gefolgt. In einer Gedichtauswahl Goethes in Amerika findet man z.B. kein einziges Gedicht aus dem „West-östlichen Divan“. So etwas wird einfach ausgeklammert, mit diesen Orientalen gibt man sich nicht ab.

Das ist alles sehr betrüblich. Wenn Sie dagegen einen der großen Herder- und Goethe-Schüler nehmen und das wunderbare Araberkapitel im „Kosmos“ Alexander von Humboldts lesen, dann finden Sie dort die tiefste Achtung vor den Menschen, der Religion, der Kultur, der Wissenschaft der arabischen Völker. Er macht unsere Dankesschuld gegenüber dieser Kultur deutlich. Oder wenn Sie in seinen Südamerika-Reisen lesen, mit welcher Achtung er von der Kultur der dortigen Indianer spricht, wie menschlich er diesen Indianern begegnet, wie interessiert und voller tiefer Neugier er ist, dann ist das sehr erholsam, weil es so etwas in der europäischen Literatur so selten gibt. Fast überall finden wir statt dessen den Superioritätskomplex der Europäer, diese Aufgeplustertheit und diese Mißachtung des anderen.

W.W.: Warum hat man es in Europa so schwer, das andere bzw. den anderen zu achten?

M. Engelhard: Das große Problem des Schwarzen in Afrika ist es, daß er von den weißen Europäern als der „ganz andere“ empfunden wird. Statt dies als Chance zu begreifen, als eine wunderbare Möglichkeit zur Korrektur der eigenen Konzentration auf sich selbst, werden die Schwarzen links fallengelassen. Und der ganze Kontinent geht vor die Hunde, ohne daß sich irgend jemand wirklich darum kümmert!

Eines der großen Weltgedichte

W.W.: Bezieht sich Goethe mit seiner „Seligen Sehnsucht“ aus dem „West-östlichen Divan“, mit dem Motiv des Falters und dem „Stirb und werde", auch auf den Sufi al-Halladsch (gest. 922), der auch dieses Motiv von dem in der Flamme sterbenden Falter bringt, um dadurch die Vereinigung mit Gott zum Ausdruck zu bringen?

M. Engelhard: Das ist ein ungewöhnlich komplexes Gebilde. Dieses Gedicht gründet in dem Motiv der Fliege, der Mücke, des Schmetterlings, die in der Flamme sterben und ist indischen Ursprungs. Es wurde dann von den Persern und Arabern übernommen. Zu gleicher Zeit ist es ein verwandeltes Phönixmotiv, insofern antiken Ursprungs. Bereits die Einleitung von Goethes Gedicht „Selige Sehnsucht", „Sagt es niemand, nur den Weisen ...", kommt meiner Ansicht nach nicht aus dem Vorderasiatischen, sondern aus der Antike, und zwar aus den orphischen Mysterien. Dort ist es so, daß man aus dem dunklen Jammertal ins Licht einer höheren Welt hineingeht. Es ist eines der großen Weltgedichte. Hier fließen die arabische, indische, antike und moderne Kultur zusammen, also die Kultur der ganzen Welt.

W.W.: Kannte Goethe den Sufi al-Halladsch?

M. Engelhard: Er hat sich umfassend, fast sein gesamtes Leben lang, mit arabischer Geistigkeit und Theologie beschäftigt. Und dort entsprechen die Sufis etwa dem, was der Zen im Buddhismus ist. Wie weit er im einzelnen bei den Sufis Bescheid wußte, kann ich so nicht beantworten, ich halte es aber nicht für unwahrscheinlich, daß er al-Halladsch gekannt hat. Er war z.B. ein Kenner von Dschalaluddin Rumi (1207–1273), der ja auch ein Sufi war.

W.W.: Der kommt ja auch in dem „West-östlichen Divan" vor.

M. Engelhard: Genau.

Nationalismus ist eine partielle Hirnkrankheit

W.W.: Könnten Sie das Wesen des Nationalismus beschreiben?

M. Engelhard: Nationalismus ist eine partielle Hirnkrankheit der Menschen des 19. und 20. Jahrhunderts. Es ist die verrückte Idee, daß die Nation der höchste Wert der Menschheit sei. Etwas Blöderes gibt es wirklich nicht. Wenn Sie sich über den Begriff Nation informieren, werden Sie feststellen, daß darin das lateinische Wort *nascere* steckt, was „geboren werden" bedeutet. Die Nation ist nichts weiter als die Bezeichnung des Herkunftslandes eines Menschen. Wenn Sie an die Universität von Bologna gehen, der ersten der Welt, dann werden Sie dort im Hof die gesamten Wappen der verschiedenen Nationen finden.

Im lateinischen Mittelalter haben sie an der Universität alle Latein gesprochen, die Professoren und die Studenten. In Bologna gab es z.B. ein germanisches Viertel, ein polnisches, englisches und französisches Viertel. Aber deren Bewohner dünkten sich nicht besser als die anderen, weil sie deutsch, polnisch oder englisch redeten, wenn sie nicht auf der Universität waren. Sie waren akademische Bürger wie alle anderen auch.

Und mehr ist es heute auch nicht. Ich bin doch kein besserer oder klügerer Mensch, weil ich ein Deutscher bin. Das wäre doch absurd. Es ist ein so dummer Unsinn, an die Überlegenheit der eigenen Nation zu glauben. Leider haben die europäischen Nationen allzulange daran geglaubt, mit furchtbaren Folgen.

Nehmen Sie z.B. die Tatsache, daß von einer „deutschen Musikgeschichte" gesprochen wird. Hier bereits beginnt der Unsinn, denn man kann keine deutsche Musikgeschichte ohne die italienische schreiben. Heinrich Schütz und viele andere sind nach Venedig gezogen, um Monteverdi zu studieren, und anschließend haben sie eine wunderbare Musik komponiert. Der größte Teil der Mozartschen Opern ist auf italienisch geschrieben. Deswegen gibt es auch keine deutsche, sondern nur eine europäische Musikgeschichte.

Wir haben u.a. auch die Geschichte nationalisiert. Schauen Sie sich z.B. die Kunstgeschichte von Wilhelm Pinder, einem Schulfreund von Nietzsche, an, dann werden Sie bei ihm feststellen, daß die Deutschen alles erfunden haben, die gesamte romanische Kunst sei deutschen Ursprungs. Natürlich ist das Unsinn. Die Normannen, die Franzosen, die Italiener, die Portugiesen und Spanier haben dazu Enormes beigetragen, und wir haben Vielfältiges und Phantastisches von ihnen gelernt. Und die Steinmetze sind von Chartres und Reims nach Bamberg und Naumburg gekommen.

Es gibt eine gesamteuropäische Kunst und Architektur, gesamteuropäische Stile. Es gibt eine Romanik, eine Gotik, eine Renaissance, einen Barock und einen Rokoko, einen Klassizismus. Das sind gesamteuropäische Stile. Das bedeutet, daß Europa eine kulturelle Einheit ist, die sich dann national ausprägt. Daß es die Überlegenheit eines national ausgeprägten Stiles über den anderen gibt, ist natürlich albern. Der Kölner Dom ist eine gewaltige deutsche Kathedrale, aber mit tiefsten Einflüssen der Kathedrale von Amiens. Alle „nationalen" europäischen Kulturen sind Ausprägungen einer gemeinsamen Substanz. Aber der Dom zu Ratzeburg unterscheidet sich von dem zu Speyer sehr viel mehr als der Kölner Dom von der Kathedrale von Amiens.

Der Wahnsinn der europäischen Kolonialpolitik

W.W.: Ein weiterer Punkt ist die Demütigung der arabischen Welt durch den Westen. Welche Spuren hat es in der arabisch-muslimischen Welt hinterlassen, daß die Engländer den arabischen Stämmen bei Unterstützung im Kampf gegen das Osmanische Reich eine arabische Einheit versprochen haben, man dieses Versprechen aber nicht eingehalten hat?

M. Engelhard: Zunächst einmal ist die arabische Kultur durch die Türken zerstört worden. Die Unterdrückung durch das türkisch-osmanische Weltreich hat den Arabern das kulturelle Rückgrat gebrochen, ebenso wie die Spanier den Indianern in Südamerika das kulturelle Rückgrat gebrochen haben. Wenn ein stolzes, freies und hochbegabtes Volk auf diese Weise unterdrückt wird, geht sehr viel verloren. Leider gibt es viele Beispiele in der Weltgeschichte dafür, daß die Unterdrücker auch noch stolz darauf waren, einem anderen Volk das kulturelle Rückgrat gebrochen zu haben. Das sind die schändlichen, düsteren Kapitel der Menschheitsgeschichte. Denn diese Unterdrückung ist immer mit einem unersetzlichen Verlust für die Kultur der ganzen Menschheit verbunden.

Dann kam die europäische Kolonialpolitik, die glaubte, daß z.B. der Seeweg nach Indien das Nonplusultra der Weltpolitik sei. Und die arabischen Völker wurden zu Funktionären dieser Politik degradiert. Daß sie ein Eigenleben, ein eigenes Gefühl und eine eigene Identität hatten, spielte daher nicht die geringste Rolle. Man besetzte einfach die Länder im Vorderen Orient, z.B. Ägypten. Den König ließ man zwar noch im Amt, aber zu sagen hatte er nichts. Gibraltar, Palästina, Malta, Kreta und Zypern, alle Länder und Inseln, wo man auf dem Weg nach Indien Wasser tanken und Lebensmittel laden konnte, wurden kolonisiert. Seitdem es den Suezkanal gab, gab es für London überhaupt keine Wahl mehr, ob man Ägypten besetzt oder nicht. Ägypten mußte besetzt werden. Man brauchte dieses Land und den Suezkanal für den Seeweg nach Indien.

Das Denken, das diese Handlungen begleitete, war von einer ungeheuren Absurdität, was einem unmittelbar einleuchtet, wenn man nur einmal den Gedanken der Gleichberechtigung aller Völker danebenstellt. Und diese europäische Kolonisierung eines großen Teiles der übrigen Welt wird in unseren Geschichtsbüchern als etwas völlig Normales behandelt: das Zeitalter des Kolonialismus. Es wird bei uns in Europa auch als eine normale geschichtliche Entwicklung betrachtet: So war das halt. Man muß in einem Zeitalter zunächst auf das schauen, was dort als „normal“ gilt, um auf den wirklichen Wahnsinn der Weltgeschichte zu stoßen. Dann erhält man den Eindruck, daß die Europäer im 19. Jahrhundert mehr oder weniger vom reinen Wahnsinn getrieben waren.

Man denke nur an das mexikanische Abenteuer von Napoleon III. Da wird von Frankreich ein Österreicher als Kaiser in Mexiko eingesetzt. Und wenn die Mexikaner sich dagegen wehren, werden französische Truppen geschickt, die Mexikaner umbringen müssen, die lediglich einen eigenen Präsidenten haben wollen. Und das galt als „normal"! Der Flottenbesuch Kaiser Wilhelms II. in Marokko – auch der galt als „normal"!

Ich habe gerade meine Briefmarkensammlung geordnet, und dabei bin ich auf Briefmarken der Germania mit dem Aufdruck „Marokko" gestoßen. Und ich habe mich gefragt: Mein Gott, was hat die Germania in Marokko zu suchen? Dergleichen gibt es Briefmarken mit dem Aufdruck China, Deutsch-Neu-Guinea, Deutsch-Ostafrika, Deutsch-Südwestafrika, Kiautschou, Kamerun usw. usf.

Eine arabische Einheit?

W.W.: Und wie steht es mit der Demütigung der arabischen Völker, der nicht zustande gekommenen arabischen Einheit?

M. Engelhard: Mit der arabischen Einheit ist es eine schwierige Angelegenheit. Sie ist zunächst eine Sache der Araber selbst. Doch die sozialen, kulturellen, verfassungsmäßigen, staatsrechtlichen Unterschiede der arabischen Staaten sind heute allzu groß. Und so bleibt es ein mit Worten verkündeter Sehnsuchtstraum der arabischen Völker, eine arabische Einheit, wie sie von den ersten Kalifen realisiert wurde, aber dann doch bald auseinanderbrach, wieder herzustellen. Die arabische Einheit ist ein wunderbarer, und wie ich finde sehr aktueller Traum, denn im Grunde sollte sich die arabische Welt ähnlich wie Europa zusammenschließen. Die Voraussetzungen dafür sind eigentlich viel günstiger, denn fast alle Menschen dieses Kulturkreises gehören dem gleichen Glauben an. Sie alle kennen den Koran auf Arabisch. Es gäbe in diesem Kulturkreis die Möglichkeit der Schaffung einer arabischen Union, wenn man eine vorausschauende Politik betriebe.

Wenn Sie aber betrachten, wie z.B. Ägypten, Äthiopien oder der Irak heute zueinander stehen, dann scheint dieses Ziel unerreichbar. Vielleicht wäre dieses Ziel erreichbar gewesen, solange ein Großteil dieser Länder Monarchien waren, König Idris in Libyen, König Faruk in Ägypten, die Haschemiten in Jordanien, die Saudis in Saudi-Arabien, sie hätten sich als

Monarchien zusammenschließen können, aber nachdem Nasser, Gaddafi und später Saddam Hussein in Ägypten, Libyen und dem Irak an die Macht kamen, war diese Einheit nicht mehr möglich.

Vor allem die sozialen Unterschiede innerhalb der gesamten arabischen Welt sind fürchterlich. Denken Sie nur einmal an die armen Palästinenser, und schauen Sie sich demgegenüber die reichen Saudis an.

Der Holocaust brennt in der israelischen Seele

W.W.: Der israelisch-palästinensische Konflikt reicht weit in die Vergangenheit zurück. Hätte es aufgrund der Schuld der Deutschen, des Holocaust, eine andere Möglichkeit gegeben, als den Juden in Israel einen Staat zu gewähren?

M. Engelhard: Die Deutschen hätten darauf keinen Einfluß nehmen können. Daß die Briten es ihnen gestattet haben, ist ihnen letzten Endes zu danken. Das Problem des Nahen Ostens ist für einen Deutschen ungewöhnlich schwierig. Was im Nahen Osten gegenwärtig geschieht, hat die Grenze zum Wahnsinn schon überschritten. Die Palästinenser bringen z.B. fünf Israelis um, dann bringen die Israelis 20 Palästinenser um. Dann bringen diese zehn Israelis um, und diese wieder 50 Palästinenser usw. usf. Und beide Seiten behaupten monoton, die andere Seite sei ausschließlich schuld an diesen Morden.

Es ist nicht übertrieben, das Verhalten Scharons als neurotisch zu bezeichnen. Aber daß er so neurotisch reagiert, hängt sehr stark mit dem Holocaust zusammen. Die Israelis wollen nicht noch einmal in Gasöfen sterben, sie wollen nicht noch einmal als Volk vernichtet werden. Der Holocaust brennt weiter in der israelischen Seele. Das müssen wir Deutsche bedenken, bevor wir urteilen. Die Israelis überreagieren derzeit. Das kann man ganz objektiv so feststellen, aber wir Deutschen können uns nicht darüber beklagen. Wir können sie auch nicht dafür kritisieren. Denn wir haben diesen Wahnsinn, der sich in der Politik Scharons derzeit äußert, ausgelöst. Ohne den Holocaust würde sich Scharon sicher „vernünftiger" verhalten.

Die Gefahr eines terroristischen Zweitschlages

W.W.: Die Mudschaheddin, Osama bin Laden, viele sogenannte Freiheitskämpfer aus den arabischen Länder und später auch die Taliban wurden von der USA im Laufe der Jahre finanziert. Hat sich dieses kurzfristige

Taktieren für die USA jetzt mit den Anschlägen auf das World Trade Center und das Pentagon gerächt?

M. Engelhard: Im Grunde hat man ja nicht die Taliban, die Al-Qaida oder afghanische Freiheitskämpfer finanziert, sondern man hat die Gegner der Sowjetunion finanziert. Was das für Leute waren, wie sie dachten und fühlten, interessierte die USA überhaupt nicht. Das gleiche wiederholte sich während des Afghanistan-Krieges, als man die Nordallianz unterstützte. Was für Menschen das waren, interessierte wiederum überhaupt niemanden. Sie waren Gegner der Al-Qaida, und das war das einzige, was die USA interessierte. Die Menschen interessieren die westlichen Politiker überhaupt nicht. Sie werden lediglich für die politischen Ziele der westlichen Welt instrumentalisiert.

Was nun den Anschlag vom 11. September 2001 betrifft, so muß ich Ihnen sagen, daß ich mit dem Kampf der Amerikaner gegen Osama bin Laden, Al-Qaida und die Taliban vollständig einverstanden war und bin, auch mit dem radikalen militärischen Angriff auf diese Leute. Es gab Grüne, Menschenrechtler und andere, die statt dessen vorschlugen, mit diesen Leuten zu verhandeln. Prinzipiell ist das ja richtig, aber mit Osama bin Laden zu reden, halte ich erstens für sinnlos, und zweitens bestand die konkrete Gefahr eines Zweitschlages von möglicherweise noch größerer Dimension, als es der 11. September war. Diese Gefahr besteht immer noch. Das einzig rationale Mittel, diesen Zweitschlag zu verhindern, war der Angriff. Man konnte sie nicht in ihren Höhlen sitzen und den nächsten Angriff planen lassen. Denn die Welt hätte einen zweiten 11. September nicht überlebt, vor allem wirtschaftlich nicht.

Man braucht sich nur anzuschauen, daß Billionen Dollar in den zwei Tagen nach diesem Anschlag an den weltweiten Börsen im Nichts zerronnen sind. Ein zweiter Schlag hätte wahrscheinlich eine derart große Verunsicherung nach sich gezogen, daß die meisten Aktien gegen Null tendiert hätten. Die Weltwirtschaft hätte einen tödlichen Schlag erlitten. Das hätte unsägliches Elend, insbesondere in den armen Entwicklungsländern, zur Folge gehabt. Sie hätten danach noch nicht einmal mehr die Brosamen erhalten, die von unseren Tischen fallen. Deswegen mußte man angreifen.

Bush ist mit Öl getauft

W.W.: Trifft das auch noch auf die jetzige Politik der Bush-Administration zu?

M. Engelhard: Nein, was man derzeit vorbereitet, ist etwas vollkommen anderes. Dahinter verbirgt sich die Vorstellung, die Welt habe die westliche Definition des Terrorismus zu akzeptieren.

W.W.: Welche geostrategischen Ziele verfolgen die USA im arabisch-muslimischen Raum? Geht es ausschließlich um Rohstoffe, speziell um Öl?

M. Engelhard: Es geht um Macht *und* um Rohstoffe. Mit einem Angriff auf den Irak wollen sich die Amerikaner auch die arabischen Ölreserven sichern. Man braucht sich ja nur anzuschauen, aus welcher Branche Bush stammt.

W.W.: Aus der Öl-Branche.

M. Engelhard: Der ist mit Öl getauft. Und Dick Cheney ebenfalls.

Die Verteufelung des iranischen Volkes

W.W.: Was bezwecken die USA mit der von Bush so bezeichneten „Achse des Bösen“? Sind alle drei Länder potentielle Ziele eines US-Angriffs?

M. Engelhard: Da werden drei Länder, Nordkorea, Irak und Iran, zusammengeworfen. Im Iran sieht man, daß es derzeit gemäßigte vernünftige Politiker gibt, besonders den Staatspräsidenten Chatami. Er steht innenpolitisch gegen die Front der radikalen Mullahs. Indem nun der Gesamt-Iran der „Achse des Bösen“ zugerechnet wird, wird dem iranischen Präsidenten und allen Gemäßigten des Landes jede Art von Einwirkungsmöglichkeit auf die orthodoxen Mullahs genommen, ebenso wie Scharon den gemäßigten Palästinensern mit seinen Militäraktionen das Wasser abgräbt, so daß die radikalen Kräfte die Oberhand gewinnen. Chatami kann kaum mehr mäßigend auf sein Land einwirken. So eine Verunglimpfung akzeptiert kein Volk, und die Iraner sind ein großes, stolzes und zahlreiches Volk.

Das erinnert mich stark an den Schuldspruch von Versailles nach dem Ersten Weltkrieg. Diesen Schuldspruch hat kein Deutscher akzeptiert, wo immer er auch politisch gestanden haben mag. Man kann nicht ein ganzes Volk demütigen. Und wenn man ein ganzes Volk für böse erklärt, dann geht das entschieden zu weit. Damit wird nur bewirkt, daß innerhalb des Iran die gemäßigten Kräfte geschwächt und die „bösen Kräfte“, die man gerne bekämpfen möchte, gestärkt werden. Das ist das Gegenteil einer klugen Politik. Chatami ist immerhin vom Volk gewählt worden, gegen den Widerstand der fundamentalistischen Kräfte. Er hat auch eine sehr schöne Rede bei der Eröffnung des Goethe-Hafis-Denkmals in Weimar gehalten und ist überhaupt ein sehr kluger Mann. Aber nun wird er durch die USA zum Oberteufel erklärt.

Die Wiedervereinigung Koreas wird von den USA aufs Spiel gesetzt

W.W.: Wie steht es mit Nordkorea?

M. Engelhard: Wissen Sie, ich bin Korea tief verbunden, denn das war mein erster Auslandsposten. Ich habe sehr viele koreanische Freunde, befasse mich mit diesem Land seit 1970 auf das Intensivste und habe eine große Korea-Bibliothek. Korea ist das letzte geteilte Land auf der Erde. In Südkorea gibt es einen Präsidenten, Kim Dae Jung, der Friedensnobelpreisträger ist und der die ersten Fäden für den Friedensprozeß mit Nordkorea angeknüpft hat. Und diese ersten Kontakte werden nun von den Amerikanern zertrümmert. Interessiert das Schicksal einer Nation die USA nicht? Kim Dae Jungs Lebensziel ist die Vereinigung seines Landes, und die wird ihm nun von den USA erschwert, wenn nicht sogar unmöglich gemacht.

Die Wiedervereinigung Koreas ist ja nun wohl ein wirklich legitimes Ziel eines großen und sehr wichtigen Volkes mit herrlicher Tradition und einer wunderbaren Kultur. Wir Deutsche können diese Sehnsucht wohl am besten begreifen. Gibt es in der amerikanischen Regierung jemanden, der diese Sehnsucht der koreanischen Menschen zur Kenntnis nimmt, der sie in sein politisches Kalkül einbezieht, der – außer dem Korea-Krieg – etwas von koreanischer Geschichte und Kultur weiß? Zweifel sind angebracht.

W.W.: Benutzt man Nordkorea als Alibischurken, weil es Atomraketen besitzt?

M. Engelhard: Die können nur kurze Strecken fliegen, und dann versinken sie im Pazifik. Daß diese Raketen eine Bedrohung der Vereinigten Staaten sein sollen, erscheint mir nicht seriös.

Die Sowjetunion war politisch und militärisch eine Weltmacht. Als sie noch existierte, funktionierte die gegenseitige Abschreckung. Ich frage mich immer wieder, warum sich Präsident Bush nicht vor die Weltgemeinschaft stellt und in etwa ausspricht: „Wir werden nicht gerne angegriffen. Wenn wir angegriffen werden sollten, versichere ich hiermit, daß zehn Atombomben eine halbe Stunde später in dem Angriffsland explodieren werden." Dann können sich die anderen Länder entscheiden, ob sie die USA angreifen wollen oder nicht. Warum ist diese Abschreckungspolitik nicht mehr die Politik der USA? Gegen die Weltmacht Sowjetunion hat diese Abschreckungspolitik gewirkt, und gegen das kleine Nordkorea oder den Irak sollte sie nicht wirken können? Das ist doch ein Witz!

Ist die menschliche Seele amerikanisch?

W.W.: Hinzu kommt ja noch, daß Bush in den letzten Tagen die Länder China, Rußland, Libyen und Syrien als weitere eventuelle Ziele von kleineren Atombomben genannt hat.

M. Engelhard: Das halte ich für unverantwortlich. Was ich vorhin als Eurozentrismus für Europa dargestellt habe, findet man heute in den USA auf erschreckende Weise wieder. Thomas von Aquin sagte: „Anima humana naturaliter christiana est." – „Die menschliche Seele ist von Natur aus christlich." Die Amerikaner sind heute davon überzeugt, daß die menschliche Seele amerikanisch ist. Und jeder, der nicht amerikanisch ist und nicht so denkt wie die Amerikaner, kann dies nur aus zweierlei Gründen tun: Entweder er ist uninformiert oder dumm, dann muß er belehrt werden; oder er ist böse, und dann muß er bestraft werden. Das sind die Grundstrukturen der amerikanischen Außenpolitik. Daß man legitimerweise anders denken kann, als sie denken, kommt ihnen gar nicht in den Sinn.

W.W.: Ich lese Ihnen einmal ein Zitat aus dem letzten *Spiegel* vor. Dort sagt der berühmte Börsenspekulant George Soros folgendes:

„Amerika will ganz allein bestimmen, wo es langgeht. Bush hat so gesehen im internationalen Terrorismus den perfekten Feind gefunden: unsichtbar, allgegenwärtig, unbesiegbar – eine Legitimation für alles, von der Erhöhung des Militäretats bis zur Kündigung des ABM-Vertrags." (*Der Spiegel,* 25.03.2002, S.106)

Das ist doch exakt analysiert.

M. Engelhard: Die amerikanische Politik wird von einem unerschütterlichen Superioritätskomplex bestimmt: Wir sind die Größten, die Besten, die Reichsten, die Fortschrittlichsten, die sittlich Höherstehenden, die Freiesten, die Mutigsten, die Verantwortungsvollsten, wird sind einfach super, in jeder Hinsicht allen anderen überlegen. Es macht keinem amerikanischen Politiker z.B. Schwierigkeiten zu sagen: „Wir sind das freieste Land der Welt" – trotz der andauernden schweren Rassenprobleme, trotz der furchtbaren Lage der indianischen Urbevölkerung. Kein Mensch kommt auf den Gedanken, daß man mit einem solchen Satz alle anderen Demokratien abwertet, sich über sie stellt. Ich habe in vielen Reden in den USA immer wieder gesagt, daß ich mich als Deutscher genauso frei fühle wie ein Amerikaner und daß ich den Unterschied zwischen der Freiheit eines Amerikaners und der Freiheit eines Bundesdeutschen einfach nicht erkennen könne. Man möge mir doch bitte sagen, worin dieser Unterschied bestünde.

W.W.: Und was antwortete man Ihnen?

M. Engelhard: Man war verblüfft. Man glaubt ganz naiv an diese Formulierungen von dem „freiesten Land". Das Überlegenheitsgefühl der Amerikaner ist ganz unreflektiert, ganz naiv und damit gewissermaßen unschuldig. Und es ist ja wahr: Sie sind ein großartiges, prachtvolles Volk. Und es ist ja auch kein Zufall, daß sie es so weit gebracht haben. Sie sind ja auch unbezweifelbar die Reichsten, die Mächtigsten, die Effektivsten. Eine solche Stellung in der Welt ist immer das Ergebnis des Zusammentreffens der speziellen Eigenschaften eines Volkes mit bestimmten Konstellationen der Weltgeschichte. Die Engländer, Spanier und Portugiesen waren Seefahrervölker. Und so ist es kein Wunder, daß sie es waren, die nach der Entdeckung Amerikas die Welt unter sich aufteilten. Aber das machte sie weder sittlich, kulturell oder politisch besser als die anderen Nationen. Die Macht ist kein Gradmesser für die Qualität eines Volkes.

Doch die Amerikaner schließen aus ihrer Position als einzig übriggebliebener Weltmacht, daß sie vom Weltgeist die Aufgabe erhalten haben, für Ordnung in der Welt zu sorgen – und das muß selbstverständlich eine amerikanische Ordnung sein. 5 % der Weltbevölkerung müssen bestimmten, wie die übrigen 95 % zu leben haben. Und diese Auffassung gilt in den USA als „normal". Doch vergessen wir nicht: Auch in Deutschland wurde gesungen: „Heute gehört uns Deutschland und morgen die ganze Welt!"

W.W.: Sehen Sie Parallelen zwischen dem Römischen Reich und den USA?

M. Engelhard: Schauen Sie sich die Architektur Washingtons an. Sie soll „römisch" sein. Sie ist von Thomas Jefferson inspiriert. Die USA sind ein neues römisches Imperium. Und der Senat, der bezeichnenderweise auch so heißt, regiert wie der Senat in Rom. Doch die Römer respektierten die Andersartigkeit der unterworfenen Völker. Das ist der Grund, warum ihr Imperium ein Millenium dauerte. Das amerikanische Imperium wird nicht so lange währen.

Das ist auch Globalisierung!

W.W.: Die reichen Länder nutzen die Welthandelsorganisation (WTO) zu ihrem Vorteil aus, indem Handelsschranken z.B. für Waren aus den Südländern erlassen werden. Was müßte sich in der Strategie und Organisation der WTO ändern?

M. Engelhard: Das kann man unter dem Stichwort Globalisierung begreifen, der Ausdehnung des Welthandels auf alle. Ich kann mich an einen Vortrag von Herrn Welteke, dem Präsidenten der Bundesbank, in Wisconsin erinnern, kurz nach der Demonstration der Globalisierungsgegner bei dem Weltwirtschaftsgipfel in Seattle. Er wurde befragt, ob er diese Demonstrationen und ihre Hintergründe verstehe. Seine Antwort war, daß er die Demonstranten und ihre Kritik an der Globalisierung überhaupt nicht begreife, denn seiner Meinung nach sei die Globalisierung doch zum Nutzen aller. Das ist genau die gleiche Einstellung, wie ich sie in bezug auf den Kolonialismus dargestellt habe.

In Nicaragua gibt es amerikanische Fabriken, in denen Jeans hergestellt werden. Dort sitzen z.B. in riesigen Hallen 3.000 Frauen und nähen diese Jeans, zehn Stunden für 1,90 Dollar pro Tag. Von diesem Lohn müssen sie 90 Cent ausgeben, um mit dem Bus zur Arbeitsstätte fahren zu können. Weil sie während der Arbeitszeit nicht auf die Toilette gehen dürfen, trinken sie vor und während der Arbeitszeit nicht. Weil sie nicht trinken, bekommen sie Blasenkrankheiten. Sie erhalten nicht einmal Masken, die nur wenige Cent kosten würden, um sich vor dem Textilstaub zu schützen, den sie ständig einatmen müssen, was Lungenkrankheiten zur Folge hat. Wer auch nur eine Lohnerhöhung von 5 Cent pro Tag fordert, wird sofort gefeuert. Das ist auch Globalisierung! Die großen westlichen Industrienationen gehen in die Dritte Welt und beuten die Menschen dort deswegen aus, weil sie mit ihnen das machen können, was bei ihnen zu Hause gesetzlich verboten ist. Das betrifft Arbeitsschutzbestimmungen, Umweltschutzauflagen, Streikrechte usw.

Reichtum verpflichtet

W.W.: Wie stehen Sie zur Globalisierung im allgemeinen?

M. Engelhard: Die Globalisierung ist eine grandiose Chance, die Menschheit gerecht zu ordnen. Aber nur unter der Voraussetzung, daß Mindeststandards an Menschenwürde eingehalten werden. Es gibt in unserem Grundgesetz die wunderbare Aussage: „Eigentum verpflichtet." Das gilt aber auch für Nationen, vor allem für die reichen Nationen. Unser Reichtum verpflichtet, den armen Nationen zu helfen. Das ist keine freie Wahl, das ist Pflicht. Aber darüber redet kein Mensch. Statt dessen tut man so, als würde man der Dritten Welt hin und wieder Gnadengeschenke überlassen.

Solange wir nicht anerkennen, daß die Auszahlung der Dividenden an die Shareholder und die Steigerung des Aktienwertes nicht das oberste Werteprinzip bei der Gestaltung der Welt sein können, solange werden wir in den Krieg, die gegenseitige Gewalt und den Massenmord treiben. Erst wenn wir den Menschen als Menschen ernst nehmen und respektieren, und zwar jeden, werden wir zu einer gerechten Welt kommen. Wenn die Globalisierung ausschließlich unter wirtschaftlichen Gesichtspunkten betrachtet wird, dann ist das Schlimmste zu befürchten.

Wirtschaft ist ein Teil der menschlichen Aktivitäten und des menschlichen Lebens, aber eben nur ein Teil. Wenn man die anderen Teile nicht sieht und in seinem eigenen Verhalten nicht in Rechnung stellt, dann geht es in Richtung dessen, was Karl Marx zu Recht die Ausbeutung des Menschen durch den Menschen genannt hat. Und diese Ausbeutung findet allenthalben statt, sie ist kein Märchen.

Dieser Zustand muß aufhören. Der Mensch muß sich schämen, andere Menschen auszubeuten. Die Bilder dieser Ausbeutung müssen gezeigt werden. Es scheint mir eine Pflicht unseres Journalismus zu sein, diese Bilder in unsere Zeitungen und Nachrichten zu bringen, damit wir Bilder von den Menschen sehen, die wir ausbeuten.

Das Menschenrecht, billig Schokolade einzukaufen ...

W.W.: Das Beispiel, das Sie von Nicaragua genannt haben, gibt es ja in allen Exportproduktionszonen der Länder des Südens, auf den Philippinen, in Indonesien, in China und vielen anderen Ländern. Und dort stellen die Menschen in den von Ihnen beschriebenen Fabrikhallen tagtäglich die Konsumgüter her, die wir verbrauchen.

M. Engelhard: Genau. Das ist ein Problem unserer globalisierten Welt. Die Entwicklungsländer bedienen unsere Bedürfnisse, nicht die eigenen. Die Kolonialvölker haben z.B. die großen Kakao-, Kaffee- und Bananenplantagen für uns angelegt, nicht für die Bedürfnisse der dortigen Bevölkerung. Und weil die Preise für diese Produkte auf dem Weltmarkt ständig sinken, werden die Anbauflächen immer weiter vergrößert, mit der Folge, daß die Preise weiter sinken. Dann gibt es jährlich die sogenannten Kaffeerunden, auf denen die Kaffeepreise stabilisiert werden sollen. Und wer wehrt sich dagegen? Hauptsächlich zwei Staaten: die Vereinigten Staaten von Amerika und die Bundesrepublik Deutschland, darüber hinaus natürlich die Konzerne und die Kaffeetrinker.

Wir nehmen uns das Menschenrecht heraus, auf Kosten von Hunderttausenden von anderen Menschen unsere Tafel Schokolade für ca. 50 Cent kaufen zu können. Und zu gleicher Zeit sind die reichen Industrieländer auch noch die größten Exporteure für Agrarprodukte, womit wir den Entwicklungsländern auch noch den Atem auf dem Sektor abschneiden, auf dem sie konkurrenzfähig sein könnten. Die Amerikaner und die Europäer aber subventionieren die eigene Landwirtschaft mit Milliarden. Aber wenn die kaffeeexportierenden Länder ihren Kaffeepreis stabilisieren wollen, begegnet dies dem Argument, es müsse der freie Markt herrschen. Das ist alles verlogen, heuchlerisch und unvertretbar.

Auf einer Botschafterkonferenz im September letzten Jahres hat der Leiter der Gesellschaft für Technische Zusammenarbeit (GTZ), der zentralen deutschen Entwicklungshilfeorganisation, einen Vortrag mit dem Thema: „Warum sind die armen Länder so arm?“ gehalten. Wissen Sie, was dabei herauskam?

W.W.: Sie werden es mir gleich sagen.

M. Engelhard: Keine Beachtung der Menschenrechte, korrupte Systeme, Ein-Parteien-Regierungen, keine Eingliederung in den Welthandel etc., also die ausschließliche Schuld der Armen selbst. Daß die westlichen Länder mindestens 70 % der Ursachen der Armut in den Entwicklungsländern gelegt haben, wurde mit keinem Wort erwähnt.

W.W.: Haben Sie sich dazu geäußert?

M. Engelhard: Ja, ich bin aufgestanden und habe heftig widersprochen. Ein Botschafter braucht in Afrika nicht unbedingt über diese Zusammenhänge zu reden, aber kennen sollte er sie schon, wenn er mit dem Präsidenten eines afrikanischen Landes spricht. Denn der weiß es ganz bestimmt.

Der westliche Lebensstil vernichtet die Erde

W.W.: Entwicklungshilfe läuft oft nach dem Gießkannenprinzip, ein hoher Prozentsatz geht für Spitzengehälter drauf, große Summen werden für unsinnige Projekte ausgegeben, und meist profitieren die ärmsten Länder am wenigsten von der Entwicklungshilfe. Was müßte sich hier grundsätzlich ändern?

M. Engelhard: Die eigentlich wichtige und fundamentale Frage der Entwicklungspolitik oder der Entwicklung in der Welt wird überhaupt nicht gestellt. Und das ist die Frage: Was ist eigentlich Entwicklung? Wohin sollen sich denn all diese Völker entwickeln? Wenn man einmal in einem Entwicklungsland gelebt und gearbeitet hat, wird man feststellen, daß diese Frage längst beantwortet ist. Denn diese Länder wollen Eisschränke, Fernseher, Autos, Motorräder, Flugzeuge usw. haben. Sie wollen also einen Lebensstandard und eine Lebensart erreichen, wie sie in den westlichen Ländern üblich sind. Diesen Lebensstil bekommen sie durch die Massenmedien vorgeführt. Und weil es die Konsumprodukte der westlichen Welt gibt, wünschen sie sich diese ebenfalls. Verständlicherweise.

Wenn aber alle sechs Milliarden Menschen auf unsere Weise leben würden, dann würde dieser Planet sterben. Wir setzen also mit unserer Existenz und unserer Lebensweise das Ziel der Entwicklung, aber dieses Ziel ist nicht vertretbar. Unsere politisch-geistige Aufgabe für die Zukunft der Welt wäre es also, einen Lebensstil zu entwickeln, der – nachgemacht von den anderen – das Überleben der Menschheit und der Erde sichert. Wir müssen unsere Lebensweise ändern. Aber es gibt keinen Politiker, der darauf auch nur einen einzigen Gedanken verschwendet. Mir scheint das aber völlig auf der Hand zu liegen.

Man schweigt über das Ziel der Entwicklung, weil man sich in der westlichen Welt längst mit der Armut der Entwicklungsländer abgefunden hat. Obendrein stellt sich heraus, daß die Armut dieser Länder der westlichen Welt guttut. Denn man braucht in diesen Ländern z.B. nur billige Löhne zu zahlen. Man kann dort billig produzieren und hier teuer verkaufen. Und man kann die Aktionäre zufriedenstellen.

„Jeder kann den Mund aufmachen"

W.W.: Ich möchte noch einmal das von Ihnen genannte geistig-politische Entwicklungsziel aufgreifen. Was können wir im Westen tun, und zwar jeder einzelne, damit die Ungerechtigkeit in der Welt ein Stück beseitigt wird?

M. Engelhard: Jeder kann sich mit den Problemen der Menschen beschäftigen, und jeder kann den Mund aufmachen. Man darf nicht zu den Ungeheuerlichkeiten in der Welt schweigen. Man muß wenigstens protestieren, klar und deutlich seine Meinung sagen. Man sollte klar und deutlich ausdrücken, daß man nicht mitschuldig an den Ungerechtigkeiten der Welt werden möchte. Das kann jeder, es tut aber fast keiner. Wenn ich solche Worte im Kreise meiner Kollegen ausspreche, sagt öffentlich niemand etwas dazu. Hinterher kommen aber immer viele zu mir, klopfen mir auf die Schulter und sagen, daß ich recht habe. Aber im Plenum schweigen sie. Der erste Schritt ist also, daß man für das eintritt, was man für richtig hält. Zunächst nur mit Worten. Das ist nicht unwichtig. Ich halte das Grundrecht der Meinungsfreiheit für ein viel zu wenig genutztes Instrument der Demokraten. Wir sollten fröhlichen Gebrauch davon machen. Aber es schadet meistens der „Karriere".

Das Geblubber der Macht

Ich hatte als Generalkonsul in Mailand den Fall, daß zwei minderjährige albanische Kinder zu ihren Eltern nach Deutschland ziehen wollten. Das wurde von dem damaligen Innenminister Kanther verboten. Da kann doch wohl etwas nicht stimmen, wenn acht- bzw. zehnjährige Kinder nicht zu ihren Eltern dürfen. Das ist schlicht ein Unrecht. Im Strafgesetzbuch gibt es den Paragraphen über Kindesentziehung, die mit Gefängnis bis zu zehn Jahren bestraft wird. Ich habe heftig protestiert, woraufhin mir Gründe genannt wurden, die mich in ihrer Substanz sehr an Entscheidungen der Nazizeit erinnerten. Daraufhin habe ich geantwortet, daß es wohl doch ein Fehler gewesen sei, allzu viele Leute aus dem Reichsinnenministerium Heinrich Himmlers in das Bundesinnenministerium zu übernehmen.

W.W.: Haben Sie das überlebt?

M. Engelhard: Man schrieb an meinen Staatssekretär, daß man es für unumgänglich hielt, ein Straf- und ein Disziplinarverfahren gegen mich anzustrengen. Dieses Schreiben wurde mir zur Stellungnahme zugeschickt. Diese Stellungnahme habe ich auf 80 Seiten dargelegt. Daraufhin hörte ich ein halbes Jahr lang nichts mehr, und dann wurde das Verfahren gegen mich eingestellt. Dieses Geblubber der Macht ist schrecklich, und jeder beugt sich vor ihm. Wenn Sie sich die deutsche Beamtenschaft vorstellen: Kaum einer von ihnen wagt zu widersprechen, nein zu sagen. Gehorsam ist immer noch die erste Beamtenpflicht.

In dieser Stellungnahme zu meiner disziplinar- und strafrechtlichen Verfolgung habe ich auch ein Zitat gebracht: „Von früher Jugend an lehrten mich meine Eltern, daß ich den Geboten meiner Eltern, des Pfarrers und der Lehrer unbedingt zu folgen habe. Diese Grundsätze sind mir in Fleisch und Blut übergegangen." Dieses Zitat stammt von Rudolf Höß, dem Kommandanten von Auschwitz.

Das große Laster der Deutschen ist, daß sie zu gern gehorchen und zu selten ihren eigenen Kopf gebrauchen.

W.W.: Stoßen Sie auf viel Widerspruch, wenn Sie solche klaren Worte äußern?

M. Engelhard: Nicht bei meinem Publikum, aber bei meinen Vorgesetzten. Das Publikum bringe ich zum Nachdenken, insbesondere jüngere Menschen. Es gibt wenige Menschen, die die Zusammenhänge der Welt und ihre Schwachstellen klar aussprechen, und ich halte meine Argumente durchaus für stichhaltig und bin bereit, sie zu verteidigen. Ich habe sie aus Beobachtungen, aus Erfahrung und durch Nachdenken gewonnen. Als Redenschreiber für deutsche Staatsoberhäupter habe ich jahrelang über all diese Dinge nachdenken müssen, denn ich wollte, daß unsere Staatsoberhäupter richtige Dinge aussprechen. Insofern hatte ich eine wunderbare Möglichkeit, dazu beizutragen, richtige Ansichten über die Zusammenhänge zu verbreiten. Dabei habe ich kein Steckenpferd geritten, sondern versucht, die Probleme der Welt und des eigenen Landes zu ergründen und diese anzusprechen.

Cap Anamur – Radikale Humanität

Interview mit Rupert Neudeck

von Klaus-Dieter Neumann

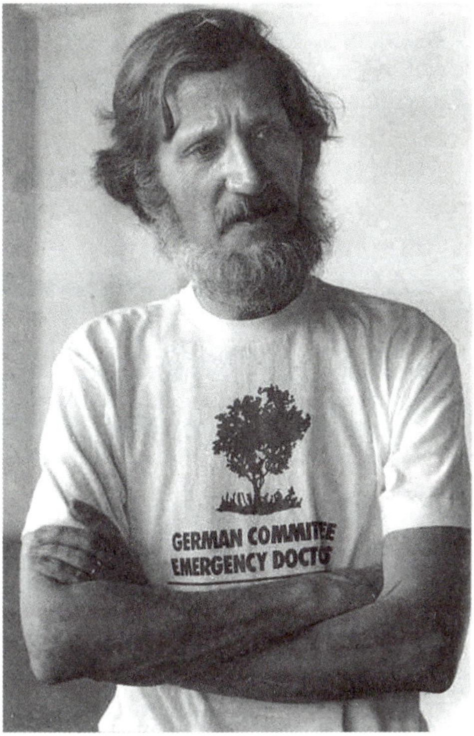

Dr. Rupert Neudeck, *geb. 1939 in Danzig, wo er 1945 die Schrecken des Krieges erlebte. Längere Fluchtodyssee, die tiefe Spuren hinterließ. Aufgewachsen in Hagen/Westfalen. Nach dem Abitur zunächst Jura-Studium, dann Studium der katholischen Theologie; 1961 Eintritt in die Societas Jesu. Nach Austritt aus der Societas Jesu Studium in Bonn, Münster und Salzburg; Dissertation über „Politische Ethik bei Jean-Paul Sartre und Albert Camus". 1971 Journalist bei der katholischen Funk-Korrespondenz, Köln; 1976 freie journalistische Tätigkeit; ab 1977 Redakteur beim Deutschlandfunk, Politik-Feature.*

1979 zusammen mit Heinrich Böll Gründung des deutschen Komitees „Ein Schiff für Vietnam". Aus diesem Komitee wurde ab 1982 das Komitee „Cap Anamur/Deutsche Not-Ärzte e.V.", Sitz Troisdorf/Köln. Vorsitzender und Sprecher dieses Komitees. Rupert Neudeck ist seit 1970 verheiratet und hat drei Kinder.

Buchveröffentlichungen u.a.: „Ein Schiff für Vietnam" (1981); „Die letzte Fahrt der Cap Anamur I" (1983); „Radikale Humanität – Not-Ärzte für die Dritte Welt" (1986); „Afghanistan – Politische Reportagen" (1989); „Das Versagen unseres Humanismus" (1992); „Vertrieben – verjagt. Das Schicksal der Kurden" (1992); „Asyl. Das Boot ist nicht voll" (1993); „Abenteuer Humanität. Mit der Cap Anamur unterwegs" (1998); „Tod im Paradies. Der Völkermord in Ruanda" (1999); „Reise ans Ende der legalen Welt. Die Nuba-Berge des südlichen Sudan (2001); „Die Menschenretter von Cap Anamur" (2002).

Internet: ***www.cap-anamur.org***

Als Mitte März 2002 im mexikanischen Monterrey der Weltgipfel zur Armutsbekämpfung stattfand und die Weltgemeinschaft über die Finanzierung der Entwicklungshilfe beriet, war von vornherein klar, daß außer hehren Worten und windelweichen Absichtserklärungen für die Armen dieser Welt nicht viel herauskommen würde. Denn die Schlußerklärung des Gipfels stand bereits seit Januar fest, und sie war wieder einmal nur der übliche Minimalkonsens, gepackt in gummigleiche Worte, die jedes klare Konzept und jede konkrete Perspektive vermissen ließen.

Bundeskanzler Schröder hielt es nicht einmal für nötig, überhaupt nach Monterrey zu reisen. Er hätte ohnehin nichts im Gepäck gehabt, außer für die deutsche Entwicklungshilfe recht blamablen Fakten. Obwohl die Industrieländer schon vor Jahrzehnten ihre Absicht erklärten, 0,7 % ihres jeweiligen Bruttosozialprodukts (BSP) für die Entwicklungshilfe aufzuwenden, hat Deutschland sich im Vorfeld des Gipfels auf EU-Ebene mit Ach und Krach dazu bewegen lassen, von 0,27 % doch zumindest auf 0,33 % zu erhöhen. Im internationalen Vergleich liegt Deutschland damit immer noch fast am Ende der Skala und erreicht noch nicht einmal die 0,39 %, die nun als EU-Durchschnitt bis 2006 angestrebt werden. (Zum Vergleich: Dänemark wendet über 1 % seines BSP für die Entwicklungshilfe auf.)

Seit 1990 ist die weltweite staatliche Entwicklungshilfe um 20 % gesunken, Anfang der 80er Jahre lag der deutsche Anteil der Entwicklungshilfe noch bei 0,48 % des BSP. Jährlich fließen 200 Mrd. Dollar allein für den

Schuldendienst aus dem armen Ländern des Südens nach Norden, während der private Kapitalfluß Richtung Süden seit 1990 um 100 Mrd. Dollar gesunken ist. Das wird selbst von der Weltbank scharf kritisiert.

Dabei war doch nach dem 11. September 2001 schlagartig deutlich geworden, daß die Armutsbekämpfung ganz oben auf der Tagesordnung stehen muß, wenn man den Terrorismus auf allen Ebenen, und nicht nur militärisch, wirkungsvoll bekämpfen will. Außer Lippenbekenntnissen ist bisher nicht viel daraus geworden. Zwar haben die USA einmalig 5 Mrd. Dollar, über drei Jahre verteilt, für die Entwicklungshilfe zugesagt, das ist aber angesichts der Tatsache, daß allein die neuerliche Erhöhung des US-Militärhaushalts bei 48 Mrd. Dollar liegt und die USA gerade mal 0,1 % ihres BSP für die Entwicklungshilfe aufbringen, nur eine Geste und ein Tropfen auf den heißen Stein.

Ohne die Arbeit von Nichtregierungsorganisationen wäre die Entwicklungshilfe längst am Ende. Denn für die Bekämpfung von Armut und Not stehen nicht nur zuwenig Mittel zur Verfügung, sondern die staatliche Entwicklungshilfe läuft seit Jahrzehnten in falschen Bahnen. Rupert Neudeck schildert im folgenden Interview, warum das so ist, und er berichtet von der Arbeit von Cap Anamur.

Rettung von vietnamesischen Bootsflüchtlingen

Klaus-Dieter Neumann: Gerade ist Ihr Buch „Die Menschenretter von Cap Anamur" (München 2002) erschienen. Können Sie einmal für alle diejenigen, die das Buch noch nicht gelesen haben und es sonst vielleicht nicht wissen, kurz erläutern, was Cap Anamur ist?

Rupert Neudeck: Mit diesem Buch werden noch einmal die über 20 Jahre unserer humanitären Arbeit umspannt und die verschiedensten Projekte von den Anfängen bis heute geschildert. In ihm wird beschrieben – insbesondere auch für die junge Generation, die die Zeit von 1979 nicht miterlebt hat –, was für ein geradezu irrwitziges humanitäres Abenteuer das Mieten eines Schiffes im südchinesischen Meer zur Rettung von vietnamesischen Bootsflüchtlingen war. Dieses Schiff hatte damals zufällig den Namen Cap Anamur, weil der Reeder, von dem wir es gemietet haben, es nach einem Kap in der Türkei benannt hatte.

Schließlich haben wir auch unser Komitee der humanitären Hilfe nach diesem Schiff benannt, obwohl wir erst gedacht haben, daß das ein Name ist, an den sich die deutsche Gesellschaft nicht gewöhnen wird. Aber im

Laufe der Zeit haben wir genau das Gegenteil erfahren. Cap Anamur war zunächst der Versuch einer ganz freien, von Staat und Kommerz völlig unabhängigen Bürgerinitiative, die nur dazu da war, Menschen in Seenot auf der Flucht im südchinesischen Meer zu retten. Mit Regierungsgeldern bzw. mit irgendeiner Anbindung an eine Regierung oder an die Europäische Union hätte dieses Unternehmen nie laufen können. Und deshalb ist das ganze Unternehmen, das ja bis heute zu Lande weitergeht, im Grunde ein Ruhmestitel der deutschen Gesellschaft.

Drei wichtige Etappen der humanitären Arbeit

K.-D.N.: Was sind seither die wichtigsten Projekte von Cap Anamur?

R. Neudeck: Das Schiff wird immer das wichtigste bleiben, weil es uns Flaggschiff auch für andere Projekte geworden ist – zu Wasser, zu Lande und in der Luft. Wir haben uns dann auf Länder der sogenannten Dritten Welt spezialisiert, in Afrika, Asien und Lateinamerika, und die größte Herausforderung zu Lande war sicher die in Äthiopien. Wir haben damals einen Kampf gegen einen wirklich schreienden, quälenden Hunger, unter dem Hunderttausende von Menschen in den Ebenen von Tigre zu leiden hatten, geführt. Wir konnten ihn mit anderen in weiten Teilen des Landes soweit zu Ende bringen, bis der Regen kam und weitere Linderung brachte.

Ein weitere wichtige Arbeit, die unter den Projekten von Cap Anamur vielleicht hervorzuheben wäre, war etwas ganz Neues in der Skala von humanitärer Hilfe, das wir im Grunde mitbegründet haben. 1991 ist eine unserer Krankenschwestern auf eine Panzermine gefahren und verlor dadurch beide Füße. Das hat uns damals so furchtbar umgerissen, daß wir sogar mit der Arbeit aufhören wollten. Diese Krankenschwester hat uns aber ermutigt und ermuntert, gerade das Gegenteil zu tun, uns nämlich in der Arbeit des Minenräumens zu engagieren. Diese Arbeit begann dann 1992 für fünf Jahre in Angola, und sie hat uns eine ganz neue wichtige Erfahrung gebracht, indem wir uns der Tatsache stellten, daß in den Böden dieser Erde, in verschiedenen Ländern, über 200 Millionen Landminen versteckt liegen, die „hidden killers", die „verborgenen Mörder".

Eine andere Erfahrung, die wir nicht vergessen können, ist, daß es trotz des Schwurs, den wir am Ende des Zweiten Weltkrieges geleistet haben, doch wieder zu einem Krieg in Europa gekommen ist. Es ist sogar zu einem Krieg in Folge gekommen – en suite –, nämlich dem Balkankrieg: zuerst

Kroatien, dann Bosnien, dann Kosovo. Wir haben uns lange gewehrt, weil wir dachten, es könne doch nicht angehen, daß eine Hilfsorganisation, die für die Habenichtse und Schmuddelkinder in der Dritten Welt zuständig ist, sich in Europa engagieren muß, und zwar in Gebieten, in denen früher nur deutsche Touristen Urständ feierten. Aber wir sind dann dort tätig geworden, weil die Bevölkerung unsere Hilfe wirklich dringend gebraucht hat. – Das sind drei Etappen, neben vielen anderen, die ich herausheben möchte.

Keine Bürokratie

K.-D.N.: Wie viele Menschen arbeiten für Cap Anamur? Kann man das überhaupt eindeutig beziffern?

R. Neudeck: Das ist, wie ich gern sage, die 100.000-Dollar-Frage, die ich so schlecht beantworten kann. Denn Cap Anamur ist seit Anfang der Existenz des Schiffes und der Organisation ganz penibel darauf bedacht, nur das äußerstenfalls vereinsrechtlich Notwendige zu machen. Von Anfang an sind wir darauf bedacht, den Faktor der Bürokratie in jeder nur denkbaren Ausformung dieses Begriffs bei uns so klein wie nur irgend möglich zu halten. Diesen Schwur haben wir uns und auch den Spendern in Deutschland gegenüber bis heute sehr stur und auch gegen sehr viele Widerstände durchgehalten.

Wir haben eine ganz kleine Struktur. Wir haben einen dreiköpfigen Vorstand, der ausschließlich ehrenamtlich arbeitet, und wir haben nur zwei festangestellte Mitarbeiter hier in der Zentrale in Köln. Das eine ist der Buchhalter, und das andere ist die Dame, die jetzt seit etwa 20 Jahren für uns arbeitet und Erfahrungen mit der Spendenaquisition hat, d.h. sie erteilt Spendenquittungen, Belege usw. Alle anderen hier in Deutschland machen ihre Arbeit für Cap Anamur ehrenamtlich neben ihrem Beruf.

Die, die draußen sind, also die Ärztinnen, Ärzte, Krankenpfleger, Krankenschwestern, Minenräumer, Zimmerleute, Techniker, die erhalten einen ordentlichen Vertrag, den sie auch haben müssen, für die Normzeit bei Cap Anamur von sechs Monaten. Nach den Gesichtspunkten der deutschen Tarifordnung wird die Arbeit allerdings ganz miserabel bezahlt. Der Vertrag beinhaltet aber ganz ausgezeichnete Versicherungen. Wir haben eine doppelte Versicherung, weil wir ja wissen, daß sich unsere Mitarbeiter in eine große Gefahr begeben. Und wir sind auch noch über die Deutsche Rettungsflugwacht versichert.

Das ist also das Modell, nach dem wir arbeiten. Wir haben einmal ausgerechnet, daß es insgesamt etwa 1.000 Mediziner und Techniker gegeben hat, die bisher für Cap Anamur in den über 20 Jahren zu Lande, zu Wasser und in der Luft tätig waren.

K.-D.N.: Wie finanzieren Sie Ihre Hilfsaktionen?

R. Neudeck: Die gesamte Arbeit finanzieren wir ganz stur – und darauf sind wir im besten Sinne des Wortes auch stolz – allein aus Mitteln der Spender in Deutschland. Wobei ich gern dazu sagen möchte, daß dieser Stolz und die Ehre, die wir dadurch empfinden, um so größer sind, weil uns diese Projekte immer wieder möglich gemacht werden durch die vielen kleinen Geldbeträge, die sich dann summieren. Diese Spenden sind für uns eigentlich ein wertvolleres Geld, als wenn ein Ausschuß des Bundestages oder der Europäischen Kommission mit einem Federstrich einen Batzen vom Budget abschneidet und uns den zukommen läßt. Wir empfinden es jedenfalls als ganz große Verpflichtung, daß es so unendlich viele, Hunderttausende, manchmal Millionen Menschen sind – unsere Mitbürger –, die es nicht dicke haben, um es in der populären Sprache des Rheinlands zu sagen.

Ich lüfte kein Geheimnis, wenn ich sage, daß wir keine Zuwendungen von jenen erhalten, die sich so viel Schwierigkeiten machen, indem sie den politischen Parteien sehr viel Geld geben – mit den bekannten Folgen und Prozessen, die sie dann als so störend für ihr Image empfinden. Wir bekommen also nicht die zwei oder fünf Millionen, die wir gut für die Arbeit verwenden könnten, sondern wir bekommen immer kleine Spenden – 50 oder 100 Euro. Und das ist auch gut so.

Im Dilemma durch wirtschaftliche Interessen

K.-D.N.: Bekommen Sie nicht auch manchmal Unterstützung von seiten der Bundesregierung?

R. Neudeck: Ja, und das lehnen wir natürlich auch nicht ab. Das ist eine ganz wichtige Frage. Es ist nicht so, daß mit der Strenge der Kriterien der Nichtregierungsarbeit, die wir durchhalten wollen, ein Urteil über den Staat und staatliche Aktivitäten verbunden wäre. Nur, nach den Erfahrungen, die wir mit Staaten gemacht haben, mit Staaten als Sachwalter und Hüter der Menschenrechte und der humanitären Arbeit, sind wir sehr daran interessiert, daß in einer so lebendigen Gesellschaft wie der deutschen die Eigenkraft, die Eigeninitiative und das Eigenrecht der Gesell-

In Afghanistan

schaft – die ja machen kann, was sie will, wenn sie es will – immer stark genug bleiben gegenüber staatlich gelenkten und interessegelenkten Aktionen, die immer den Wurm drin haben.

Die Diskussion ist heute ganz aktuell, weshalb es von staatlicher und Regierungsseite eigentlich nicht thematisiert wird, daß z.B. in Saudi-Arabien die Menschenrechte verletzt werden. Und jeder weiß auch, warum die Regierungen unserer Länder darauf gar nicht zu sprechen kommen dürfen. Es ist ein Beispiel dafür, weshalb Nichtregierungsarbeit, freie Bürgerinitiativen der Zivilgesellschaft das Nonplusultra der humanitären Arbeit sind und bleiben. Ohne diese freien Initiativen würde die humanitäre Arbeit zugrunde gehen.

K.-D.N.: Können Sie einmal kurz erläutern, warum unsere Regierungen nicht auf offenkundige Menschenrechtsverletzungen, wie z.B. in Saudi-Arabien, zu sprechen kommen dürfen?

R. Neudeck: Weil Regierungen die Grundsätze, von denen sie behaupten, daß sie ohne Ansehen von Personen und Staaten durchgesetzt werden, natürlich davon abhängig machen, ob sie in bestimmten Ländern massive wirtschaftliche Interessen haben: Rohstoffe, Handel, Investitionen und

Kredite. Deshalb bemißt sich das Ansprechen und Fordern der Einhaltung der Menschenrechte oft danach, ob ein Staat mächtig ist, Ölvorkommen und Reichtümer besitzt, für Investitionen deutscher Unternehmen interessant ist oder eben nicht. Danach bemißt es sich, ob die eigenen Grundsätze konsequent vertreten werden und die Einhaltung der Menschenrechte wirklich gefordert wird.

Am Beispiel Nordkoreas, wo es wirtschaftlich nichts zu holen gibt, konnte man demgegenüber erleben, daß die Regierungen des Westens ganz hart und konsequent in bezug auf die Menschenrechte waren. Wenn sie diese Haltung auch nur ansatzweise gegenüber China und der Besetzung Tibets zur Geltung bringen wollten oder in bezug auf die Situation der Fremdarbeiter – man könnte auch fast sagen: Sklavenarbeiter – in Saudi-Arabien, Katar, Oman oder Kuwait, dann wäre damit immer das Risiko verbunden, erhebliche Nachteile bei den wirtschaftlichen Interessen zu erleiden. Die deutsche Regierung würde zwar besser aussehen, wenn sie sich überall konsequent für die Einhaltung der Menschenrechte einsetzen würde, aber sie müßte befürchten, dadurch den wirtschaftlichen Interessen deutscher Unternehmen zu schaden. Das ist das Dilemma, in dem Regierungen immer stecken, wenn sie sich für die Menschenrechte einsetzen wollen.

„Ich kann keinen reinen Pazifismus vertreten“

K.-D.N.: Schauen wir einmal auf die Lage in Afghanistan, wo Sie sich ja auch sehr stark engagiert haben. Halten Sie das militärische Vorgehen für richtig bzw. für unabwendbar, oder gab es auch Alternativen?

R. Neudeck: Ich kann als Deutscher des Jahrgangs 1939 nie wieder sagen, daß diese Welt nur mit friedlichen Mitteln geheilt werden kann. Das werde ich nie sagen können, weil ich als Kind noch Zeitzeuge gewesen bin für den Zustand einer faschistisch-nazistisch besoffenen Gesellschaft, die erst die totale Niederlage brauchte, um zur Besinnung zu kommen. Und dies scheint mir auch eine anthropologische Konstante und keinesfalls nur auf die Deutschen beschränkt zu sein. Das ist nicht erst mit den Deutschen aufgekommen und dann für immer verschwunden. Aufgrund dieses Stachels kann ich keinen reinen Pazifismus vertreten. Das hat sich beim Völkermord in Ruanda und bei dem Massaker in Srebrenica in Bosnien auch wieder traurig bewahrheitet.

Aber – wie die Engländer sagen: Having said this – nun muß ich auch etwas komplementär dazu sagen: Wenn man nur noch auf das Militärische setzt, wenn das Militärische eine solche Dominanz und alleinige Priorität bekommt, dann führt das natürlich in die Irre, wie wir am Beispiel Israels und Palästinas jetzt gerade sehen. Das kann nicht gutgehen. Deshalb wird auch die Frage immer dringender, was unser Europa eigentlich will, als Faktor der Weltpolitik, denn es ist jetzt die Stunde Europas, auch im Falle Afghanistans. Dort muß Europa mit großer Verve, mit großer Insistenz, ohne weiter von den Amerikanern und ihren Bedürfnissen abgelenkt zu werden – die Amerikaner haben ja mittlerweile sehr starke Prestigebedürfnisse in diesem Land –, den Prozeß der Erneuerung, des Wiederaufbaus eines in die Steinzeit zurückgebombten und zerstörten Landes betreiben. Ohne solche Aktivitäten wird jeder Kampf gegen den Terrorismus tönendes Erz und klingende Schelle werden, nämlich gar nichts. Es bleibt dann bei Wortgeklingel und Militäraktionen, wodurch möglicherweise sogar das Gegenteil bewirkt wird.

Die wichtigste Frage der Menschheit

Darüber hinaus wird es weltweit darauf ankommen, ob wir auch nur annäherungsweise als reiche Menschen und Nationen, die im Luxus leben, in dieser und der nächsten Generation die wichtigste Frage der Menschheit aufgreifen, daß nämlich die einen ganz selbstverständlich, wie ihr Menschenrecht, ihre Sicherheit und ihren Wohlstand festhalten und meinen, daß sie diese verdient hätten, während die anderen ganz selbstverständlich all dessen, was wir für den integralen Bestandteil unserer Menschenrechte halten, nicht teilhaftig sein dürfen. Das wird die wichtigste Frage werden.

Wir haben uns dieser Frage immer entzogen, und bis heute ist der Skandal, der 1994 geschah, nicht zu uns gedrungen. Wir haben es zugelassen, daß in zweieinhalb Monaten 800.000 Menschen zerhackt, ersäuft und auf andere bestialische Weise ermordet werden konnten. Das geschah gewissermaßen vor unseren Augen in Ruanda, und wir haben es zugelassen. Wir haben nichts getan, nicht einmal die Völkermord-Konvention in Anschlag gebracht, denn die hätte uns gezwungen, etwas zu tun. Das haben wir ausdrücklich nicht getan, weil es zwei Kategorien von Menschen auf dieser Welt gibt: Menschen, die das Recht haben, in jeder Situation geschützt zu werden – wir haben in jeder Situation das Recht, herausgehauen, evakuiert zu werden –, und die anderen, die auch noch dankbar sein sollen, wenn sie dezimiert genug sind, daß wir ihnen Nahrungsmittel auf die Köpfe werfen.

So ist die Realität der Welt. Und es ist unsere dringendste Aufgabe, diese Realität zu ändern. Aber das schaffen wir nicht durch Mätzchen, wie ich es empfinde, wenn irgendeine sündhaft teure Gipfelkonferenz mal wieder erklärt, daß der Anteil der Entwicklungshilfe am Bruttosozialprodukt von 0,27 auf 0,33 % erhöht werden soll. Das empfinde ich als Hohn und Lächerlichkeit, und noch schlimmer ist es, daß wir dann nicht hohnlachend zur Tagesordnung übergehen und unsere Politiker in die Wüste schicken.

„Die Entwicklungshilfe hat eine ganz falsche Richtung genommen"

K.-D.N.: Sie sprechen den Weltgipfel zur Armutsbekämpfung im mexikanischen Monterrey und die deutschen Zahlen an. – Wie stehen Sie zur staatlichen Entwicklungshilfe? Die ist ja in der Vergangenheit oftmals in ein schlechtes Licht gerückt worden, so nach dem Motto, daß sie Verschwendung sei – wie jüngst der amerikanische Finanzminister Paul O'Neill verlauten ließ –, daß sie eine falsche Mentalität begünstige, keine Eigeninitiative wecke, sondern sie eher behindere usw.

R. Neudeck: Das ist ein umfangreiches Thema, und ich beschränke mich einmal auf die deutsche Entwicklungshilfe. Entwicklungshilfe als solche ist natürlich nicht schlecht, und sie wird dringend benötigt, aber sie hat eine ganz falsche Richtung genommen. Und der Deutsche Bundestag muß es unbedingt schaffen, aus diesem Instrument etwas zu machen, das wirklich funktioniert. Das ist deshalb über Jahrzehnte nicht geschehen, weil die Entwicklungshilfe von den eigentlichen Zielen abgelenkt worden ist, geradezu pervertiert durch ein politisches Bedürfnis, das nicht diskutiert wurde, weil es scheinbar alle richtig fanden, nämlich 120 oder 130 Länder dieser Erde davon zu überzeugen, daß es die DDR nicht gibt. Diese Instrumentalisierung hat die ganze Entwicklungshilfe in höchstem Maße denunziert und diffamiert, ohne daß es hierzulande überhaupt reflektiert und diskutiert worden ist.

Nach der Wiedervereinigung entfiel zwar dieser politische Beweggrund, trotzdem wurde übergangslos in den alten Gleisen nach dem Gießkannenprinzip weitergemacht, weil wir die ganzen Bataillone von Experten hatten, sowohl im Ministerium als auch in der Gesellschaft für Technische Zusammenarbeit (GTZ) und in der Kreditanstalt für Wiederaufbau (KfW). Wir haben ein Riesenheer von Experten und höchstbezahlten Arbeitsplätzen, die für die Entwicklungshilfe zuständig sind, und von diesem Paket will niemand, schon gar nicht zu Wahlzeiten, etwas wegnehmen. Daran wagt niemand zu rühren.

In Zukunft kommt es aber darauf an, daß wir als Deutsche Entwicklungshilfe schwerpunktmäßig für fünf, sechs Länder machen – nicht mehr. Denn alle Länder, Staaten, Völker und Nationen haben typische Eigenschaften, die wir auch als Touristen erfahren, d.h. sie zeigen individuelle psychologische Züge wie Individuen. Sie wollen anerkannt sein, sie haben ihren Stolz, ihre Ehre, ihre Kultur. Sie wollen in ihrer eigenen Mentalität und Identität gemeint sein. Und das schafft man nie, wenn man weiterhin die so irrsinnig falsche Politik der Gießkannen-Ausschüttung macht.

Zumal die auch noch dazu führt, daß vermutlich 30 bis 40 % der Gelder – das wird ja nie ausgerechnet und offengelegt – in Gehälter, Reisen, Spesen und Consultings geht. Das ganze verläppert und verdünnt sich in einer Expertentätigkeit. Die gesamte Exekutivorganisation der Entwicklungshilfe, die Deutsche Gesellschaft für Technische Zusammenarbeit, ist eine der höchstbezahlten, die wir haben. Vor zwei Jahrhunderten hätte das der Aristokratie in einer Oligarchie entsprochen. Hier wird von vornherein mit doppelten und dreifachen Gehältern gearbeitet, um auch das vermeintlich furchtbare Risiko mit abzugelten, dem sie angeblich ausgesetzt sind. Jeder weiß, daß das längst nicht mehr der Fall ist.

Wir haben also eine Perversion der Entwicklungshilfe. Das ist aber kein Schicksal, sondern es ist eigentlich dem Bundestag aufgegeben, das zu ändern. Ich habe aber meine Sorgen, ob das Parlament überhaupt in der Lage ist, das zu sehen, weil die Abgeordneten auf eine sehr schonende Art mit dieser Welt in Berührung gebracht werden. Die meisten ihrer Reisen finden nicht in der Realität dieser Länder der Habenichtse und Schmuddelkinder statt, sondern auf der Ebene, wo sie höchstrangig empfangen werden. Das wird ihnen aber nie den Eindruck bringen, um was es auf dieser Welt geht.

Zusammengefaßt kann man also sagen: Es geht nicht in erster Linie – das ist der Aberglaube, der uns als Sand in die Augen gestreut wird – um die Erhöhung einer Summe, sondern es geht um eine neue Form der Politik. Und mit Afghanistan könnte man jetzt anfangen, ein Land, das uns geschichtlich so verbunden ist, daß es uns unter den anderen Nationen ausgewählt hat, damit zu allererst wir ihnen in großem Umfang helfen. Sie möchten, daß *wir* ihnen bei dem Versuch, das Land wieder aufzubauen, helfen. – Ich denke, man sollte etwa die Hälfte der gesamten Entwicklungshilfe nur für Afghanistan nehmen und dieses Land und seine Bevölkerung mit einer so großen Hilfe auch meinen. Wenn ich Bundeskanzler wäre, würde ich einen Staatssekretär ausschließlich für die Aufgabe der Beziehungen zu Afghanistan und zu den Afghanen benennen. Er müßte nur diese Aufgabe haben und sich mindestens ein halbes Jahr in Afghanistan aufhalten, um die Beziehungen zu intensivieren. Aber das ist ein Vorschlag, den die Mehrzahl der Abgeordneten wohl gar nicht verstehen wird.

K.-D.N.: Warum meinen Sie das?

R. Neudeck: Weil sie weiter von dieser Realität ausgehen, die die Ministerin und die Staatssekretäre des Ministeriums auf ihren beliebten Reisen in 80, 90, 100 Länder im Dreijahresturnus erfahren. Das scheint eine Art Reisezirkus geworden zu sein, den man auch gerne mitmacht, weil man dadurch das Gefühl hat –allerdings nur ein rührseliges Gefühl –, daß man dadurch globaler wäre, als wenn man sich darauf beschränkt, Afghanistan, Tansania, Sudan, Haiti und Kambodscha als Länder zu nehmen, die für uns in Frage kommen. Ich habe jetzt einige Länder genannt, bei denen ich mir vorstellen könnte, daß in der Entwicklungshilfe auch noch alte Beziehungen zur Geltung kommen können.

Deutsche Entwicklungshilfe auf wenige Länder konzentrieren

K.-D.N.: Eigentlich ist es doch sehr einleuchtend, die Entwicklungshilfe auf einige ausgesuchte Länder zu konzentrieren, um wirklich nachhaltig etwas zu erreichen. Wenn man die Aufgaben sieht, die sich allein in einem Land stellen, wie z.B. in Afghanistan, dann sind sie nur durch einen umfangreichen Einsatz zu bewältigen, so daß eine effektive Hilfe auch nur in wenigen Ländern möglich ist.

R. Neudeck: Ja, und man würde vermeiden, daß ein zusätzlicher Reibungsverlust entsteht, wenn mehrere Staaten um die Gunst einer Habenichtse-Regierung buhlen, um sie vor den Karren eigener Interessen zu spannen. Das ist etwas ganz Entsetzliches und in der Vergangenheit ja leider ständig der Fall gewesen. Es ist kein Geheimnis, daß Entwicklungshilfe im Ost-West-Konflikt und für eigene wirtschaftliche Interessen immer wieder mißbraucht worden ist. Statt dessen sollte man sich auf gewachsene Beziehungen zu bestimmten Ländern konzentrieren. Die Holländer haben z.B. Beziehungen zu bestimmten Ländern Asiens, Südostasiens, Lateinamerikas, und auch die Franzosen haben intensive Beziehungen zu ganz bestimmten Staaten. Wir könnten unser Europa so wunderbar komplementär ausagieren, daß sich die einzelnen europäischen Länder bei der Entwicklungshilfe nicht mehr in die Quere kommen. Und ich versichere Ihnen, das geschieht andauernd.

Auch in Afghanistan ist jetzt schon wieder der Konkurrenzkampf angesagt. Weil es auch um Investitionen geht, sind natürlich große Firmen daran interessiert, mit Aufträgen bedacht zu werden. Die größte Delegation der Deutschen, die es bisher in Kabul gegeben hat, war die deutsche Wirtschaftsdelegation. Es wäre also wichtig, daß sich die europäischen Staaten in der Entwicklungshilfe aufteilen, daß es eine Konferenz gäbe, wie man sinnvoll in der Entwicklungshilfe zusammenarbeiten kann. Wer macht was? Das wäre doch das erste, was wirklich geklärt werden müßte.

Als kleine humanitäre Nichtregierungsorganisation tun wir das natürlich immer sofort. In Nord-Afghanistan haben wir es gleich auf der Straße getan, die Scheibe des Wagens heruntergedreht und Mitarbeiter von Ärzte ohne Grenzen gefragt, ob sie oder wir in dem Gebiet tätig werden sollen. Und dann war das klar. Das muß man natürlich tun, wenn man effektiv helfen will, damit man sich nicht in die Quere kommt. Aber dieses Urgesetz der Hilfe wird deshalb nicht angewandt, weil die Entwicklungshilfe ein Instrument der Interessenvertretung geworden ist, besonders in Deutschland. Und keiner wehrt sich dagegen!

Wie können wir es ertragen, daß die Ministerin weiter mit großem pathetischen Ausdruck davon spricht, daß dieses Instrument nur zur Bekämpfung der Massenarmut in den Entwicklungsländern zur Verfügung steht, und gleichzeitig wird der größte Batzen dafür gegeben, daß mit Hilfe von Siemens und anderen die U-Bahn von Schanghai gebaut wird. Das ist ein geradezu schreiender Widerspruch. Das ist eine empörende Beleidigung, aber trotzdem machen wir diese Dinge weiter. Deshalb kann ich die Entscheidung, die Entwicklungshilfe minimal auf EU-Niveau zu erhöhen, die der Bundeskanzler so triumphal verkündet hat, nur von ferne bewundern. Es hilft nichts, in dem gewohnten Klein-Klein fortzufahren, sondern es bedarf der radikalen Umstrukturierung.

Junge Menschen wollen etwas Radikales tun

K.-D.N.: Ich habe mir immer ausgemalt, daß eine intensive Beziehung zu einem Land, in das dann auch ein großer Teil der Entwicklungshilfe fließt, viel mehr Möglichkeiten einer auch wirklich nachhaltigen Hilfe eröffnet. Ich denke, es würden dann auch viel mehr Menschen auf die Idee kommen, für eine gewisse Zeit in dieses Land zu gehen und ihr Know-how einzubringen. Wir haben so viele Menschen, deren Fähigkeiten und Fachwissen bei uns brachliegen – Arbeitslose, Rentner, Frühpensionäre –, wo sie doch an anderen Orten auf der Welt so gut gebraucht werden und ungeheuer viel bewirken könnten. Und immer mehr junge Menschen warten doch darauf, daß sie endlich etwas Radikales tun können.

R. Neudeck: Ich bin ganz überzeugt, wenn diese Grundfrage geklärt ist und es ein wirkliches Partnerland wird, daß sich dann auch vielfältigste Beziehungen zwischen beiden Gesellschaften ergeben würden. Heute ist es nicht möglich, weil nicht 120 Länder in diesem Sinne Partner sein können und man nicht zu allen privilegierte Beziehungen unterhalten kann. Wenn man es aber nur mit einem, zwei oder drei Ländern zu tun hat, dann könnte es auch wieder so eine Art Peace Corps geben, was etwas anderes ist als alles, was sich jetzt so nach Tarifordnungen entwickelt hat und ja auch den Bach runtergegangen ist.

Der Deutsche Entwicklungsdienst (DED) war ursprünglich als eine Art Peace Corps-Initiative gedacht. Unter Kennedy gab es damals eine Idee, die heute keiner mehr ausspricht, daß Menschen rausgehen, die engagiert sind und die auch gerne auf sich nehmen, unter den Bedingungen der Menschen in diesen Ländern zu leben. Das ist nicht nur total in Vergessenheit geraten, sondern das ist bei den staatlichen Einrichtungen der Entwicklungshilfe verboten. Der DED-Resident von Mali muß seinen Hausrat in Containern dorthin mitnehmen, seine Familie und möglichst noch seinen Hund. Das ist heute so, und das zeigt, daß diese Instrumente alle morsch und faul sind. Und ich stimme Ihnen zu, daß es eine wachsende Zahl von jungen Menschen gibt, die unbedingt etwas Radikales tun möchten. Sie stehen eigentlich mit geballten Fäusten in der Tasche, aber sie bekommen keine Möglichkeit, das durchzuführen. Und wir müssen ihnen jetzt bald eine Chance geben.

„Guten Morgen, alter Sack!“

K.-D.N.: Woher nehmen Sie angesichts der heutigen Weltlage Ihren Mut, Ihre Kraft und Hoffnung?

R. Neudeck: Weil die ermunternden und belebenden, mich geradezu beflügelnden Erlebnisse immer die wichtigeren und mächtigeren sind. Bei all dem Elend, das wir in den vergangenen Jahrzehnten erlebt haben, war es immer das Wichtigere zu sehen, mit welcher unglaublichen Kraft Menschen in Situationen überleben, in denen wir schon gar nicht mehr in der Lage wären, eine Prognose auf unser Weiterleben zu stellen.

Wir hatten jüngst eine wunderbare Situation: Zwei Kinder, acht und elf Jahre alt, wurden am dritten Weihnachtstag in unser Hospital in Afghanistan eingeliefert. Sie hatten mit einer Granate gespielt, die dann explodiert war. Dem einen war der ganze Bauch aufgerissen, die Gedärme quollen heraus, und dem anderen ist die Hand derart zerfetzt worden, daß nur noch Sehnen und Knochenstücke in einem Fleischklumpen herunterhingen. Nach fünf Stunden kam Gott sei Dank unser Chirurg und hat gleich angefangen, erst einmal das Granatenstück aus dem Dickdarm herauszuholen und den Bauch zuzunähen. Und es klappte alles, auch die septische Versorgung war gelungen. Dann hat er sechs Stunden in einer Filigranarbeit den Fleischklumpen wieder zusammengenäht, unter dem Motto: Amputieren kann ich die Hand immer noch. Aber er wird die Hand in seinem Leben brauchen.

Bei beiden, bei dem achtjährigen Shams und dem elfjährigen Ibrahim, war die Operation erfolgreich. Der Vater war so glücklich, daß ich sein Gesicht gar nicht verlieren kann. Und unser Arzt, der die Operationen durchgeführt hat, hat den beiden noch einen Schabernack eingetrichtert, indem er ihnen einen deutschen Satz mitgeteilt hat, für den Fall, daß Norbert Blüm mit mir zu Besuch kam. Als Blüm und ich dann zu ihnen kamen, haben uns die Kinder strahlend einen Satz entgegengerufen: „Guten Morgen, alter Sack!“

Das sind einzigartige Erlebnisse, die man nur auf diesem Feld machen kann und die man auch nie im Leben vergißt. Deshalb ist auch eine Arbeit von einer deutschen Ärztin oder einem deutschen Arzt auf so einem Feld, sechs Monate lang, eine so unglaubliche professionelle und menschliche Bereicherung. Das sagen uns auch alle. Und das gibt einem die Kraft, um Leid und Elend, die natürlich auch immer anwesend sind, auch als Gefahr, nicht nur zu akzeptieren, sondern auch zu bekämpfen. Man sieht ja, daß die Menschen um einen herum viel schlechter dran sind. Man erlebt jeden Tag, wie privilegiert wir auch in solchen Situationen sind, selbst wenn wir uns mit diesen Menschen sehr gemein machen. Wir können aus der Position des Privilegierten auf dieser Welt gar nicht herausspringen. Selbst wenn wir das wollten, könnten wir das nicht mehr. Das sagt uns schon unser Paß. Deshalb ist es eine der schönsten Verpflichtungen, die man auf dieser Erde haben kann, die Chance zu haben, für andere zuständig zu sein.

Spirale der Vergeltung

Interview mit Uri Avnery

von Wolfgang Weirauch

Uri Avnery, *geb. 1923 in Beckum/Westfalen (als Helmut Ostermann). Avnery ist Journalist, Schriftsteller und Friedensaktivist. Gründungsmitglied der Friedensbewegung Gush Shalom (1993) und des Israelischen Rates für Israelisch-Palästinensischen Frieden (1975). Für drei Amtsperioden Knesset-Abgeordneter (1965–1973, 1979–1981). 1950–1990 Herausgeber und Chefredakteur des Nachrichtenmagazins* Ha'olam ha'zeh. *Kolumnist für* Ma'ariv, *Tel Aviv.*

1933 Einwanderung in Israel. 1938–1942 Untergrundkämpfer in der Nationalen Militärischen Organisation (Irgun). 1948 Militärdienst im Palästina-Krieg, Kommandotruppe „Simsons Füchse", Südfront, schwerverwundet.

Uri Avnery erhielt zahlreiche Auszeichnungen, u.a. den Aachener Friedenspreis (1997, zus. mit Gush Shalom) und den Alternativen Nobelpreis (2001, zus. mit seiner Frau Rachel Avnery und Gush Shalom). Er vertritt seit 1948 die Idee des israelisch-palästinensischen Friedens und der Koexistenz zweier Staaten: Israel und Palästina, mit Jerusalem als gemeinsame Hauptstadt. Schuf eine Weltsensation, als er mitten im Libanon-Krieg (1982) die Front überquerte und sich als erster Israeli mit Jassir Arafat traf. Stellte schon 1974 die ersten geheimen Kontakte mit der PLO-Führung her.

Buchveröffentlichungen u.a.: „Der Terrorismus, die Kinderkrankheit der hebräischen Revolution" (1945); „In den Feldern der Philister. Kriegstagebuch" (1949); „Das Hakenkreuz" (1961, Analyse des Aufstiegs des Nationalsozialismus in Deutschland, zum Anlaß des Eichmann-Prozesses); „Israel ohne Zionisten" (1968); „1 gegen 119. Uri Avnerys Reden in der Knesset" (1969); „Mein Freund, der Feind" (1988); „Wir tragen das Nessosgewand. Israel nach dem Golfkrieg" (1991); „Zwei Völker, zwei Staaten. Gespräche mit Uri Avnery" (1995); „Die Jerusalem-Frage" (1996).

Internet: Uri Avnery's News Pages: ***www.avnery-news.co.il***
Gush Shalom: ***www.gush-shalom.org***

In der ersten Nacht des jüdischen Pessach-Festes fragt das jüngste Kind der religiös-jüdischen Familie vor dem gedeckten Tisch: „Was unterscheidet diese Nacht von all den anderen?" Und dann erzählen die Erwachsenen ihm von Moses, der Sklaverei der Juden in Ägypten und ihrem erfolgreichen Auszug in das ihnen von Jahve verheißene Land Kanaan.

In diesem Jahr begann das Pessach-Fest am Mittwochabend, dem 27.03.2002. Und was unterschied diese Nacht von allen anderen? Ein palästinensischer Selbstmordattentäter sprengte sich in einem Festsaal in Netanja in die Luft und riß 22 Menschen mit in den Tod.

Die Israelis leiden an einem Trauma, dem Trauma, als Volk vernichtet zu werden. Im Staat Israel sind sie wegen der in jüngster Vergangenheit immer zahlreicher werdenden Anschläge schon längst nicht mehr sicher; und nun nicht einmal mehr an ihren Festtagen.

Auch in fast allen europäischen Ländern mehren sich die antisemitischen Anschläge gegen jüdische Einrichtungen, aber nun sind die Verursacher keine Glatzen, sondern meist Muslime. Und man fragt sich in Israel besorgt, ob die Intifada nun auch Europa erreiche. Ohnehin wertet man in Israel die Einstellung der europäischen Politik als propalästinensisch und weist die Kritik der Europäer an der Zerstörung des mit EU-Mitteln gebauten Flughafens in Gaza zurück, da die Palästinenser gleichermaßen mit EU-Geldern Waffen kauften.

Jede noch so berechtigte Kritik an Israel wird von großen Teilen der Bevölkerung und der Regierung zurückgewiesen. Denn man will nicht noch einmal als Volk vernichtet werden, wie 73 n.Chr. von den Römern auf Massada und vor allem wie während des Holocaust.

Diese Gefühle sollten gerade wir Deutschen verstehen. Aber ist die Vergangenheit ein Freibrief für jegliche Gewaltpolitik der Gegenwart? Nein!

Zwei wichtige Ereignisse aus dem Jahre 2000 sollte man nicht aus dem Auge verlieren, da sie wesentliche Bausteine der momentanen Eskalation sind. Zum einen Camp David 2: Die Welt schaute im Sommer 2000 auf den israelischen Ministerpräsidenten Ehud Barak und auf den Palästinenserpräsidenten Jassir Arafat, die, von dem damaligen US-Präsidenten Bill Clinton getrieben, über die Fortführung des Friedensprozesses im Nahen Osten verhandelten. Man hoffte auf ein entscheidendes Abkommen, aber die Verhandlungen scheiterten kläglich.

Seit dieser Zeit liest man meist, daß Arafat das Treffen zum Platzen gebracht hätte, weil er in der Jerusalem- und Flüchtlingsfrage nicht eingelenkt habe. Alles Legenden, wie Uri Avnery und Abdallah Frangi in den beiden folgenden Interviews erläutern. Barak sei es gewesen, der mit seiner starren kompromißlosen Haltung einen Erfolg von vornherein gar nicht möglich gemacht habe.

Ebenfalls war es Barak – und das ist das zweite Ereignis aus dem Jahre 2000 –, der dem damaligen Oppositionsführer Scharon am 28.09.2000 erlaubte, den Tempelberg, die drittheiligste Stätte der Muslime, zu betreten. Diese Provokation löste die zweite Intifada aus und brachte Scharon später den Wahlsieg ein.

Scharon seinerseits hat nie vorgehabt, das Osloer Friedensabkommen umzusetzen. Sein Ziel ist die Verhinderung eines palästinensischen Staates, die Zerschlagung der palästinensischen Autonomiebehörde und die zahlenmäßig möglichst umfassende Vertreibung der Palästinenser einschließlich Arafats. Nach dem Anschlag in Netanja erklärte Scharon Arafat zur Persona non grata. Der demokratisch legitimierte Staat Israel nutzt seitdem massiv sein Gewaltmonopol, um die palästinensischen Gebiete zu besetzen und nach potentiellen palästinensischen Attentätern zu durchsuchen. Arafats Sitz in Ramallah ist von Panzern umstellt. Bei Kerzenschein, ohne Strom und Wasser, wird der gewählte Präsident der Palästinenser vor der Weltöffentlichkeit gedemütigt.

Auf der anderen Seite laufen die Selbstmordanschläge der radikalen palästinensischen Organisationen – Hamas, Islamischer Dschihad und die

Al-Aqsa-Brigaden – völlig aus dem Ruder. Nach einem Sprengstoffanschlag auf ein Restaurant in Haifa am 31.03.2002 übernahmen sowohl Hamas als auch Islamischer Dschihad die Verantwortung. Das ist kein fehlgeleiteter Stolz, sondern zeigt lediglich, daß die Situation völlig außer Kontrolle geraten ist. Die Organisationen wissen kaum etwas von ihren gegenseitigen Aktionen und denen ihrer Anhänger. Es sind kleine Zellen von drei bis vier Mann, die autonom, dezentral und unabhängig voneinander operieren. Man kann sie weder stoppen noch dirigieren. Und Jassir Arafat kann dies am allerwenigsten.

Die israelische Bedingung eines Gewaltstops, bevor Friedensverhandlungen eingeleitet werden, ist daher kontraproduktiv. Nur wenn die überlegene Macht Israel den Palästinensern einen souveränen Staat zusichert, kann die Gewalt beendet werden. Die zerschlagene Autonomiebehörde kann das nicht leisten, sondern nur ein funktionierender souveräner Staat, der über die entsprechenden Organe und Mittel verfügt.

In Palästina leben zwei Völker – und beide müssen jeweils in einem unabhängigen Staat nebeneinander leben. Jerusalem als Hauptstadt muß geteilt werden, die Israelis müssen sich aus den 1967 besetzten Gebieten mit allen Siedlungen zurückziehen und die vier Millionen palästinensischen Flüchtlinge bzw. deren Nachkommen müssen ein Rückkehrrecht bekommen oder entschädigt werden.

Nur so kann eine Lösung aussehen. Jede andere Lösung führt zu weiterem Blutvergießen. Das Paradoxe ist, daß sogar die Arabische Liga Ende März 2002 den vom saudischen Kronprinzen Abdullah unterbreiteten Vorschlag – mit den obengenannten Zielen – für die Gegenleistung der Anerkennung Israels durch die arabischen Staaten unterzeichnet hat. Alle Mitglieder der Arabischen Liga haben unterschrieben, auch Syrien, Libanon, Libyen und der Irak! Aber fast zeitgleich kam der Anschlag am ersten Abend des Pessach-Festes. Und nun steht Palästina, eigentlich die gesamte Weltgemeinschaft, vor einem Scherbenhaufen.

Palästina und der gesamte Nahost-Konflikt kann uns nicht unbeteiligt lassen, gerade uns Europäer, und vor allem uns Deutsche nicht. Denn die Europäer haben eine historische Verantwortung wegen ihrer fehlgeleiteten Kolonialpolitik in Nahost, und die Deutschen tragen die Hauptverantwortung wegen des Holocaust. Historische Schuld ist das eine, die Staatsgründung in einem Land, das einem anderen Volk gehörte, das andere.

Die Tragik ist, daß diese beiden Gegebenheiten untrennbar miteinander verbunden sind, obwohl sie ursprünglich nichts miteinander zu tun haben.

Deshalb müssen die scheinbar unlösbaren Widersprüche zwischen beiden Völkern überwunden werden. Frieden in Palästina ist nur möglich, wenn beide Völker einen unabhängigen Staat in Palästina haben werden.

Ende Februar interviewte ich Uri Avnery und Abdallah Frangi (das Interview mit ihm folgt gleich im Anschluß, S.120 ff.) über die Hintergründe, die Geschichte und die Gegenwart des israelisch-palästinensischen Konflikts sowie die gegenwärtige Weltsituation. Beide Interviews klären Sie über die Spannungen und zugleich äußerst tragischen Zusammenhänge zwischen diesen beiden leidgeprüften Völker auf.

Hat der Frieden eine Chance?

Wolfgang Weirauch: Wie ist momentan die Stimmung in Israel?

Uri Avnery: Momentan herrscht Kriegsstimmung. Die Situation eskaliert von Tag zu Tag, und die Stimmung des Volkes entspricht dieser Eskalation. Aber es ist eher eine Stimmung der Hoffnungslosigkeit als der Begeisterung. Der Friedensprozeß ist zusammengebrochen und hat einen großen Teil des israelischen Friedenslagers mit sich gerissen. Die meisten Menschen gehen momentan davon aus, daß ein Frieden unmöglich ist und daß diese Situation länger andauern wird.

Auf der anderen Seite gibt es aber wieder den Beginn eines Erwachens des Friedenslagers. Die Friedensbewegung, die zu Beginn der Intifada vor 17 Monaten zusammengebrochen ist, fängt wieder an, sich zu bewegen. Und die momentane Stimmung macht dieses Erwachen möglich.

W.W.: Hat die Friedensbewegung in Israel wieder eine neue Chance?

U. Avnery: Ja, wir sind am Anfang einer neuen Welle. Allerdings muß man wissen, daß es einem Euphemismus gleicht, von einer Friedensbewegung zu sprechen, denn es gibt eine Anzahl verschiedener Friedensbewegungen mit verschiedenen Agenden und unterschiedlichen Zielen. Alle zusammen nennt man das sogenannte Friedenslager bzw. die Friedensbewegung.

Eigentlich handelt es sich um eine Bewegung, die man in zwei Gruppen aufteilen muß: auf der einen Seite die militanten bzw. radikalen Friedensbewegungen, zu denen auch Gush Shalom, der Friedensblock, führend gehört. Auf der anderen Seite haben wir die Friedensbewegungen, die mit der Arbeitspartei und der Meretz-Partei verbunden sind, also z.B. die „Peace Now-Bewegung“, die weniger militant ist und sich scheut, diejenigen Dinge anzusprechen, die in dieser Situation heute gesagt werden müssen.

W.W.: Was verstehen Sie unter „militant"; radikal in der Wortwahl oder auch durch Aktionen?

U. Avnery: Beides. Worte und Aktionen hängen zusammen. Es gibt z.B. immer mehr Soldaten und junge Offiziere, die den Wehrdienst in den besetzten Gebieten verweigern; und alle diejenigen Kräfte, die sie dabei unterstützen, sind militant, d.h. kämpferisch, während diejenigen, die diese Unterstützung verwehren, weniger militant sind.

Der Verrat

W.W.: Wie beurteilen Sie die von den Kolonialmächten England und Frankreich versprochene arabische Einheit bei der Unterstützung im Kampf gegen das Osmanische Reich? Sind die Araber vom Westen verraten worden?

U. Avnery: Ganz sicher. Die Araber waren damals vollkommen machtlos. Als das Osmanische Reich zerfiel, waren die imperialistischen Kolonialkräfte – hauptsächlich England und Frankreich – entschlossen, das Gebiet des Nahen Ostens unter sich aufzuteilen. Im Grunde war auch Rußland daran beteiligt, aber nach der Oktoberrevolution fiel Rußland aus. Deshalb wurde der Nahe Osten unter den englischen und französischen Kolonialmächten aufgeteilt: Palästina, der Irak und Jordanien kamen zu England, der Libanon und Syrien zum französischen Kolonialreich.

Palästina war nicht leer

W.W.: Wo liegen die Wurzeln des Konflikts der beiden semitischen Völker, wenn wir einmal die biblischen Gründe – Abraham, Isaak, Ismael – beiseite lassen?

U. Avnery: Der derzeitige israelisch-palästinensische Konflikt ist eine Fortsetzung des historischen Zusammenpralls zwischen der zionistischen Bewegung und dem palästinensisch-arabischen Volk, der am Ende des 19. Jahrhunderts begann. Die zionistische Bewegung war im wesentlichen eine jüdische Reaktion auf die nationalistischen Bewegungen in Europa, die alle den Juden gegenüber feindlich gesinnt waren. Bedingt durch die Ablehnung der europäischen Nationen entschieden sich einige Juden, sich selbst als Nation zu konstituieren und nach dem europäischen Modell einen eigenen Nationalstaat zu gründen, in dem sie Herr über ihr eigenes Schicksal sein konnten. Nach dem zionistischen Dogma war es den

Zionisten nicht möglich, als eine Minorität in einem anderen Staat zu existieren.

Traditionelle und religiöse Gründe brachten die zionistische Bewegung nach Palästina, und es wurde entschieden, in diesem Land einen jüdischen Staat zu gründen. Die Losung lautete: „Ein Land ohne Volk für ein Volk ohne Land“. Diese Losung wurde nicht nur aus Unkenntnis geprägt, sondern auch aufgrund der allgemeinen Arroganz gegenüber nichteuropäischen Völkern, die zu jener Zeit in Europa vorherrschte. Denn Palästina war damals nicht leer, weder am Ende des 19. Jahrhunderts noch zu irgendeiner anderen Zeit. Damals lebte dort eine halbe Million Menschen, 90 % davon waren Araber. Daß diese Bevölkerung gegen das Eindringen eines anderen Volkes in ihr Land eingestellt war, versteht sich von selbst.

W.W.: Welchen Stellenwert hat die Balfour-Declaration für die Israelis und Palästinenser? Ist dies ein weiterer Grund für den Konflikt zwischen beiden Völkern, weil England in der Zeit des Ersten Weltkrieges beiden Völkern mehr oder weniger einen eigenständigen Staat versprochen hat?

U. Avnery: Die Balfour-Declaration, benannt nach dem damaligen Außenminister, hat nur den Juden etwas versprochen, den Arabern nicht. Am 02.11.1917 verkündete der englische Außenminister Balfour Englands Absicht, dem jüdischen Volk eine nationale Heimstätte in Palästina zu schaffen, allerdings ohne die Rechte der nichtjüdischen Gemeinschaften in Palästina zu beeinträchtigen. Zur selben Zeit gab es andere Dokumente, die den Arabern eine große arabische Einheit im ganzen Nahen Osten versprachen, die sogenannten McMahon-Briefe. Aber alle diese Dokumente waren wertlos, denn sie waren während des Ersten Weltkrieges zu dem Zweck verfaßt, den Krieg zu gewinnen und die Interessen der Kolonialmächte nach dem Krieg zu sichern.

Den Preis der Europäer zahlten die Palästinenser

W.W.: Hätte es nach den europäischen Judenpogromen und dem Holocaust eine andere Lösung als die Ansiedlung der Juden in Palästina und die Gründung eines Staates Israel mit gleichzeitiger Verdrängung der Palästinenser gegeben?

U. Avnery: In den 30er Jahren, als die Juden massenhaft aus Deutschland auswandern mußten, um ihr Leben zu retten, war kein einziges Land bereit, sie aufzunehmen. Palästina war der einzige Zufluchtsort für unsere Eltern. Auch meine Eltern waren dabei. Aus diesem Grund wanderten die Juden hauptsächlich nach Palästina. Die Palästinenser begannen 1936 mit einem Volksaufstand gegen diese Einwanderung und gegen die englische Kolonialregierung. Dieser Aufstand wurde von dem Großmufti von Jerusalem, Amin al-Husaini, angeführt. Dadurch wurde auf die englische Kolonialregierung bis zum Zweiten Weltkrieg ein außerordentlich starker Druck ausgeübt. Die Engländer standen einerseits unter dem Druck der jüdischen Einwanderung, auf der anderen Seite unter dem des arabischen Aufstands. Da sich die Engländer Ende der 30er Jahre schon auf den nächsten Weltkrieg vorbereiteten und die Araber für die Alliierten sehr wichtig waren, gab es zu dieser Zeit keine klare englische Politik.

Auf der anderen Seite wurde durch den Holocaust, dem sechs Millionen Juden zum Opfer fielen, der zionistischen Forderung nach Errichtung eines Staates Israel neue moralische und politische Macht verliehen. Aber das palästinensische Volk, das die Zunahme der jüdischen Bevölkerung in ihrem Land tagtäglich spürte, konnte nicht einsehen, warum von ihm der Preis für die von Europäern und Juden begangenen Verbrechen gefordert werden sollte. Deswegen wehrte man sich heftig gegen jede weitere jüdische Einwanderung und gegen den Landerwerb durch Juden.

Zerrbilder vom anderen Volk

W.W.: Wie stand bzw. steht es mit der gegenseitigen Wahrnehmung der beiden Völker? Ist diese von Vorurteilen geprägt?

U. Avnery: Beide Völker haben verzerrte Wahrnehmungen voneinander. Beide lehnen die nationale Existenz des anderen total ab, und die verzerrten Wahrnehmungen des jeweilig anderen Volkes schlugen im kollektiven Bewußtsein beider Völker tiefe Wurzeln. Dieses Zerrbild beeinflußt ihre Haltung bis auf den heutigen Tag.

Die Araber glaubten, daß die Juden vom westlichen Imperialismus nach Palästina verpflanzt worden seien, um die arabische Welt zu unterwerfen und seine Reichtümer zu kontrollieren. Diese Überzeugung wurde durch die Tatsache bestärkt, daß die zionistische Bewegung von Anfang an eine Allianz mit den westlichen Mächten anstrebte, um den Widerstand der Araber zu brechen. Das Ergebnis war eine praktische Zusammenarbeit und Interessengemeinschaft zwischen dem zionistischen Projekt und den imperialistischen bzw. kolonialen Kräften, die sich gegen die arabische Nationalbewegung richteten.

Die Juden dagegen waren davon überzeugt, daß der arabische Widerstand gegen das zionistische Unternehmen – die Juden aus den Flammen Europas zu retten – eine Folge der mörderischen Natur der Araber und des Islam seien.

Dieser totale Widerspruch in der Auffassung der Tatsachen hatte seine Wirkung auf alle Aspekte dieses Konflikts. Zum Beispiel interpretierten die Juden ihren Kampf für „jüdische Arbeit" als einen fortschrittlichen sozialen Versuch, aus ihrem Volk von Händlern und Spekulanten eines von Arbeitern und Bauern zu machen. Die Araber dagegen sahen darin einen verbrecherischen Versuch der Zionisten, sie zu enteignen, sie vom Arbeitsmarkt zu verdrängen und auf ihrem Land eine araberfreie separate jüdische Wirtschaft zu errichten.

Die Zionisten waren stolz auf die „Erlösung des Landes". Sie hatten es mit dem Geld erworben, das Juden aus aller Welt gesammelt hatten. Die Einwanderer, die in ihrem früheren Leben Intellektuelle und Kaufleute waren, verdienten jetzt ihren Lebensunterhalt im Schweiße ihres Angesichts. Sie glaubten, daß sie das alles mit friedlichen Mitteln erreicht hätten, und zwar ohne einen einzigen Araber zu enteignen.

Für die Araber jedoch war es eine grausame Geschichte von Enteignung und Vertreibung. – Die Juden erwarben seit Beginn des 20. Jahrhunderts immer mehr Land von abwesenden arabischen Großgrundbesitzern und vertrieben gewaltsam die Fellachen, die seit Generationen auf und von diesem Land gelebt hatten. Noch während des Osmanischen Reiches ließen sich die Zionisten bei diesem Tun von der türkischen, später von der britischen Polizei unterstützen. Und die Araber mußten verzweifelt zusehen, wie ihnen der Boden weggenommen wurde.

Die Vertreibung der Palästinenser 1948

W.W.: Nach dem Teilungsplan der UNO von 1947 sollte der arabische Staat nur ca. 45 %, der jüdische Staat ca. 55 % Palästinas bekommen, obwohl es 1,3 Millionen Araber, aber nur ca. 600.000 Juden gab. Außerdem fiel den Juden ein großer Teil des ertragreichsten Bodens mit den Zitruskulturen zu, so daß die Araber ihre Hauptexistenzgrundlage verloren. Ist dies nicht von vornherein eine ungerechte Aufteilung gewesen?

U. Avnery: Es ist sehr schwer zu sagen, was in der Geschichte gerecht und ungerecht ist. Die Juden machten damals ein Drittel der Bevölkerung Palästinas aus, aber es gab viele Hunderttausende von Juden in Europa, die aus den Konzentrationslagern kamen, die Zuflucht suchten und brauchten. Da die Engländer und Amerikaner überhaupt nicht daran dachten, sie in den eigenen Ländern aufzunehmen, war dieser UNO-Plan schon so zugeschnitten, daß in dem zukünftigen jüdischen Staat bereits Platz für Hunderttausende von jüdischen Einwanderern war. Man muß auch dabei bedenken, daß bloße Zahlen nicht die ganze Geschichte widerspiegeln. Zwar hat der jüdische Staat ca. 55 % des Landes bekommen, aber ein großer Teil davon war die Negevwüste, die unbesiedelt war und auch bis heute noch mehr oder weniger unbesiedelt ist. Das fruchtbare Land wurde etwa halb und halb verteilt.

W.W.: Am 12.12.1948 gab es eine Notstandsverordnung, die das Eigentum abwesender Araber konfiszierte. Darunter fielen auch 15.000 Palästinenser, die nur auf Verwandtenbesuch waren und denen man das Land einfach weggenommen hat. Sind diese und auch die anderen damals vertriebenen Palästinenser bis heute irgendwie entschädigt worden?

U. Avnery: Nein. Der Teilungsplan der UNO wurde von der jüdischen Seite angenommen, während er von der arabischen Seite verworfen wurde. Der Kontrast der beiden nationalen Geschichtsauffassungen gipfelte im Krieg von 1948. Die Juden nannten ihn den „Unabhängigkeitskrieg" bzw. „Befreiungskrieg", die Araber *an-nakba*, „die Katastrophe". Während dieses Krieges wurde die Mehrheit der palästinensischen Bevölkerung aus ihren Städten und Dörfern vertrieben. Wie und warum das geschehen ist, kann man heute in sehr weitgehenden historischen Forschungen nachlesen. Zum großen Teil sind die Palästinenser vom Krieg selbst vertrieben worden, denn Menschen, die in Dörfern wohnen, auf die geschossen wird, flüchten natürlich aus diesen Dörfern. In diesem Krieg wurden etwa 750.000 Palästinenser entwurzelt. Einige flohen – wie gesagt – aus Angst vor den Kämpfen, andere wurden durch Terrorakte, wie z.B. das Massaker von Dir Yassin verscheucht, und wiederum andere wurden im Laufe der „ethnischen Säuberung" systematisch vertrieben.

Nicht weniger bedeutsam als die Vertreibung ist die Tatsache, daß es den Flüchtlingen nicht erlaubt war, nach den Kämpfen in ihre Häuser zurückzukehren, anders als es nach einem konventionellen Krieg üblich ist. Im Gegenteil: Das neue Israel sah das Verschwinden der Araber als einen großen Segen an und beeilte sich, 450 Dörfer völlig zu zerstören. Auf den Ruinen wurden neue jüdische Ortschaften gebaut, denen neue hebräische Namen gegeben wurden. Und die verlassenen Häuser in den Städten wurden den neuen Emigranten überlassen.

Der Krieg von 1948 war eine unmittelbare Fortsetzung des zionistisch-arabischen Konflikts, bei der jede Seite versuchte, ihre Ziele zu erreichen. Die Juden wollten einen homogenen Nationalstaat errichten, der so groß wie möglich sein sollte. Die Araber wollten die zionistisch-jüdische Gemeinschaft vernichten, die sich in Palästina festgesetzt hatte. Beide Seiten praktizierten „ethnische Säuberung" als integralen Bestandteil ihres Kampfes. Es blieben nicht viele Araber in den von Juden eroberten Gebieten, und kein Jude blieb in den von Arabern eroberten Gebieten. Da jedoch die von Juden eroberten Gebiete bei weitem größer waren als die von Arabern eroberten, war das Ergebnis keineswegs ausgeglichen.

Im Grunde geht es weniger darum, wer zu dieser Zeit warum geflüchtet ist, sondern es ist wichtiger festzustellen, daß sich die jüdische Seite nach dem Krieg geweigert hat, die Flüchtlinge zurückzunehmen. Das ist eine Tatsache. Die Staatsführung unter David Ben Gurion beabsichtigte, die Hunderttausenden von Flüchtlingen aus Europa in dem Staat Israel aufzunehmen und dort anzusiedeln. Und dazu brauchte man den Boden und die Städte, die von den Palästinensern verlassen worden waren.

Nach dem Krieg von 1948 war die Lage so, daß die 635.000 Juden, die bei der Staatsgründung in Palästina lebten, sehr schnell auf die Zahl von ein bis zwei Millionen anwuchsen. Nach 1948 gab es etwa 750.000 palästinensische Flüchtlinge, die heute auf etwa 3,7 Millionen angewachsen sind und die teilweise im Westjordanland und in Gaza leben, teilweise in den arabischen Staaten ringsherum, hauptsächlich im Libanon, in Jordanien, Syrien und auch im Irak. Keiner dieser Flüchtlinge hat bis heute irgendeine Entschädigung bekommen. Sie werden von der UNWRA, einer Agentur der Vereinten Nationen, ernährt und betreut. Sie hat ihnen auch ein ziemlich gutes Erziehungswesen eingerichtet.

Simsons Füchse

W.W.: Sie gehörten in Ihrer Jugend zur Untergrundorganisation Irgun. Welches waren damals die Ziele dieser Organisation?

U. Avnery: Ende der 30er, Anfang der 40er Jahre war das Hauptziel von Irgun, die englische Kolonialarmee aus Palästina zu vertreiben und einen jüdischen Staat einzurichten.

W.W.: Können Sie etwas über die damaligen Aktionen berichten?

U. Avnery: Die Aktionen waren hauptsächlich Anschläge auf die englische Kolonialarmee und auch auf die englische Polizei. Eine gewisse Zeit, am Ende der 30er Jahre, hat diese Organisation Vergeltungsmaßnahmen gegen die arabische Bevölkerung verübt. Ich erwähnte vorhin schon, daß es 1936 einen arabischen Volksaufstand gegen die jüdische Einwanderung und die englische Kolonialpolitik gab, und bei diesem Volksaufstand sind sehr viele Juden ums Leben gekommen. Deswegen hat die Organisation Irgun um das Jahr 1938 herum z.B. Bomben auf arabischen Märkten gelegt, und dabei kamen Männer, Frauen und Kinder ums Leben. Das sind Akte, die man mit heutiger Terminologie als Terrorakte bezeichnen würde.

W.W.: Im Unabhängigkeitskrieg von 1948 waren Sie Mitglied der Hagana. Was war das für eine Gruppe?

U. Avnery: Das ist die Organisation, aus der die israelische Armee hervorgegangen ist. Die israelische Armee heißt heute immer noch die Hagana-Armee, wobei Hagana Verteidigung bedeutet. Im Grunde war die Hagana die Armee, bevor der Staat Israel offiziell begründet worden ist. Ich war damals in einer Kommandoeinheit, genannt „Simsons Füchse". Das war eine mobile Kommandotruppe, die hauptsächlich an der Jerusalem-Front und der Südfront eingesetzt wurde.

W.W.: An der ägyptischen Front wurden Sie verwundet.

U. Avnery: Ja, in den letzten Tagen des Unabhängigkeitskrieges von 1948 wurde ich schwer verwundet, und zwar erlitt ich eine Bauchverletzung. Aber ich wurde noch rechtzeitig operiert, und wie Sie feststellen können, bin ich am Leben geblieben.

W.W.: 1949 haben Sie die Zeitschrift *Ha'olam ha'zeh* gekauft. Was war das für eine Zeitschrift, und welche politische Linie haben Sie mit ihr in den folgenden Jahrzehnten verfolgt?

U. Avnery: Ich habe diese Zeitschrift 1950 übernommen und sie zu einem sehr streitbaren Oppositionsorgan entwickelt. Das war ein Nachrichtenmagazin im Stil des *Spiegels,* aber bei weitem oppositioneller. Wir standen damals z.B. voll in Opposition zu der Regierung von Ben Gurion und seiner Politik, weil wir ganz andere Vorstellungen davon hatten, wie ein Staat Israel auszusehen hätte.

Der Sechs-Tage-Krieg

W.W.: Wie wird der Sechs-Tage-Krieg von 1967 von den Israelis und den Palästinensern gesehen?

U. Avnery: Beide Seiten sehen ihn sehr verschieden. Nach israelischem Mythos war es ein verzweifelter Verteidigungskrieg, der dem Staat Israel wunderbarerweise eine Menge Land bescherte. Nach palästinensischem Mythos tappten die Ägypter, Syrer und Jordanier in eine von Israel gestellte Falle, um all das zu erbeuten, was von Palästina noch übrig war.

Viele Israelis glauben, daß der Sechs-Tage-Krieg die Wurzel allen Übels ist und daß erst zu diesem Zeitpunkt das friedliebende und fortschrittliche Israel sich in einen Eroberer und Besatzer verwandelte. Diese Überzeugung erlaubt den Israelis, die Idee der absoluten Unschuld des Zionismus und des Staates Israel bis zu diesem Zeitpunkt aufrechtzuerhalten und ihre alten Mythen zu bewahren. Diese Legende jedoch entspricht nicht den Tatsachen.

Der Krieg von 1967 war eine neue Phase des alten Kampfes zwischen den zwei Nationalbewegungen. Er änderte nichts am Wesentlichen. Er änderte nur die Umstände. Das Erreichen der wesentlichen Ziele der zionistischen Bewegung – Gründung eines jüdischen Staates, Expansion und Besiedlung – machte große Fortschritte. Und wiederum wurden in diesem Krieg Hunderttausende Palästinenser vertrieben. – Durch den UNO-Teilungsplan von 1947 wurden den Israelis 55 % des Landes Palästina zugesprochen, weitere 23 % wurden 1948 erobert und während des Sechs-Tage-Krieges die restlichen 22 %. So wurde 1967 das palästinensische Volk unter Israels Herrschaft unbeabsichtigt wieder vereinigt.

Die Siedler werden von allen unterstützt

W.W.: Auf welche Grundlagen stellen die jüdischen Siedler überhaupt ihre Landnahme, die nach dem Sechs-Tage-Krieg begann?

U. Avnery: Fast jede politische Gruppe – von der messianisch-nationalistischen Bewegung bis zu den Linken – beteiligte sich an der Siedlungsbewegung. Auch die Tatsache, daß alle Regierungen Israels die Siedlungen hegten und pflegten, beweist, daß das Siedeln auf kein besonderes ideologisches Lager beschränkt ist und zur gesamten zionistischen Bewegung dazugehört. Der Eindruck, die Siedlungsbewegung sei von einer kleinen Minderheit geschaffen worden, ist illusorisch. Nur die ständige Unterstützung seitens aller Regierungsbehörden von 1967 bis heute konnte die gesetzgeberischen, strategischen und haushälterischen Infrastrukturen schaffen, die für ein so lange dauerndes und ausgedehntes Unternehmen erforderlich sind.

Die gesetzgeberische Infrastruktur enthält die irreführende Unterstellung, daß die Besatzungsmacht Eigentümerin des „regierungseigenen Bodens“ sei, obwohl es um die lebenswichtigen Landreserven der palästinensischen Bevölkerung geht. Es versteht sich von selbst, daß die Siedlungsbewegung gegen internationales Recht verstößt.

Der Streit zwischen den Anhängern von „Groß-Israel“ und denen des „territorialen Kompromisses“ ist seinem Wesen nach ein Streit über den Weg, auf dem das grundlegende zionistische Anliegen – ein homogener jüdischer Staat auf dem größtmöglichen Territorium – zu erreichen ist: Die Anhänger des „territorialen Kompromisses“ betonen den demographischen Aspekt und wollen die Einbeziehung der palästinensischen Bevölkerung in den Staat verhindern. Die Anhänger von „Groß-Israel“ betonen den geographischen Aspekt und wollen die nichtjüdische Bevölkerung aus dem Land vertreiben.

W.W.: Wie bewerten Sie den Widerstand der Palästinenser gegen die Siedlungsbewegung und gegen die Besetzung palästinensischen Landes?

U. Avnery: Die Palästinenser nutzten verschiedene Methoden des Widerstands, hauptsächlich Überfälle von Jordanien und dem Libanon aus sowie Angriffe innerhalb Israels und überall in der Welt. Diese Aktionen werden von den Israelis als terroristisch bezeichnet, während die Palästinenser in ihnen den legitimen Widerstand einer Nation unter Besatzung sahen. Die Führung der PLO, geleitet von Arafat, wurde von den Israelis lange Zeit als eine terroristische Führung angesehen, aber nach und nach wurde sie international als die „einzig legitime Vertretung“ des palästinensischen Volkes anerkannt. Als den Palästinensern klar wurde, daß ihre Aktionen die Siedlungsbewegung nicht beenden konnten, die ihnen allmählich das Land unter den Füßen wegzog, begannen sie Ende 1987 die erste Intifada, einen Volksaufstand aller Bevölkerungsgruppen. Während dieser Intifada wurden 1.500 Palästinenser getötet, unter ihnen Hunderte von Kindern, das Mehrfache der israelischen Verluste.

Oslo und kein Ende der Konflikte

W.W.: Was waren die ersten Keime des Friedensprozesses?

U. Avnery: Der Oktoberkrieg von 1973 begann mit dem Überraschungssieg der ägyptischen und syrischen Truppen und endete in ihrer Niederlage. Er überzeugte Arafat und seine engsten Mitarbeiter, daß es keinen militärischen Weg gibt, um die palästinensischen Ziele zu erreichen. Daraufhin beschloß er, den politischen Weg zu einem Abkommen mit Israel zu beschreiten, um wenigstens einen Teil der nationalen Ziele durch Verhandlungen zu verwirklichen. Um dafür eine Grundlage zu schaffen, stellte Arafat zunächst Verbindungen mit israelischen Persönlichkeiten her, die Einfluß auf die öffentliche Meinung und auf die Regierungspolitik in Israel hatten. Seine Vertreter – Said Hamami und Issam Sartawi – trafen sich mit Persönlichkeiten des öffentlichen Lebens Israels, jenen Pionieren des Friedens, die 1975 den „Israelischen Rat für einen israelisch-palästinensischen Frieden" gründeten.

Diese Verbindungen und die wachsende Erschöpfung der Israelis durch die Intifada, der Rückzug Jordaniens aus dem Westjordanland, die Veränderung der internationalen Bedingungen – der Zusammenbruch des Ostblocks sowie der Golfkrieg – führten schließlich zur Madrider Konferenz und später zum Oslo-Abkommen.

W.W.: Wie beurteilen Sie das Oslo-Abkommen?

U. Avnery: Es hat positive und negative Aspekte. Auf der positiven Seite führte das Abkommen Israel zu einer ersten offiziellen Anerkennung des palästinensischen Volkes und seiner nationalen Führung und führte die palästinensische Nationalbewegung zur Anerkennung der Existenz Israels. Das ist ein Schritt von größter historischer Bedeutung.

Das Abkommen gab der palästinensischen Nationalbewegung eine territoriale Basis auf palästinensischem Boden und die Struktur eines „Staates im Werden". Für die Israelis öffnete das Abkommen verschiedene Tore zur arabischen Welt und beendete die palästinensischen Angriffe, solange das Abkommen wirksam war.

W.W.: Und was ist das Negative des Oslo-Abkommens?

U. Avnery: Der hauptsächliche Mangel des Abkommens war, daß beide Seiten hofften, ihre vollkommen gegensätzlichen Ziele erreichen zu können. Die Palästinenser sahen es als ein zeitweiliges Abkommen an, das den Weg zur Beendigung der Besatzung und zur Gründung eines Staates Palästina in allen besetzten Gebieten bereitete. Auf der anderen Seite sahen die jeweiligen israelischen Regierungen in ihm den Weg, die Besatzung in großen Teilen des Westjordanlandes und des Gaza-Streifens aufrechtzuerhalten, und zwar mit Hilfe einer palästinensischen Regierung, die die Rolle einer Hilfsagentur für die Sicherheit Israels und der Siedlungen spielen sollte. Darum stellt Oslo nicht den Beginn eines Prozesses zur Beendigung des Konflikts dar, sondern eher eine neue Phase des Konflikts.

Da die Erwartungen auf beiden Seiten sehr voneinander abwichen und jede Seite völlig an die eigene nationale Sichtweise gebunden blieb, wurde jeder Teil des Abkommens verschieden interpretiert.

Uri Avnery und Jassir Arafat in Ramallah

W.W.: Wurden auch während des Oslo-Prozesses der Siedlungsbau fortgesetzt?

U. Avnery: Zu jeder Zeit. Immer wieder wurden unter verschiedenen Vorwänden neue Siedlungen gegründet, die bestehenden vergrößert und ein sorgfältig ausgearbeitetes Netz von Umgehungsstraßen gebaut, weiteres Land enteignet und zusätzlich Häuser zerstört und Plantagen verwüstet.

Baraks Legende über Camp David 2000

W.W.: Es heißt immer, daß Camp David im Jahre 2000 durch Arafat gescheitert sei und Barak ihm 96 % der besetzten Gebiete angeboten hätte. Stimmt das eigentlich?

U. Avnery: Kein Wort davon stimmt. Das ist eine Legende, die von Barak erfunden worden ist, um seinen historischen Mißerfolg zu rechtfertigen. Und diese Legende ist von der israelischen Öffentlichkeit größtenteils übernommen worden, auch von den internationalen Medien. Camp David war eine Konferenz, die von Barak anberaumt worden ist. Arafat wollte eigentlich nicht hingehen, weil er wußte, daß dabei nichts herauskommen konnte. Die Konferenz mit Clinton war vollkommen unvorbereitet. Beide Seiten hatten nicht die geringste Übereinstimmung über auch nur ein einziges Thema. Deshalb war es vollkommen unsinnig, ein derartiges Gipfeltreffen zu arrangieren. Die Palästinenser sollten den Konflikt als beendet erklären und auf das Rückkehrrecht der Flüchtlinge verzichten. Sie sollten komplizierte Regelungen für Ost-Jerusalem und den Tempelberg – ohne Souveränität über beide – akzeptieren. Sie sollten mit großen territorialen Annexionen im Westjordanland und im Gaza-Streifen einverstanden sein, desgleichen mit israelischer Militärpräsenz in weiteren großen Gebieten und mit der israelischen Kontrolle über die Grenzen, die den palästinensischen Staat vom Rest der Welt trennten. Dieses Angebot Baraks war weit von den Minimalforderungen der Palästinenser entfernt.

In Wirklichkeit hat Barak den Palästinensern nur 80 % der besetzten Gebiete angeboten. Zusätzlich muß man bedenken, daß die gesamten besetzten Gebiete insgesamt nur 22 % des ehemaligen Landes Palästina sind. – Vorhin haben wir erwähnt, daß die UNO 1947 dem arabischen Staat 45 % des Landes Palästina zugesprochen hat. In Oslo haben die Palästinenser auf 78 % des gesamten Landes Palästina verzichtet. Alle UNO-Resolutionen beziehen sich also auf die übriggebliebenen 22 %. Und von diesen 22 % hat Barak in Wirklichkeit nur 80 % angeboten. Das entspricht also nur ca. 17 % des gesamten Landes Palästina.

Und dieses angebotene Gebiet war praktisch in drei oder vier Enklaven zerstückelt und durch die israelischen Siedlungen voneinander getrennt. Jede Enklave war also von israelischen Siedlungsgebieten umzingelt, und zusätzlich waren alle Enklaven vom Ausland abgeschnitten. Die Enklaven im Westjordanland waren von Jordanien abgeschnitten, der Gaza-Streifen von Ägypten, und anfänglich wollte Barak ganz Jerusalem für Israel behalten, auch wenn er später einige andere Vorschläge gemacht hat. Aber Barak hat es immer abgelehnt, daß die arabischen Teile Jerusalems unter palästinensische Souveränität kommen, und er war nicht bereit, die heiligen Moscheen auf dem Tempelberg an einen Palästinenserstaat abzugeben.

Alles zusammen genommen war weit davon entfernt, was die Palästinenser für ihren Palästinenserstaat als Minimum forderten. Am Ende brach die Konferenz zusammen. Unbeteiligte Augenzeugen aus der Regierung Clinton, der dabei eine sehr aktive Rolle gespielt hat, haben mittlerweile ihre Berichte veröffentlicht, und in diesen Berichten haben sie allen drei Hauptakteuren – Clinton, Arafat und Barak – gleichermaßen die Schuld

Uri Avnery und Jassir Arafat in Ramallah

zugeschoben. Ich glaube, daß das eine richtige Einschätzung ist. Obwohl man sagen muß, daß zwischen Besetzern und Besetzten keine Symmetrie bestanden hat und besteht. Insofern hat die stärkere Partei mehr Schuld als die schwächere. Wenn man das nicht deutlich hervorhebt, dann entsteht wieder das historische Syndrom, daß man den Opfern die Schuld für ihr eigenes Unglück zuschiebt.

Scharon will die palästinensische Autonomiebehörde zertrümmern

W.W.: Welche Politik verfolgt Scharon derzeit? Will er die Autonomiebehörde und Arafat vernichten?

U. Avnery: Natürlich. Scharon war immer 100%ig gegen das Oslo-Abkommen. Vom ersten Moment seines Regierungsantritts war es Scharons Ziel – und das ist es auch bis heute noch geblieben –, das Oslo-Abkommen zu zertrümmern. Genauso ist es sein Ziel, die palästinensische Autonomiebehörde, die aus dem Oslo-Abkommen entstanden ist, zu zertrümmern. Sein Ziel war und ist, ganz Palästina für Israel einzunehmen und mit Siedlungen zu überziehen, bestenfalls möchte er die Palästinenser in eine Inselgruppe von palästinensischen Enklaven einschließen, und wie gesagt, jede Enklave umzingelt von israelischen Siedlungen und Soldaten.

Ich verwende bewußt den Begriff „bestenfalls", da es heute in Scharons Regierung Minister gibt, die ganz offen davon sprechen, daß alle Palästinenser aus Palästina vertrieben werden müssen.

W.W.: Dann kommt Scharon und diesen Minister wahrscheinlich jedes Selbstmordattentat gelegen, weil sie mit jedem weiteren Anschlag ihre Strategie besser vertreten können?

U. Avnery: Ja, das ist so. Es ist eine historische Tatsache, daß zwischen den Extremisten beider Seiten eine Zusammenarbeit besteht. Leider ist die Zusammenarbeit zwischen den gemäßigten Kräften beider Seiten sehr viel schwächer.

Peres – eine Spottfigur

W.W.: Welche Rolle spielt Peres heute noch? Kann er den Friedensprozeß wieder anstoßen?

U. Avnery: Peres ist eine Spottfigur, eine pathetische Erscheinung, und er hat seinen Friedensnobelpreis an Scharon verkauft. Er ist ein Handlanger, eine Art Propagandaminister für Scharon und unterstützt ihn bedingungslos. Das heißt, daß er teil daran hat, die Bemühungen um den Osloer Vertrag zu zertrümmern, für dessen Errichtung er selbst den Friedensnobelpreis bekommen hat.

Schon in der Vergangenheit hat er sich ein internationales Image als Friedensmacher geschaffen und seine Redeweise derart ausgerichtet, daß sie dieses Image reflektiert. Im Kern blieb er aber immer ein traditioneller zionistischer Falke. Das wurde während der kurzen und gewalttätigen Periode deutlich, als er nach der Ermordung Rabins als Ministerpräsident fungierte, und noch einmal, als er kürzlich die Rolle des Sprechers und Verteidigers von Scharon annahm.

„Arafat ist stärker denn je"

W.W.: Sind es noch heute die Ziele der Hamas und des Islamischen Dschihad, den Staat Israel auszulöschen und alle Israelis zu vertreiben?

U. Avnery: Der harte Kern dieser fundamentalistischen Bewegungen ist nicht bereit, Israel anzuerkennen, und möchte ganz Palästina wieder in einen muslimischen Staat oder in einen Teil eines großen islamischen

Reiches verwandeln. Aber dieser fundamentalistische Kern ist – Gott sei Dank – noch eine Minderheit im palästinensischen Volk. In der letzten Zeit haben sie allerdings an Ansehen gewonnen, weil die islamischen Fundamentalisten in der Phase des Kampfes stärker motiviert sind und Aktionen verüben, zu denen andere noch nicht bereit sind.

Die Führung und die Hauptinstitutionen des palästinensischen Volkes sind allerdings von diesen Fundamentalisten weit entfernt. Die Führung der palästinensischen Autonomiebehörde ist säkular eingestellt, und sie besteht aus Muslimen und Christen. Die Christen spielen übrigens eine wichtige Rolle in der palästinensischen Befreiungsbewegung. – Vorläufig nehmen die Fundamentalisten noch eine untergeordnete Rolle ein, aber wie der Kronprinz von Saudi-Arabien vor ein paar Tagen gewarnt hat: „Wenn dieser nationale säkulare Konflikt in einen Religionskonflikt umschlägt, dann wird die Lage sich sehr schnell drastisch verschlechtern." Zwischen religiösen fundamentalistischen Arabern und Juden ist überhaupt kein Kompromiß möglich.

W.W.: Wie stark ist der Einfluß von Arafat derzeit?

U. Avnery: Arafat ist heute stärker denn je. Das palästinensische Volk ist wie jedes Volk tief beeindruckt von dem Mut ihrer Führer. Arafat hat das Land nicht verlassen. Er hält in der kleinen Stadt Ramallah stand, unter ständiger Belagerung von israelischen Panzern. Faktisch steht er unter Hausarrest. Und aus diesem Hausarrest führt er den Freiheitskampf des palästinensischen Volkes.

Es gibt heute keine einzige palästinensische Organisation, auch nicht die Fundamentalisten, die die Führung Arafats bestreitet. Ob er praktisch jede Zelle des palästinensischen Widerstands bestimmen kann, ist natürlich fraglich. Denn derzeit sind alle Städte und Dörfer in den von Israelis besetzten palästinensischen Gebieten voneinander abgeschnitten, und man kann nicht von einem Dorf in das andere, nicht von einer Stadt in die andere reisen, ohne das eigene Leben zu gefährden. Allein in den letzten paar Tagen sind zwei hochschwangere Frauen auf dem Weg ins Krankenhaus erschossen worden. In einer solchen Situation ist jede Widerstandszelle in jedem Dorf mehr oder weniger von den anderen unabhängig, aber alle anerkennen die Führung Arafats. Und wenn Arafat bestimmt, daß die Aktionen eingestellt werden sollen, dann werden ihm auch die meisten Folge leisten.

W.W.: Wird der Terror der Hamas und anderer radikaler Kräfte aufhören, sobald die Palästinenser einen eigenen Staat haben?

U. Avnery: Man muß mit dem Wort Terror sehr vorsichtig umgehen, denn es ist ein Propagandawort. Denn wer verübt Terror? Kampfflieger, die Wohnungsbezirke beschießen? Schweres Gerät, mit dem man Häuser einreißt? Sonderkommandos, die palästinensische Militante umbringen? Oder die Selbstmordkommandos der Palästinenser? Das ist sehr schwer zu bestimmen. Jede Seite benutzt das Wort Terror, um damit die andere Seite zu bezeichnen. Im Grunde möchte ich dieses Wort abschaffen.

Aber der palästinensische Widerstand wird andauern, solange es eine israelische Besatzung gibt. Das ist doch klar! Besatzung und Widerstand sind siamesische Zwillinge. Die Palästinenser reagieren, wie jedes andere Volk in der Welt auch reagieren würde. Ehud Barak, dieser unglückselige Politiker, der an der jetzigen Lage mehr schuld ist als irgendein anderer Mensch auf der Welt, hat einmal gesagt: „Wenn ich ein junger Palästinenser wäre, würde ich auch einer der palästinensischen Terrorgruppen beitreten."

W.W.: Das hat er wirklich gesagt?

U. Avnery: Ja.

Feinde des Friedens

W.W.: Wie beurteilen Sie die Politik der derzeitigen Bush-Administration?

U. Avnery: Das ist die schlimmste amerikanische Regierung, die wir jemals gehabt haben. Die Bush-Regierung unterstützt Scharon nicht 100%ig, sondern 200%ig. Sie spornt ihn an, noch extremere Mittel zu nutzen, als er es ohnehin schon tut. Sie gibt ihm völlig freie Hand in seinen Handlungen, mit Ausnahme eines einzigen Verbots: Arafat umzubringen. Deshalb sind die Amerikaner zur Zeit die Feinde jeglicher friedlichen Lösung im Nahen Osten. Darüber hinaus sind sie auch die Feinde der Friedensbewegung. Denn wie kann eine Friedensbewegung die Mehrheit des israelischen Volkes davon überzeugen, daß die Okkupation falsch ist, wenn die USA diese Politik unterstützen?

Die einzig mögliche Friedenslösung

W.W.: Wie sieht Ihre Friedenslösung für einen zukünftigen Palästinenserstaat aus?

U. Avnery: Die Friedenslösung ist vollkommen klar. Das seltsamste Element des israelisch-palästinensischen Konflikts ist, daß die Lösung vollkommen klar ist. Nämlich: Es muß ein unabhängiger und freier Staat Palästina in allen besetzten Gebieten entstehen. Israel muß sich auf die Grenzen von 1967 zurückziehen, und die sogenannte „Grüne Linie" wird die Grenze beider Staaten sein. Mit Zustimmung beider Seiten kann ein kleiner Gebietsaustausch durchgeführt werden. Ein paar jüdische Siedlungen könnten also beispielsweise in den israelischen Staat aufgenommen werden, wenn die Palästinenser dafür einen entsprechenden Gebietsaustausch bekommen.

Jerusalem muß die Hauptstadt beider Staaten werden, das jüdische West-Jerusalem die Hauptstadt Israels und das arabische Ost-Jerusalem die Hauptstadt Palästinas. Dabei wird der Staat Palästina die vollständige Souveränität in Ost-Jerusalem besitzen, einschließlich des Tempelbergs. Der Staat Israel wiederum wird die volle Souveränität in West-Jerusalem besitzen, einschließlich der Klagemauer und des jüdischen Viertels.

Alle jüdischen Siedlungen im palästinensischen Staatsgebiet müssen aufgelöst werden. – Und man muß eine Lösung für die Flüchtlingsfrage finden, die die demographischen Strukturen Israels respektiert, damit der Tragödie der Flüchtlinge ein Ende gesetzt wird. Israel wird dabei prinzipiell das Recht der Palästinenser auf Rückkehr als ein unveräußerliches Menschenrecht anerkennen. Und die praktische Lösung des Problems wird durch ein Abkommen erreicht, das auf gerechten, fairen und praktischen Erwägungen beruht und die Rückkehr sowie Entschädigungen einschließt. – Auch die Wasservorkommen werden gemeinsam kontrolliert und aufgrund eines gleichberechtigten und fairen Abkommens zugeteilt. – Die Sicherheit beider Staaten wird in einem bilateralen Abkommen garantiert, das die spezifischen Sicherheitsinteressen sowohl Israels als auch Palästinas berücksichtigt.

Wenn es überhaupt jemals zu einer Lösung kommt, wird es nie zu einer anderen Lösung kommen können. Wenn es in diesem oder im nächsten Jahr oder auch in 100 Jahren zu einer Lösung kommt, dann wird es immer diese Lösung sein. Denn es ist die einzig mögliche.

W.W.: Wie stehen Sie zu dem saudischen Vorschlag des Kronprinzen Abdullah?

U. Avnery: Er hat Israel angeboten, daß voraussichtlich die gesamte arabische Welt Israel anerkennt, wenn Israel sich auf die Grenzen von 1967 zurückzieht und den Palästinensern einen souveränen Staat gewährt. Das ist ein wunderbarer Vorschlag.

W.W.: Hat dieser Vorschlag Chancen?

U. Avnery: Er hat so lange keine Chancen, wie Scharon die Politik Israels bestimmt, wahrscheinlich auch nicht, solange die Bush-Regierung an der Macht ist. Scharon denkt überhaupt nicht daran, auf die Grenzen von 1967 zurückzuweichen.

Das Problem des 21. Jahrhunderts

W.W.: Die arabische Welt fühlt sich von der westlichen Welt gedemütigt. Was müßte der Westen tun, damit die arabische Bevölkerung aufhört, den Westen zu hassen bzw. ihn als Unterdrücker zu sehen?

U. Avnery: Das ist eine große Frage, denn sie berührt die historische Entwicklung der letzten 1.000 Jahre. Die arabische Welt hat sich noch nicht von dem Kolonialismus erholt und ist der westlichen Welt nicht ebenbürtig. Aber die Araber haben eine historische Erinnerung an die Blütezeit des Arabischen Reiches, das damals dem Westen bei weitem überlegen war. Wie Sie wissen, waren die Araber im Mittelalter kulturell, technisch, medizinisch, philosophisch und künstlerisch dem Abendland bei weitem überlegen. Und die historische Erinnerung an diese Zeit spielt heute in den Gemütern der Menschen der arabisch-muslimischen Welt mit und vergrößert ihre gegenwärtige Demütigung, die sie gegenüber dem Westen fühlen.

Um dieser Demütigung ein Ende zu setzen, muß man den Arabern auf gleicher Augenhöhe begegnen und sie ebenbürtig behandeln. Man muß ihre Kultur und Geschichte respektieren und ihre gerechtfertigten Ansprüche berücksichtigen. Vor allem aber muß man das Israel-Palästina-Problem lösen. Darüber hinaus ist es aber ein weit größeres Problem, es ist das Problem des 21. Jahrhunderts: Und das ist die gewaltige Kluft zwischen dem Westen und der übrigen Welt. Diese technologische und ökonomische Kluft muß überwunden werden.

Die USA – der Hochmut der Gewalt

W.W.: Wie beurteilen Sie die derzeitige Politik der USA, den sogenannten Kampf gegen den Terrorismus, den immer wieder heraufbeschworenen Kampf der Kulturen, die „Achse des Bösen“ und die zukünftigen Kriege, die die USA wahrscheinlich führen werden, beginnend mit dem Irak?

U. Avnery: Momentan haben wir eine sehr gefährliche Situation in der Welt, denn es gibt nur eine einzige Weltmacht, eine Weltmacht, die über eine Gewalt verfügt, die kein Reich in der Weltgeschichte jemals gehabt hat. Auch das Römische Reich hatte Feinde und Gegner, z.B. die Parther und Perser, aber die USA haben heute keinen ebenbürtigen Gegner. Die USA beherrschen die Welt in einem ungeheuren Maße. Und der Krieg in Afghanistan hat den USA gezeigt, daß sie heute jedes Land der Welt bombardieren und unterwerfen können, fast ohne das Leben amerikanischer Soldaten zu gefährden.

Deshalb sind die Amerikaner heute so siegestrunken und sich ihrer eigenen Macht in einer Weise bewußt, daß sie überhaupt keinen anderen Faktor in der Welt mehr respektieren. Sie belächeln die deutsche Bundeswehr und das englische Militär, die momentan dazu delegiert worden sind, in Afghanistan Ordnungsaufgaben wahrzunehmen. Die USA brauchen eigentlich keine militärische Hilfe von anderen Ländern, und sie verachten die arabische Welt. Und das ist eine Situation, die hochexplosiv und unglaublich gefährlich ist. Es ist der Hochmut der Gewalt, der sie in die Versuchung führt, ihre Macht so zu benutzen, jeden Faktor in der Welt, der den Interessen der USA entgegensteht, zu zerschlagen.

Die USA sind momentan in einer Situation, in der sie noch nicht ganz genau wissen, wen sie als nächsten zertrümmern sollen: Irak, Iran, Nordkorea, Somalia oder vielleicht den Sudan. Mir kommt die amerikanische Regierung wie der Dorfraudi vor, der mit dem großen Knüppel in der Mitte der Straße steht und sich überlegt, wen er als nächstes zusammenschlagen kann. Aber das ist ein gefährlicher Zustand für die gesamte Weltgemeinschaft.

Und ich hoffe, daß sich zumindest Europa zusammenschließt, eine eigenmächtige Gewalt entwickelt, eine gemeinsame Politik betreibt und es wagt, zumindest den Schein eines Gleichgewichts gegenüber den USA herzustellen. Leider scheint Europa momentan dazu nicht imstande zu sein. Das zeigt sich besonders bei unserem Problem. Wenn die USA anordnen, daß die Europäer mit den Verhandlungen in Israel aufhören sollen, dann hören sie auf. Joschka Fischer besucht beispielsweise Israel und trifft sich auch mit Arafat im belagerten Quartier in Ramallah, was ein sehr schöner Zug von ihm war. Aber in dem Moment, in dem etwas gesagt werden müßte, was den USA mißfällt, hört auch er auf zu sprechen.

W.W.: Was ist der Hintergrund der amerikanischen Politik gegenüber Afghanistan und dem Irak und etwaigen anderen arabischen Ländern? Geht es dabei um Rohstoffinteressen?

U. Avnery: Für die USA geht es im Nahen und Mittleren Osten hauptsächlich, ich möchte fast sagen: beinahe ausschließlich, um Erdölinteressen. In der letzten Zeit hat man um das Kaspische Meer herum riesige Ölvorkommen entdeckt, und die Amerikaner wollen sich dieses Öls bemächtigen. Dieses Öl muß ans Meer geführt werden, und da bietet sich eine Pipeline durch Afghanistan an. Das ist meines Erachtens einer der Hauptgründe für den Krieg in Afghanistan.

Allerdings gibt es noch eine viel bessere Route zum Indischen Ozean, nämlich durch den Iran. Deshalb ist auch der Iran gefährdet. Hinzu kommt noch, daß die Bush-Familie am Erdölgeschäft beteiligt ist und noch eine Privatrechnung mit Saddam Hussein offen hat. George Bush hat den Krieg im Irak abbrechen müssen, ohne Saddam Hussein zu entmachten. Und darum sieht es momentan so aus, daß sein Sohn die amerikanische Macht benutzen will, den Irak anzugreifen. Und das verstößt gegen die Interessen der arabischen Welt und anderer Bundesgenossen, wie z.B. der Türkei.

Es ist schwer vorauszusagen, wie die USA taktieren werden. Denn es handelt sich nicht allein um geopolitische und wirtschaftliche Logik, sondern auch um alle möglichen Emotionen. Besonders bei einer so primitiven Führung, wie wir sie momentan mit George W. Bush haben, ist dies ganz besonders schwer vorauszusagen. Es ist von historischer Bedeutung, daß diese ungeheuer große Weltmacht von einem so primitiven Kerl geführt wird. Seit dem Römischen Kaiserreich und einiger seiner Cäsaren haben wir eine solche Erscheinung nicht mehr erlebt.

Der Kampf zwischen Arm und Reich

W.W.: Wie schätzen Sie die ungleiche Verteilung von Arm und Reich über die Erde hin ein? Ist Armut ein Nährboden für Terrorismus?

U. Avnery: Ganz sicher. – Wir erleben heute den Beginn des Freiheitskampfes der unterdrückten Völker, des Kampfes der wirtschaftlich unterdrückten Nationen der Welt. Es ist ein unmöglicher Zustand, der auch mit dem größten militärischen Aufkommen nicht dauerhaft aufrechterhalten werden kann, daß ein so kleiner Teil der Welt, mit Amerika an seiner Spitze, einen so großen Teil der Reichtümer der Welt für sich beansprucht. Die Armut dieser Milliarden von Menschen in Asien, Afrika und Südamerika ist schon längst unerträglich geworden. Sie ist moralisch untragbar und von daher auch politisch auf die Dauer untragbar. In der Lösung dieses Problems sehe ich die Tagesordnung des 21. Jahrhunderts. Das 21.

Jahrhundert wird im Zeichen des Kampfes zwischen Arm und Reich stehen, und ich hoffe, daß wir am Ende des 21. Jahrhunderts zu einer Art Weltordnung bzw. Weltregierung kommen werden, die die Kluft zwischen Arm und Reich weitgehend überbrücken kann.

W.W.: Wie sehen Sie die Zukunft des palästinensischen und des israelischen Volkes in den nächsten 20 Jahren?

U. Avnery: Am Ende werden wir zu einem Frieden kommen, weil wir überhaupt keine andere Möglichkeit haben. Es gibt nun einmal die Tatsache, daß zwei Völker in diesem kleinen Land dicht aneinandergedrängt leben. Wenn wir nicht zu einer katastrophalen Situation kommen, wie z.B. einer „ethnischen Säuberung" von den Palästinensern, dann wird der Friede irgendwann kommen müssen. Wie lange das dauert, weiß ich nicht. Ich habe in meinem langen Leben die Erfahrung gemacht, daß man rational eine politische Lösung voraussehen kann, aber nicht den Zeitplan. Wie lange es dauern wird, weiß ich wirklich nicht, aber ich hoffe, daß eine friedliche Lösung nicht allzu lange auf sich warten läßt. Denn bis dahin wird noch viel Blut fließen. Aber am Ende wird doch die Lösung herauskommen, die ich vorhin dargestellt habe.

Es gibt keine halbe Freiheit

Interview mit Abdallah Frangi

von Wolfgang Weirauch

Abdallah Frangi, *geb. 1943 in Beersheba, Palästina. Studium der Medizin und Politik in Frankfurt/M. und Algerien. Mitbegründer der Generalunion Palästinensischer Studenten und Arbeiter in Europa. 1968–1973 Vorsitzender der Konföderation Palästinensischer Studenten in der Bundesrepublik Deutschland und in Österreich. 1972 in das palästinensische Parlament (Nationalrat) gewählt, 1978 in den Revolutionsrat von Al-Fatah.*

1982–1985 Leiter der PLO-Vertretung in Wien und ständiger PLO-Vertreter bei der United Nations Industrial Development (UNIDO), Wien. 1989 in das Zentralkomitee Al-Fatah gewählt (der größten Organisation der PLO), mitverantwortlich für das Büro „Auswärtige Angelegenheiten" der Al-Fatah. Seit 1993 Leiter der Generaldelegation Palästinas in Bonn, seit 1998 Mitglied des Zentralrats der PLO.

Internet: Generaldelegation Palästinas: ***www.palaestina.org***

Lesen Sie bitte auch das ausführliche Vorwort zu dem voranstehenden Interview mit Uri Avnery (S.95 ff.), das auch als Einleitung zu dem folgenden Interview mit Abdallah Frangi, Leiter der Generaldelegation Palästinas in Deutschland, gedacht ist und näher auf den Nahost-Konflikt eingeht.

Wolfgang Weirauch: Bei seinem Israel-Besuch verglich der tschechische Ministerpräsident Milos Zeman Arafat mit Hitler. Genauso, wie im Zweiten Weltkrieg nicht mit den Nazis hätte verhandelt werden dürfen, dürfe man von Israel nicht verlangen, mit Arafat zu verhandeln (*Süddeutsche Zeitung*, 19.02.2002). Was bewirkt eine solch unglaubliche Äußerung gegenüber dem gewählten Präsidenten der Palästinenser?

Abdallah Frangi: Es gibt Politiker, die mehr oder weniger per Zufall an die Macht kommen. Es sind oft Menschen, die weder ihre eigene Geschichte verarbeitet haben, noch kämpften sie für ihre eigene Freiheit. Wir nehmen den tschechischen Ministerpräsidenten Zeman nicht ernst. Ein Politiker mit seiner Verantwortung darf derartige verbale Ausfälle nicht haben. Indem er von Kollektivschuld sprach, war er nicht nur beleidigend gegenüber dem palästinensischen Volk, sondern auch gegenüber den Sudetendeutschen. Zemans Äußerungen helfen seinem Land zudem nicht, sich in die Europäische Union zu integrieren.

Der Urkonflikt beider Völker

W.W.: Woraus resultiert der gegenseitige Haß der Palästinenser und Israelis bzw. Juden?

A. Frangi: Die Palästinenser blicken auf eine 10.000jährige Geschichte zurück. Damals hieß Palästina noch Kanaan. Die Juden hingegen berufen sich auf eine Geschichte, die vor 3.500 Jahren mit der hebräischen Herrschaft in Palästina begann. Damals wurde das Land von den Kanaanitern, Philistern, Assyrern und Babyloniern bewohnt. Auch damals prägten Auseinandersetzungen die Begegnungen zwischen diesen verschiedenen Völkern. Als dann die zionistische Bewegung 1897 beschloß, einen Staat für alle Juden in der Welt in Palästina zu gründen, geschah dies ohne Rücksichtnahme auf die Bewohner Palästinas. Mit diesem Beschluß begann die blutige Konfrontation zwischen diesen beiden Völkern, die bis heute leider andauert.

Die Schande der Europäer

W.W.: Die Kolonialmächte England und Frankreich versprachen den Arabern eine arabische Einheit, wenn sie ihnen bei der Zerschlagung des Osmanischen Reiches zur Zeit des Ersten Weltkrieges helfen würden. Sind die Araber damals vom Westen verraten worden, weil ihnen dieser arabische Einheitsstaat nicht gegeben worden ist?

A. Frangi: Damals wurden die Interessen der Araber von England und Frankreich vertreten. Die Araber waren zu dieser Zeit sehr naiv und hatten keine Erfahrungen im Umgang mit den Westmächten. Als die Araber auf der Seite des Westens gegen die Türken kämpften, versprachen England und Frankreich ihnen ihre Freiheit und ihre Unabhängigkeit. Doch anstatt ihr Versprechen einzuhalten, teilten England und Frankreich den Nahen Osten einschließlich Palästina unter sich auf, wobei Palästina England zufiel. Nach dieser Teilung verbündete sich England mit der zionistischen Bewegung, um in Palästina die Gründung des Staates Israel vorzubereiten. Das Ergebnis der israelischen Staatsgründung war die Vertreibung von mehr als 900.000 Palästinensern aus ihrer Heimat. Sowohl der Verrat der Westmächte als auch die Instrumentalisierung der Araber und insbesondere der Palästinenser für die westlichen Interessen kann die heute bestehende Distanz zwischen den Arabern und der westlichen Welt erklären.

W.W.: Hätte es nach den europäischen Judenpogromen und dem Holocaust eine andere Lösung als die Ansiedlung der Juden in Palästina gegeben?

A. Frangi: Die Judenpogrome und der Holocaust fanden in Europa statt, und es ist eines der dunkelsten Kapitel in der deutschen und europäischen Geschichte. Wir verstehen den Wunsch der Europäer, und vor allem den Wunsch der Deutschen, eine politische, moralische und finanzielle Wiedergutmachung gegenüber den Juden leisten zu wollen. Aber wir akzeptieren nicht, daß diese Wiedergutmachung auf Kosten unseres Volkes geschehen soll. Sie dient auch nicht als Rechtfertigung und Legitimation für die Vertreibung des palästinensischen Volkes aus seiner Heimat. In unserer Geschichte gab es weder Judenhaß noch Judenverfolgung. Wie soll in unserer Geschichte Antisemitismus existieren können, wenn wir selbst Semiten sind? Heute ist nun die Zeit gekommen, daß die europäischen Mächte und die USA sich verpflichten, ihre politische und moralische Verantwortung für das palästinensische Volk zu übernehmen.

W.W.: Zwischen 1947 und 1949 flohen etwa 960.000 Palästinenser aus dem Gebiet des Staates Israel, davon allein 100.000 in den Libanon. Hat es für dieses Leid seitens Israel oder der UN bis heute irgendeine Entschädigung gegeben?

A. Frangi: Bis zum heutigen Tag hat sich die Weltgemeinschaft nicht an die im Weltsicherheitsrat verabschiedeten Beschlüsse gehalten. Sie hat sich mit diesem Konflikt auch nicht wirklich auseinandergesetzt oder versucht, ihn anhand der Resolutionen zu lösen. Es gab zwar Programme von Seiten der UNWRA, um das Leben der Palästinenser in den Flüchtlingslagern zu erleichtern, aber es wurden weder das Rückkehrrecht der palästinensischen Flüchtlinge noch ihre Entschädigung thematisch behandelt. Im Osloer Abkommen 1993 beschlossen wir mit den Israelis, die Flüchtlingsfrage gemeinsam zu lösen. Doch bis heute haben wir mit Israel nicht darüber reden können. Die israelische Regierung weigert sich, darüber zu verhandeln. Für eine gerechte und dauerhafte Lösung ist aber gerade die Frage der Flüchtlinge von großer Bedeutung. Sie muß nicht nur gerecht gelöst werden, sondern sie muß auch im Einklang mit der Charta der Vereinten Nationen stehen.

Ein Mosaik

W.W.: Was ist die genaue Definition für Palästinenser, und zwar früher und heute?

A. Frangi: Die Palästinenser sind die Bewohner des Landes Palästinas. Früher hießen sie Kanaaniter und Philister, Babylonier und Assyrer.

Palästina befindet sich geographisch und geopolitisch in einer sehr günstigen Lage zu Afrika, Europa und Asien. Um ihre Machtposition in dieser Region zu festigen, wurde Palästina immer wieder von verschiedenen Volksgruppen besetzt, wie z.B. von den Hethitern und Ägyptern, von den Babyloniern und Assyrern, von den Hebräern und Römern sowie von den Persern und Griechen. Der Einfluß der verschiedenen Völker blieb auch im 11. Jahrhundert durch die Kreuzzüge und im 15. Jahrhundert durch die Osmanen bestehen. Im 19. Jahrhundert besetzten die Briten und die Juden Palästina. Anhand dieser geschichtlichen Entwicklung kann man erkennen, daß sich die palästinensische Identität aus all diesen Völkern zusammensetzt.

Die palästinensische Identität ist eine sehr ausgeprägte. Sie gehört zu einem palästinensischen Staat, der zwar von Israel nicht anerkannt ist, aber von 161 Staaten dieser Welt. Auch die Europäische Union, eingeschlossen die USA, haben sich in der vom Weltsicherheitsrat verabschiedeten Resolution 1397 für die Gründung eines palästinensischen Staates eingesetzt. Wir Palästinenser können uns auf eine palästinensische Identität in einem eigenen Staat berufen. Wir sind tief verwurzelt in unserer eigenen Geschichte in unserem eigenen Land.

Die Sehnsucht nach einem eigenen Staat

W.W.: Was bedeutete es für die Palästinenser, 1947–1949 aus vielen ihrer Dörfer und Städte vertrieben und in Lager umgesiedelt zu werden?

A. Frangi: Die schlimmste Zeit innerhalb unsere Geschichte waren die Jahre nach 1948. Von heute auf morgen verloren Hunderttausende Palästinenser ihr Hab und Gut und wurden aus ihren Häusern vertrieben. Von heute auf morgen waren wir Staatenlose. Die Hoffnung auf baldigen Frieden und einer baldigen Rückkehr wurde jedoch schnell zerstört. Enttäuschung und Verbitterung entstanden angesichts der Nichteinhaltung der UN-Resolutionen, und es kamen Zweifel an der Glaubwürdigkeit der Vereinten Nationen auf. In den 60er Jahren entschieden sich sodann die Palästinenser für den bewaffneten Kampf, um ihre Rechte in ihrer Heimat zu verteidigen. Dieser Kampf wurde von der Dritten Welt unterstützt, von den Westmächten und von Israel jedoch mißtrauisch beobachtet.

Nun, 54 Jahre nach der Vertreibung hat es den Anschein, als ob der Weltsicherheitsrat mit seiner Resolution 1397 endlich versucht, seine passive Haltung zu beenden und die Entstehung eines palästinensischen Staates zu unterstützen. Nur durch die Gründung eines lebensfähigen und unabhängigen Staates besteht eine reelle Chance, einen gerechten Frieden im Nahen Osten zu erreichen. Doch es liegt an Israel, diese Tatsache zu akzeptieren und einen lebensfähigen unabhängigen palästinensischen Staat anzuerkennen.

W.W.: Aus welchem Ort in Palästina stammen Sie und Ihre Familie, und welche Folgen hatten der israelisch-palästinensische Konflikt und die israelische Besatzungspolitik für Sie?

A. Frangi: Ich bin Ende November 1943 in Beersheba geboren. Im Mai 1948 zwangen uns israelische Einheiten, unser Land zu verlassen. Es war kein freiwilliger Entschluß. Ich erinnere mich, daß zwei Onkel zu dieser Zeit den Tod fanden. Wir flüchteten in Richtung Gaza, und als dann 1956 Gaza von den Israelis erneut besetzt wurde, flohen wir nach Al-Arish in den Sinai. Die grauenhaften Bilder, die ich auf unserer Flucht gesehen habe, werden mich mein ganzes Leben lang begleiten.

Im August 1994, nach dem Osloer Abkommen, besuchte ich mit meinen Brüdern meinen Geburtsort. Wir suchten unser Haus auf, fanden aber nur einen Haufen Steine. Mein Elternhaus war zerstört. Wenn man vom eigenen Schicksal redet, dann spürt man die Unfähigkeit, einen friedlichen Kompromiß mit Israel eingehen zu wollen und zu können. Dennoch bin ich überzeugt, daß dieser Jahrzehnte andauernde Konflikt nur friedlich und nicht militärisch zu lösen ist. Als Repräsentant meiner Regierung werde ich weiter für den Frieden und für einen palästinensischen Staat arbeiten.

W.W.: Wie realistisch waren die früheren Forderungen der PLO, Israel zu besiegen und das ganze Land innerhalb der Grenzen des britischen Mandats zu erobern?

A. Frangi: Bei einer Befreiung handelt es sich nicht um realistische Politik. Unser erstes Ziel war die Wiederherstellung der palästinensischen Identität. Die Gründung der PLO war dazu der erste Schritt, denn es ist uns gelungen, alle Palästinenser unter dem Dach der PLO zu vereinigen. Im Zuge unseres Erfolges und der Anerkennung auf internationaler Ebene wurden wir auf der Suche nach Frieden kompromißbereiter. Unsere Kompromißbereitschaft zeigt sich insbesondere in der Unterzeichnung des Osloer Abkommens von 1993.

Doch schon vor der Unterzeichnung bewiesen wir unsere Bereitschaft, einen ehrenhaften Frieden mit Israel zu schließen. Als der Friedensprozeß begann, ging unsere Kompromißbereitschaft sogar noch weiter. Wir akzeptierten einen palästinensischen Staat in den Grenzen vom 4. Juni 1967. Heute liegt es nur noch an den USA und an der Europäischen Union, Israel zu zwingen, sich aus den palästinensischen Gebieten zurückzuziehen. So wie es auch die Resolutionen 242 von 1967 und 338 von 1973 vorsehen. Zudem darf nicht nur die palästinensische Seite Konzessionen machen. Wir Palästinenser haben die Grenze des Machbaren erreicht, unser Spielraum für Kompromisse ist ausgeschöpft.

Ein Tabu des Nahen Ostens wird gebrochen

W.W.: Wie kam es zu den Osloer Verhandlungen? Von wem gingen die ersten Kontakte aus?

A. Frangi: An den ersten Kontakten, die zum Osloer Abkommen führten, waren viele Menschen beteiligt, die heute nicht in der Öffentlichkeit erscheinen. Für das Abkommen haben Palästinenser und Israelis sehr hart gearbeitet. Nur leider war die Bereitschaft auf offizieller israelischer Seite für diese Gespräche nicht sehr groß. Auf israelischer Seite ist Uri Avnery von großer Bedeutung (siehe das voranstehende Interview mit ihm in diesem FLENSBURGER HEFT; Red.), auf palästinensischer Seite sind hier u.a. der damalige PLO-Vertreter in London, Said Hamami, und der politische Berater Präsident Arafats für israelische Angelegenheiten, Dr. Sartawi, zu nennen (beide wurden ermordet). Diese Gespräche und Kontakte blieben allerdings geheim. Der endgültige Durchbruch für das Osloer Abkommen ist dem Einsatz des damaligen norwegischen Außenministers (er ist leider verstorben) und seiner Frau zu verdanken. Ihre Initiative trug maßgeblich zur Unterzeichnung bei.

W.W.: Am 04.05.1999 endete die im Osloer Abkommen zwischen Israel und den Palästinensern festgelegte Interimsphase zur endgültigen Klärung des Status der besetzten Gebiete. Arafat verzichtete aber wegen des israelischen Wahlkampfes auf die Ausrufung eines autonomen Palästinenserstaates. War das aus heutiger Sicht strategisch richtig?

A. Frangi: Präsident Arafat hat nicht auf die Ausrufung des Staates Palästina verzichtet. Auf Bitten der Europäischen Union, und vor allem auf Bitten der USA, verschob Präsident Arafat im Mai 1998 die Ausrufung eines unabhängigen palästinensischen Staates. Die USA und die Europäische Union waren der Ansicht, daß die einseitige Ausrufung des Staates Palästina die Chancen für Barak auf die Wahl zum Ministerpräsidenten verringern würde. Meiner Meinung nach besitzt kein ehemaliger oder amtierender Ministerpräsident die Reife und die Fähigkeit, einen palästinensischen Staat zu akzeptieren. Denn Präsident Arafat hat die zweite Ausrufung im Mai 1999 verschoben, da sich Barak gegen diese stellte. Ministerpräsident Barak hat uns einen palästinensischen Staat angeboten, doch Israel wollte die Hoheit über den Luftraum und über die internationalen Grenzen behalten. Deswegen ist Camp David mit Barak gescheitert.

Barak war ein Unglück

W.W.: Damit sprechen Sie u.a. die Verhandlungen mit Clinton, Arafat und Barak in Camp David an, die im Sommer 2000 scheiterten. Offiziell heißt es immer, daß es an Arafat gelegen habe, weil er zu viel wollte, z.B. eine Hauptstadt Jerusalem für die Palästinenser. Stimmt das?

A. Frangi: Das stimmt so nicht. Das Angebot, welches uns von Clinton übermittelt wurde, beinhaltete folgendes: In Ost-Jerusalem würden wir ein

Parlament erhalten, die Al-Aqsa-Moschee wäre ebenfalls unter unserer Hoheit. Die illegalen Siedlungen auf der Westbank bleiben bestehen und werden in Israel integriert. Desweiteren behält Israel die Kontrolle über den Boden und richtet zugleich einen breiten Grenzstreifen zwischen Palästina und Jordanien und zwischen Palästina und Ägypten ein. An diesen Grenzen würden sie ihre eigenen Sicherheitsorgane aufstellen. Es würde kein eigenständiger palästinensischer Staat entstehen, sondern die Selbstverwaltung bestünde weiter.

Das soll das Ergebnis der Interimsphase sein, die eigentlich schon 1999 beendet werden sollte? Nur durch die gute Medienpräsentation von Barak und Clinton wurde der Öffentlichkeit der Eindruck vermittelt, als ob Präsident Arafat eine historische Chance ausgeschlagen hätte. Baraks Vorschlag hätte zu keinem gerechten Frieden geführt.

W.W.: Barak war also ein Unglück für den Frieden?

A. Frangi: Barak war sowohl ein Unglück für den Frieden als auch ein Unglück für die Palästinenser und Israelis. Man darf auch nicht vergessen, daß es Barak war, der Scharon einen Begleitschutz von 2.000 Soldaten für seinen Besuch auf dem Haram al-Sharif (Tempelberg) zur Verfügung gestellt und den Weg für seine Wahl zum Ministerpräsidenten freigemacht hat.

Konfliktlösungen

W.W.: Zu den Konfliktlösungsmöglichkeiten in Israel: Wie kann die Jerusalem-Frage gelöst werden?

A. Frangi: Man darf und kann ungelöste Fragen nicht getrennt voneinander behandeln. Wir haben das Osloer Abkommen unterschrieben, aber die wichtigsten Fragen, wie Flüchtlinge, Jerusalem, Siedlungen, Wasser und Grenzen, ausgeklammert, in der Hoffnung, daß beide Seiten gemeinsam Kompromisse erzielen, die sowohl für die Palästinenser als auch für die Israelis befriedigend sind. In über fünf Jahren palästinensischer Selbstverwaltung und Verhandlungen diskutierten die Israelis mit uns keinen einzigen Punkt. Aus diesem Grunde nehmen wir die UN-Resolution 1397 zum Anlaß, die Verhandlungen wieder aufzunehmen und die zwischen uns und den Israelis getroffenen Vereinbarungen umzusetzen. Nur so sind Palästinenser und Israelis in der Lage, den Radikalen auf beiden Seiten den Spielraum zu nehmen.

W.W.: Wie ist das Problem der vier Millionen palästinensischen Flüchtlinge überhaupt zu lösen?

A. Frangi: Wie schon erwähnt, stand die Flüchtlingsfrage bis jetzt nicht zur Diskussion. Diese Frage ist eine der wichtigsten Säulen für eine gerechte Lösung. Die UNO, der Weltsicherheitsrat und Israel sind moralisch und politisch zur Lösung des Problems verpflichtet.

W.W.: Angenommen, es gibt einen souveränen Palästinenserstaat. Werden die Flüchtlinge dann nach Israel zurückkehren oder in den Palästinenserstaat?

A. Frangi: Der zukünftige proklamierte Staat Palästina ist natürlich eine Heimatstätte für alle Palästinenser.

Mit Scharon an den Rand des Abgrunds

W.W.: Was war der taktische Hintergrund für Scharons Besuch auf dem Tempelberg am 28.09.2000, den auch der damalige Ministerpräsident Barak genehmigt hatte?

A. Frangi: Das war ein Schachzug gegenüber Barak und gegenüber Netanjahu. Scharon hat Netanjahu die Führung des Likudblocks dadurch abgenommen. Ferner glaubte er, damit die Wahl zum Ministerpräsidenten zu gewinnen, um dann als Ministerpräsident das Osloer Abkommen für ungültig erklären zu können. Für ihn war das Osloer Abkommen nicht hinnehmbar. Außerdem wollte er die Siedlungspolitik vehement fortsetzen (seit seinem Amtsantritt wurden 34 Siedlungen auf palästinensischem Boden gebaut). Mit Scharon als Ministerpräsident Israels erleben Palästinenser und Israelis die blutigsten Phasen in unserer Geschichte. Ministerpräsident Scharon hat beide Seiten mittlerweile an den Rand des Abgrunds gebracht.

Die Menschen leben in einem Gefängnis

W.W.: Wie ist heute die soziale und ökonomische Situation der Palästinenser in Gaza und im Westjordanland?

A. Frangi: Nach 17 Monaten Konfrontation müssen wir feststellen, daß die israelische Regierung die palästinensische Infrastruktur systematisch zerstört. Regierungsinstitutionen, Krankenhäuser und Schulen werden zerstört. Die israelische Armee machte über 2.000 Häuser, unsere Radiostationen und den Flughafen dem Erdboden gleich. 1,5 Millionen Oliven- und Orangenbäume wurden von den Soldaten gefällt. Fortwährend werden palästinensische Städte und Dörfer abgeriegelt. Unsere Gelder wurden auf israelischen Banken eingefroren und sind uns nicht mehr zugänglich. Wir beklagen heute über 1.700 Tote und über 30.000 Verletzte. Diese Politik begann Barak, und sie wurde von Scharon kompromißlos fortgesetzt.

Diese Erniedrigungen sind ein Versuch von Seiten der israelischen Regierung, den Widerstand der Palästinenser gegen die Besatzungsmacht zu brechen. Doch Scharons Politik landete in einer Sackgasse, denn die Palästinenser erhielten auf internationaler Ebene eine große Unterstützung. Die Europäische Union verurteilte die israelische Vorgehensweise scharf, vor allem die menschrechtswidrigen Liquidierungen. Nur das Verhalten der USA bleibt leider einseitig, und zwar zugunsten der Israelis. Verhandlungen können aber nur zum Erfolg geführt werden, wenn sich die USA objektiv und neutral in diesem Konflikt verhalten.

Ein Ende der Selbstmordkommandos?

W.W.: Wie ist es mit dem Verhältnis zwischen der PLO-Autonomiebehörde und Hamas sowie dem Islamischen Dschihad? Warum tragen diese beiden Gruppierungen den Friedensprozeß nicht mit?

A. Frangi: Islamischer Dschihad und Hamas betrachten sich als Alternative, sowohl zu Arafats Regierung als auch zur PLO. Insofern lehnen sie es ab, sich in die PLO zu integrieren. Bis heute sind sie nicht an der Regierung beteiligt. Denn sie sind grundsätzlich gegen die politische Linie, die zum Osloer Abkommen führte. In den ersten Jahren des Abkommens, 1993–1995, standen sie in Opposition zur Regierung.

Der Auslöser für den heutigen Charakter der Hamas waren zwei Ereignisse: Am 25. Februar 1995 drang der Siedler Baruch Goldstein mit einem Maschinengewehr in die Moschee von Hebron ein, brachte 29 betende Muslime um und verletzte 200 Palästinenser. Einige Zeit später ermordete der israelische Geheimdienst auf Malta ein führendes Mitglied der Hamas. Aufgrund dieser Ereignisse veränderte die Hamas ihre Strategie. Einerseits wollte sie sich gegenüber der Autonomiebehörde behaupten, und andererseits wollte sie der israelischen Regierung zeigen, daß sie militärisch zurückschlagen kann.

W.W.: Es heißt immer wieder, Arafat und die Autonomiebehörde könnten die Selbstmordkommandos der radikalen Palästinenser nicht stoppen. Wie ist dazu Ihre Meinung?

A. Frangi: Es ist eine absurde Situation und ein Scheinargument. Die israelische Regierung ist laut Osloer Abkommen für die Sicherheit sowohl in Israel als auch in den palästinensischen Gebieten verantwortlich (darauf haben die Israelis während der Osloer Verhandlungen bestanden). Sie kontrollieren die Grenzen zu Ägypten und Jordanien. Keine Ein- oder Ausreise findet ohne Zustimmung der israelischen Sicherheitsorgane statt.

Als Scharon im September 2000 auf den Haram al-Sharif ging, demonstrierten zahlreiche Palästinenser gegen diesen Besuch. Während dieser Demonstration verletzte die israelische Armee 17 Palästinenser. Die Israelis sind in die palästinensischen Gebiete zurückgekehrt und haben sie militärisch besetzt, so daß man heute nicht mehr von einem autonomen palästinensischen Gebiet reden kann. Die israelische Brutalität gegenüber den Palästinensern überschreitet jegliche Grenze des menschlichen Verstehens. Unter den vielen Toten und Verletzten sind zahlreiche unschuldige Kinder, und der Haß auf die israelische Besatzungsmacht ist dermaßen groß, so daß auch die palästinensische Verwaltung nicht in der Lage ist, diese Reaktionen in Grenzen zu halten.

W.W.: Werden die Selbstmordkommandos eingestellt werden, sobald es einen autonomen Palästinenserstaat gibt?

A. Frangi: Wenn ein lebensfähiger unabhängiger palästinensischer Staat entsteht, dann sind die palästinensischen Behörden alleinverantwortlich für die Sicherheit und für die Ordnung innerhalb unserer Gebiete. Ein unabhängiger Palästinenserstaat bedeutet, daß die israelische Armee unseren Boden nicht mehr betreten darf und daß wir selbst frei Entscheidungen treffen können. Und wenn wir die volle Souveränität bekommen, besteht die Möglichkeit, die Selbstmordkommandos endgültig zu stoppen.

Friede ist möglich

W.W.: Welche Politik verfolgt Scharon mit seinen Militärschlägen? Will er Arafat ausschalten?

A. Frangi: Scharon hat seine Politik sowohl in den 50er Jahren als auch während des Libanon-Feldzuges vorrangig auf militärische Macht aufgebaut. Zudem ist er nicht fähig, Kompromisse einzugehen. Er glaubte, er könne als Ministerpräsident den Widerstand der Palästinenser innerhalb von 100 Tagen brechen, doch er mußte feststellen, daß es ihm trotz seiner massiven Politik immer noch nicht gelungen ist. Den Widerstand der Palästinenser gegen die Besatzungsmacht Israel wird er auch in Zukunft nicht brechen können. Die Politik Scharons stellt eine kurzsichtige Alternative, sowohl für die Palästinenser als auch für die Israelis, dar.

W.W.: Ist ein Friede mit Arafat und Scharon noch möglich?

A. Frangi: Das Problem liegt nicht bei Präsident Arafat, sondern in der aggressiven Politik des Ministerpräsidenten Scharon. Wenn er Abstand von seiner aggressiven Terrorpolitik nimmt, seine Armee sich aus den palästinensischen Gebieten zurückzieht und er keine unhaltbaren Bedingungen stellt (und ich denke, dazu ist Scharon nicht fähig), dann besteht eine reelle Chance, ein Friedensabkommen auf internationaler Ebene zu erreichen.

W.W.: Wie beurteilen Sie die Politik der USA seit dem Regierungsantritt von Bush in bezug auf Israel und die Palästinenser?

A. Frangi: Die USA vermitteln weiterhin im Nahen Osten, aber man merkt, daß sie mit dem Herzen auf Seiten Israels sind. Wir hoffen, daß die Amerikaner in Zukunft eine gewisse Neutralität bei ihrer Vermittlerrolle walten lassen, denn ihre proisraelische Politik dient weder den amerikanischen Interessen, noch wird dadurch Frieden und Stabilität in der Region erreicht werden. Deshalb hoffen wir, daß die USA die Verantwortung als Vermittler übernehmen wird.

W.W.: Wie stehen Sie zu dem Plan des saudischen Kronprinzen Abdullah, den er in diesen Tagen gerade unterbreitet hat?

A. Frangi: Arafat hat diesen Plan öffentlich unterstützt, genauso haben viele andere arabische Länder ihre Zustimmung signalisiert. Auch Peres unterstützt diesen Plan. Das Treffen der Arabischen Liga findet Ende März 2002 statt, und wenn die Israelis positiv auf den saudischen Vorschlag reagieren, besteht eine reelle Chance, daß sie einen gerechten dauerhaften Frieden mit den Palästinensern, aber auch mit den anderen arabischen Staaten bekommen.

Zweierlei Terror

W.W.: Immer wieder hört man aus der muslimisch-arabischen Welt, daß die einseitige Bevorzugung Israels durch den Westen und die kontinuierliche Demütigung des palästinensischen Volkes durch Israel wesentliche Gründe für den Haß auf den Westen seien. Auch Osama bin Laden hatte dies nach dem Anschlag auf das World Trade Center mehrfach ausgesprochen. Ist so eine Aussage echt oder vorgeschoben?

A. Frangi: Die Araber beobachten die Haltung der USA und der Europäischen Union zu den Menschenrechtsfragen, und sie stellen dabei fest, daß diese Staaten sich für die Einhaltung der Menschenrechte gemäß der UN-Charta auf der ganzen Welt einsetzen. Die Araber sehen auch, daß ein

Verstoß gegen diese Charta notfalls mit militärischen Mittel bekämpft wird (Kuwait, Kosovo, Bosnien). Aber sie merken auch, daß genau diese Staaten angesichts israelischer Verstöße untätig bleiben. Die Besetzung der arabischen Gebiete seit 1967 durch Israel, die Forcierung der israelischen Siedlungspolitik sind Verstöße gegen die UN-Charta. Das die Staaten hier mit zweierlei Maß messen, bleibt der arabischen Bevölkerung nicht verborgen. Die Erklärungen des Weltsicherheitsrates und die Erklärung der EU-Außenminister in Barcelona geben einen Hoffnungsschimmer. Vorausgesetzt sie werden mit europäischer und amerikanischer Unterstützung umgesetzt.

Die Enttäuschung der Araber

W.W.: Wie wird der Begriff „Kreuzzug", den Bush wieder verwendet hat, in der muslimisch-arabischen Welt aufgefaßt?

A. Frangi: Beim ersten Mal haben wir alle geglaubt, daß dieser Begriff ein Ausrutscher bzw. Fehler von Bush gewesen sei. Aber jetzt sieht man, daß das Verständnis dieses „Kreuzzuges" bei der amerikanischen Regierung an den Kreuzzug im 11. Jahrhundert erinnert und auch an 1850, als die Europäer nach Palästina zurückkamen. Im 19. Jahrhundert haben sie in Palästina einen friedlichen Kreuzzug begonnen. Aber derzeit haben wir eine gefährliche Entwicklung. Oft wurde Osama bin Laden als Vertreter der islamischen Welt zitiert, dabei wurde die offizielle Haltung der arabischen Welt ignoriert.

Die einseitigen Machtinteressen der USA

W.W.: Haben Osama bin Laden und Al-Qaida den Islam instrumentalisiert?

A. Frangi: Mit Sicherheit!

W.W.: Auf welche Weise?

A. Frangi: Osama bin Laden hat sich nicht für die arabische Sache eingesetzt. Er kämpfte in den 80er Jahren Seite an Seite mit den Amerikanern gegen die UdSSR in Afghanistan. Er und seine Gruppe haben genauso wie die Taliban ungeheure Mengen an Geld und Waffen von den USA erhalten. Dieser Kampf gegen die UdSSR war kein arabisches Ziel. Und für die Freiheit der Palästinenser hat er sich damals nicht interessiert und eingesetzt. Ich bin der Überzeugung, daß Osama bin Laden und seine

Anhänger den Islam in die falsche Richtung gesteuert, politisiert und instrumentalisiert haben.

W.W.: Wie beurteilen Sie die USA-Politik und die Aussage von der „Achse des Bösen“? Wird es zu einem Krieg gegen den Irak kommen?

A. Frangi: Wenn der Irak angegriffen wird, dann betreibt die USA eine gefährliche Politik. Die Reaktionen auf diese Bombardierung würde man nicht so schnell unter Kontrolle bringen können. Das Gleichgewicht in der arabischen Welt und das Verhältnis zu ihren Nachbarn würde umkippen. Es würde Chaos entstehen, das über die Grenzen des Nahen Ostens hinausgehen würde.

W.W.: Welche Absichten verbergen sich hinter den Plänen der USA zum Angriff auf den Irak?

A. Frangi: Es ist schwierig, diese Absichten zu analysieren. Die amerikanische Administration kennt natürlich ihre Ziele sehr genau, und es sind rein amerikanische Ziele.

W.W.: Provozieren die USA einen Kampf der Kulturen?

A. Frangi: Ich fürchte ja. Die USA werden ihre Rolle als Supermacht weiter ausbauen. Anscheinend möchten die USA ihre Position als Supermacht Nummer Eins weiter festigen.

Nährboden für Terrorismus

W.W.: Wie schätzen Sie die ungleiche Verteilung von Arm und Reich über die Erde hin ein? Ist Armut ein Nährboden für Terrorismus?

A. Frangi: Das ist ganz genau das Problem der Zukunft. Statt der hohen Militärausgaben und der Ausgaben für Kriege könnte man diese Mittel zur Bekämpfung der Armut in der Welt erfolgreich einsetzen. Und mit dieser Strategie könnte man dem Terrorismus den Boden entziehen.

W.W.: Wie sehen Sie die Zukunft des palästinensischen und des israelischen Volkes in den nächsten 20 Jahren?

A. Frangi: Diese Frage kann man nur mit der Hoffnung beantworten, daß die Gegebenheiten ermutigender und realistischer gesehen werden. Palästina und Israel können nur durch einen in Zusammenarbeit geschaffenen Frieden eine bessere Zukunft erreichen. Und aus dieser Tatsache schöpfe ich meine Hoffnung.

Winds of Change?

Interview mit Cem Özdemir

von Wolfgang Weirauch

Cem Özdemir, *geb. 1965 als Sohn türkischer Einwanderer im schwäbischen Bad Urach. Nach einer Ausbildung zum Erzieher Studium der Sozialpädagogik in Reutlingen. Seit 1981 deutscher Staatsbürger.*

1981 Eintritt in die Partei Die Grünen, von 1989–1995 Mitglied des Landesvorstands Baden-Württemberg. 1994 wurde Cem Özdemir in den Deutschen Bundestag gewählt. Zum ersten Mal in der Geschichte der Bundesrepublik wurde damit ein Vertreter der „neuen Inländer" (der in Deutschland geborenen zweiten Einwanderergeneration) Mitglied des deutschen Parlaments. 1998 erneut in den Deutschen Bundestag gewählt. Seitdem innenpolitischer Sprecher der Fraktion, Vorsitzender der Deutsch-Türkischen Parlamentariergruppe.

Cem Özdemir ist in einer ganzen Reihe von Stiftungen, Vereinen und Initiativen aktiv, er ist u.a. Sprecher der Initiative „Deutsche gegen rechte Gewalt" (Kampagne „Ich bin stolz, Deutscher zu sein") und Kuratoriumsmitglied des Deutsch-Türkischen Forums Stuttgart e.V. 1996 erhielt er für sein Engagement und seine Politik für Integration in Deutschland den Civis-Preis. Im gleichen Jahr wurde ihm die Theodor-Heuss-Medaille verliehen.

Buchveröffentlichungen: „Ich bin Inländer" (1997, Özdemirs Autobiografie); „Currywurst und Döner – Integration in Deutschland" (1999), als aktualisierte Taschenbuchausgabe unter dem Titel „Deutsch oder nicht sein? Integration in der Bundesrepublik" (2000).

Internet: ***www.oezdemir.de***

Einwanderungsland Deutschland, multikulturelle Gesellschaft – was für die einen längst Wirklichkeit ist, löst für andere Abwehr aus, sei es nun aus politischen oder aus fremdenfeindlichen Gründen. Nicht nur weltpolitisch scheiden sich die Geister, kämpfen Angehörige verschiedener Religionszugehörigkeit gegeneinander, sondern auch in Europa weht zunehmend ein schärferer Wind.

Europa rückt nach rechts, zumindest scheint es momentan so, und fremdenfeindliche Parteien bekommen in Ländern Zulauf, denen man solche Tendenzen am allerwenigsten zugetraut hätte. Jörg Haiders Sprüche kennt man bereits zur Genüge, und Silvio Berlusconis Ausspruch von der Überlegenheit der abendländischen gegenüber der islamischen Kultur war ein Fauxpas sondergleichen, aber kam nicht völlig überraschend.

Daß aber 2001 bei der dänischen Parlamentswahl die ausländerfeindliche Partei Dansk Folkeparti von Pia Kjærsgaard 12 % Wählerstimmen erhielt, eine Partei, die am liebsten alle Muslime des Landes verweisen möchte, überraschte dann doch.

Noch schlimmer scheint es in den Niederlanden zu kommen, wo der Rechtspopulist Pim Fortuyn seit einiger Zeit Furore macht, indem er zum „Kalten Krieg gegen den Islam", gegen diese „zurückgebliebene Kultur", aufruft und die Zahl der Asylbewerber um 75 %, die der Muslime um 100 % einschränken möchte. Bei den Kommunalwahlen im März 2002 erhielt seine „Liste Fortuyn" in Rotterdam 35 % der Wählerstimmen.

Ist die Zeit der Völkerverständigung, des Kulturaustausches, der Begegnung mit dem anderen im eigenen Land und in der Welt vorbei? Stempelt man die Araber und Muslime einfach zum Angstgegner ab, ohne sich auch nur anfänglich mit ihrer Kultur und Religion zu beschäftigen? Droht der

Kampf der Kulturen nicht nur in Indonesien, Sudan, Nigeria, Kaschmir, zwischen Pakistan und Indien, in Palästina und in kriegerischen Auseinandersetzungen zwischen westlichen und arabischen Ländern, sondern auch innerhalb der europäischen Länder?

Gegenwärtig scheint es so. Die kulturfeindlichen Winde werden heftiger, und sie wehen auf zerstörerische Weise, denn sie sind dabei, alles zu zertrümmern, was die Weltgemeinschaft an Völkerverbindendem nach dem Zweiten Weltkrieg aufgebaut hat.

Vielleicht sind diese Winde der Intoleranz ja nur eine vorübergehende rauhe Brise nach dem 11. September 2001, aber es darf bezweifelt werden. Der Eklat im Bundesrat bei der Abstimmung über das Zuwanderungsgesetz und die Verlagerung dieses Themas in den Bundestagswahlkampf 2002 gibt keine Hoffnung für eine emotionsfreie Diskussion dieser so wichtigen Frage des Zusammenlebens und -arbeitens mit Menschen aus anderen Ländern in Deutschland.

Cem Özdemir, Deutscher türkischer Abstammung, MdB der Grünen, kennt dieses Problem zur Genüge. Nicht selten angefeindet, leistet er mit Geduld Überzeugungsarbeit für ein besseres Verständnis zwischen Deutschen und Ausländern und für ein liberales fortschrittliches Zuwanderungsgesetz. Ich sprach mit ihm über die aktuelle politische Weltlage, die islamisch-arabische Kultur und das Zuwanderungsgesetz vor der Abstimmung im Bundesrat.

Antimuslimische Tonlage in Europa?

Wolfgang Weirauch: Hat man Sie in den letzten Monaten für den Anschlag vom 11. September 2001 mitverantwortlich gemacht, weil Sie Muslim sind?

Cem Özdemir: In den ersten Tagen nach dem Anschlag habe ich leider einige Anrufe, Faxe und E-Mails von Menschen bekommen, die mir mitteilten, daß für diese Anschläge alle Muslime verantwortlich seien. Das ist ungefähr so gescheit, als wenn man für den Konflikt in Nordirland alle Christen verantwortlich machen würde. Ich weiß aber, daß die Mehrzahl der Deutschen nicht so denkt.

W.W.: Gibt es Menschen, die Ihnen das Recht absprechen, im Deutschen Bundestag zu sitzen, weil Sie angeblich kein Deutscher seien?

C. Özdemir: Ja, aber das hat mit dem 11. September nur indirekt zu tun, denn solche Äußerungen gab es auch schon vorher. Teile meiner deutschen Landsleute tun sich schwer damit, daß für die Grünen ein Abgeordneter im Bundestag sitzt, der keinen typischen deutschen Vornamen hat und auch nicht die übliche Haarfarbe, sofern man überhaupt von üblichen Haarfarben sprechen kann.

W.W.: Sehen Sie Tendenzen in Deutschland oder anderen europäischen Ländern – wie z.B. in Dänemark –, Menschen der arabisch-muslimischen Welt unter Pauschalverdacht zu stellen?

C. Özdemir: Wenn ich mir die Äußerungen von Silvio Berlusconi anschaue, der in seinen Bemerkungen die abendländische Kultur über die morgenländische erhoben hat, dann haben wir es hier in Europa mit einer neuen Tonlage zu tun. Vergleichbares haben wir von Haiders FPÖ in Österreich gehört, und auch das jüngste Wahlergebnis in Dänemark läßt aufhorchen. Und wenn ich dann noch die Absicht vom Ministerpräsidenten von Hessen, Roland Koch, mit hinzunehme, den Bundestagswahlkampf mit dem Thema „Nationale Identität" zu führen, dann deutet sich jetzt schon an, wohin die Reise gehen wird.

Ich warne vor dieser Entwicklung. Ich wünsche mir ein offenes Europa, das sich nicht von der Welt abwendet, das nach innen wie nach außen integrativ und weltoffen ist.

Ein Gebräu von Vorurteilen

W.W.: Woher stammt die Furcht vieler Menschen im Westen vor dem Islam?

C. Özdemir: Das hat unterschiedliche Gründe. Zum einen sind es alte Feindbilder, die immer noch bis in die Gegenwart fortwirken, z.B. zurückgehend auf den Sieg über die Türken vor Wien im Jahre 1683, teilweise sogar noch auf Karl Martell, der 732 bei Poitiers die Araber besiegte. Zum anderen wird der Islam im Westen als sehr fremd empfunden, das macht sich z.B. schon an unterschiedlichen Kleidungsgewohnheiten fest. Schreckliche Bilder aus mehrheitlich muslimischen Ländern – von grausamen Menschenrechtsverletzungen im Irak, Massakern in Algerien oder fanatisierten Massen im Iran – tun ihr übriges. Ohne groß nachzudenken, werden diese Bilder mit der Mehrzahl der Muslime oder dem Islam insgesamt gleichgesetzt.

Was aus diesen einzelnen Versatzstücken entsteht, ist ein eigenartiges Gebräu von Halbwahrheiten und Vorurteilen. Leider wird immer viel zu wenig darauf hingewiesen, daß es *die* Muslime genausowenig gibt wie *die*

Christen oder *die* Juden. Und leider wird auch viel zu wenig darauf hingewiesen, daß Fundamentalismus nicht mit der Religion Islam gleichgesetzt wird, sondern daß fundamentalistische Islamisten eine Synthese mit politischen Strömungen eingehen, in der die Religion Islam für politische Absichten mißbraucht wird.

W.W.: Wie kommt es, daß der Islam immer wieder als kriegerisch sowie auch als friedliebende Religion dargestellt wird?

C. Özdemir: Eigentlich kommt es in allen Religionen vor, daß Religionsangehörige ihre eigene Religion für egoistisch-einseitige Ziele mißbrauchen. Das haben wir z.B. auch in Israel bei der Ermordung von Ministerpräsident Rabin gesehen. Bis heute gibt es in der Knesset regelrechte rechtsradikale Parteien. Auch die christliche Geschichte ist über lange Zeit mit dem Schwert geschrieben worden, ich erinnere an die Kreuzzüge oder die Reconquista – als die Muslime und Juden von der Iberischen Halbinsel vertrieben wurden – oder den Umgang mit Juden und anderen Andersgläubigen. Auch innerhalb des Christentums selbst gab es blutige Verfolgungen, z.B. der Ketzerbewegungen, wie der Hugenotten, Katharer, Waldenser. Auch im Islam gibt es Strömungen, die Abweichler von der eigenen Religion mit grausamen Strafen belegen.

Jede Religion muß Toleranz nach innen und nach außen walten lassen.

W.W.: Es heißt von Muslimen immer wieder, daß alle geführten Kriege zur Zeit von Mohammed und seiner Nachfolger Verteidigungskriege waren. Stimmt das?

C. Özdemir: Ich bin weder Theologe noch Historiker, kann dazu also nichts sagen. Ähnlich wie das Christentum hat aber auch der Islam missionarische Züge. Dabei muß aber deutlich werden, daß das Verkünden des eigenen Glaubens nur gewaltfrei geschehen kann und daß es immer nur auf der Basis des Respekts gegenüber anderen Religionen erfolgen darf. Alles andere ist nicht zulässig.

Demokratiedefizit

W.W.: Wird in vielen islamisch-arabischen Ländern der Antiamerikanismus eingesetzt, um von fehlenden demokratischen Strukturen abzulenken?

C. Özdemir: Mit Sicherheit. Es ist oft eine billige Ausrede der Herrschenden, die USA oder Israel für alles Böse in der Welt verantwortlich zu machen, um vom eigenen Versagen abzulenken. Die nationalen Eliten vieler islamischer Länder haben in den letzten Jahren bei der Modernisierung ihrer Länder, beim Aufbau stabiler Demokratien und bei der Gestaltung einer freien sozialen oder ökologischen Marktwirtschaft dramatisch versagt. Und dafür macht man nun andere verantwortlich.

Natürlich gibt es große Unterschiede zwischen dem Westen und den islamischen Ländern. In letzteren mangelt es am Aufbau von Demokratien, sie haben andererseits keine fairen Weltwirtschaftsbedingungen, sie leiden noch an dem Erbe der Kolonialzeit, den willkürlich gezogenen Grenzen nach dem Ersten Weltkrieg. Aber all das erklärt nicht das Versagen der Eliten dieser Ländern beim Aufbau eigener Demokratien. Man kann nicht für das Fehlen von Demokratien in arabischen Staaten ausschließlich den Westen verantwortlich machen. Das ist zu billig und zu einfach, vor allem erklärt es nicht, warum es in anderen Regionen der Welt möglich ist.

Verbrechen im Namen der Religion

W.W.: In vielen Ländern, in denen die Scharia angewandt wird, steht Ehebruch unter Todesstrafe, wenn vier aufrechte Muslime ihn bezeugen können. Wie sind in diesem Zusammenhang die Vergewaltigungen – z.B. von den Taliban, der Nordallianz oder anderen Mudschaheddin begangen – in Afghanistan einzuordnen? Gilt Vergewaltigung in so einem Fall als legitimes Kriegsmittel, oder ist sie Ehebruch der Männer?

C. Özdemir: Diese Frage impliziert, daß der Islam Vergewaltigungen rechtfertigen würde. Das ist falsch. Wie überall ist die Vergewaltigung als Kriegsmittel ein Kriegsverbrechen. Spätestens seit dem Krieg im ehemaligen Jugoslawien ist von der internationalen Staatengemeinschaft anerkannt, daß Vergewaltigung ein Kriegsverbrechen ist. Nicht ohne Grund steht Milosevic in Den Haag vor dem Kriegsverbrechertribunal, weil er u.a. angeklagt ist, seinen Soldaten Vergewaltigungen angeordnet und als bewußtes Kriegsmittel eingesetzt zu haben. Und ich wünsche mir, daß die Herren Karadzic und Mladic ihm vor dem Tribunal Gesellschaft leisten.

Solche Kriegsverbrechen haben nichts mit Religion zu tun. Und ich würde mir wünschen, daß Theologen aller Religionen noch viel deutlicher, als in der Vergangenheit geschehen, Gewalt, Terrorismus und Menschenrechtsverletzungen ahnden und verurteilen und den Angehörigen ihrer eigenen Religion deutlich machen, daß diejenigen, die vorgeben, diese Verbrechen im Namen der Religion auszuüben, einen Religionsmißbrauch betreiben.

Konkret würde das bedeuten, daß Atta und seine Gefolgsleute vom Islam geächtet werden müßten. Im Grunde müßten alle theologischen Fakultäten des Islam ihren Gläubigen deutlich machen, daß diejenigen, die Al-Qaida folgen, die Grundlage des Islam verlassen und Gottlose sind. Solange das nicht geschieht, müssen diese theologischen Anstalten es sich auch gefallen lassen, daß man ihnen ein Modernisierungsdefizit vorwirft.

Dem Mißbrauch des Islam ist Tür und Tor geöffnet

W.W.: Hat es Fatwas von islamischen Gelehrten gegeben, die Bin Ladens Taten dementsprechend als Unrecht erklärt haben?

C. Özdemir: Das gab es vereinzelt. Das große Problem innerhalb des Islam ist es, daß es keine dem Christentum vergleichbare Hierarchie gibt, in der es eindeutig legitimierte Ansprechpartner gibt, die verbindliche Aussagen treffen können. Das kann dazu führen, daß jemand den Islam mißbrauchen kann, um seine eigenen Ziele zu verfolgen. Das haben Mohammed Atta oder Osama bin Laden getan.

Weil die klar strukturierten Hierarchien im Islam fehlen, kann sich jeder selbst legitimieren und irgendwelche Aussagen treffen, die dann über die Medien transportiert werden und den Eindruck erwecken, als würden sie im Namen aller Muslime gesprochen werden. Aber die anderen Muslime werden gar nicht gehört, sie haben keine Chance, sich davon zu distanzieren.

W.W.: Bin Laden hat auch zum Dschihad aufgerufen, aber es gibt verschiedene Gründe, warum z.B. der Anschlag vom 11. September kein Dschihad sein kann: Keine Einzelpersonen oder Organisationen dürfen zum Dschihad aufrufen, beim Dschihad dürfen keine Kinder und Frauen getötet werden, man darf keine Muslime umbringen und keinen Staat angreifen, in dem Muslime frei ihre Religion ausüben dürfen. Sind diese Gründe nicht überzeugend? Wie kommt es, daß trotzdem einige oder viele Muslime, vor allem in Pakistan und Saudi-Arabien, in den Dschihad gegen den Westen oder gegen westliche Einrichtungen ziehen wollen? Sie müßten doch eigentlich erkennen, daß Osama bin Laden eine Fehllehre vertritt.

C. Özdemir: Es steht außer Frage, daß Bin Laden nicht zum Dschihad aufrufen durfte und konnte. Leider ist es aber so, daß viele Muslime nur über rudimentäre theologische Kenntnisse verfügen. Und dadurch ist der Gefahr des Mißbrauchs Tür und Tor geöffnet. Der Islam wird für politische Zwecke mißbraucht. Es ist kein Zufall, daß Bin Laden die Palästinenser erst entdeckt hat, nachdem der Gegenangriff auf ihn bzw. auf Al-Qaida und das Taliban-Regime in Afghanistan schon stattgefunden hatte. Erst danach hat er versucht, den Konflikt zur Legitimierung seiner Taten zu internationalisieren.

W.W.: Wie wurde der Krieg der USA bzw. der NATO gegen die Al-Qaida und die Taliban von dem überwiegenden Teil der Muslime aufgenommen? Hat er die Fronten zwischen der islamischen Welt und dem Westen verhärtet?

C. Özdemir: Als Innenpolitiker kann ich das nur eingeschränkt beurteilen. Ähnlich wie Kollegen von mir im Bundestag, die christlich getauft sind, nicht für die gesamte christliche Welt sprechen können – z.B. über die Entwicklung der Theologie der Befreiung in Lateinamerika –, so kann ich als gebürtiger Muslim nicht für die gesamte muslimische Welt sprechen. Mein Eindruck ist aber, daß es in arabischen Ländern eine gewisse Feindlichkeit gegenüber dem Westen gibt. Das drückt sich in einem diffusen Gefühl der Benachteiligung aus. Und als Referenz wird an dieser Stelle immer der Nahost-Konflikt angegeben.

Andererseits ist es natürlich auch so, daß die Taliban bei den meisten Muslimen abgelehnt wurden. Man sah in ihnen primitive Menschen, die ein menschenverachtendes Regime ausübten und die unter dem Deckmantel des Islam dieser Religion einen großen Schaden zugefügt haben. Insofern ist die Wahrnehmung des Afghanistan-Krieges innerhalb der muslimischen Welt ambivalent. Man ist froh, daß das Schreckensregime der Taliban beendet worden ist, auf der anderen Seite bedauert man es, daß die Amerikaner sie besiegt haben und daß das Ende der Taliban nicht anders herbeigeführt werden konnte.

Barbareien der russischen Armee in Tschetschenien

W.W.: Der Anschlag vom 11. September 2001 hat einige erstaunliche Dinge hervorgerufen, die man im ersten Ansatz nicht erwartet hätte, z.B. ein moderates militärisches Vorgehen der USA und die weitgehende Einigkeit der meisten Länder der Welt, einschließlich Rußland, China sowie der meisten islamischen Länder. Aber es gab auch unschöne Begleiterscheinungen, politische Preise, die man scheinbar zahlen mußte, wie z.B. das „differenziertere Betrachten der Situation in Tschetschenien", wie Schröder es nach dem Putin-Besuch in Berlin bekundete. War das wirklich notwendig?

C. Özdemir: Ich hätte die Aussage zu Tschetschenien nicht so formuliert wie der Bundeskanzler. Auch wenn in Tschetschenien islamistische Terroristen in die Kämpfe mit eingreifen, auch wenn die tschetschenische Führung falsch agiert hat, rechtfertigt das nicht die barbarische Art der Kriegsführung der russischen Armee. Die russische Armee hat in Tschetschenien schwerste Menschenrechtsverletzungen begangen. Rußland muß sich die Kritik an der Kriegsführung gefallen lassen. Zu den Menschenrechtsverletzungen an den Tschetschenen darf nicht geschwiegen werden.

Hilfe beim Aufbau der Demokratie

W.W.: Wie beurteilen Sie die US-Politik, speziell Bushs Worte von der „Achse des Bösen"? Wird es zu einem Angriff auf den Irak oder andere Länder kommen?

C. Özdemir: Ich hoffe, daß die Bush-Regierung den Begriff „Achse des Bösen" aufgeben wird.

W.W.: Gibt es weiterreichende Interessen der USA, die hinter dem Afghanistan-Krieg zu vermuten sind, also Ölinteressen bzw. das Vorhaben, eine Pipeline durch Afghanistan zu legen?

C. Özdemir: Ich denke, daß der Afghanistan-Krieg eine Reaktion der Amerikaner auf den Anschlag vom 11. September 2001 gewesen ist.

Wenn man jetzt verhindern will, daß Afghanistan erneut talibanisiert, dann kann dies nur dadurch geschehen, daß man nicht den Fehler der USA wiederholt, den sie vor zwei Jahrzehnten gemacht haben, als sie die Mudschaheddin gegen die Sowjetunion unterstützt und sich später nicht um die weitere Entwicklung in Afghanistan gekümmert haben. Jetzt darf man sich nicht aus Afghanistan zurückziehen, man darf die Afghanen nicht allein lassen. Wir müssen in Afghanistan beim Wiederaufbau helfen, wir müssen helfen, daß dort demokratische Institutionen gebildet werden. Wie schwierig das ist, sehen wir gegenwärtig, denn die Kräfte der Vergangenheit, z.B. aufgrund alter Stammesrivalitäten, versuchen immer noch, ihr mörderisches Handwerk weiter zu betreiben.

Und deswegen ist der Westen aufgefordert, das afghanische Volk auf gar keinen Fall allein zu lassen, denn hier kann er zum ersten Mal beweisen, daß die Vorwürfe in der muslimischen Welt, daß der Westen die muslimischen Länder benachteilige und in bezug auf Menschenrechtsverletzungen eine selektive Wahrnehmung habe, nicht gerechtfertigt sind. Wenn der Westen ein muslimisches Land beim Aufbau der Demokratie unterstützt, beim Aufbau von menschenwürdigen Lebensbedingungen, einem Bildungswesen und gleichen Lebenschancen für Mann und Frau hilft, dann kann ein Zukunftsmodell eines modernen muslimischen Staates entstehen.

W.W.: Hat der Anschlag vom 11. September 2001 neben aller Schrecklichkeit nicht auch einer bestimmten Interessenpolitik der USA gut in den Rahmen gepaßt, nämlich dem vermeintlichen Zugriffsrecht der einzig übriggebliebenen Großmacht auf alle Rohstoffe der Welt?

C. Özdemir: Diese Argumentation paßt gut in die vielfältigen Verschwörungstheorien, die seit dem 11. September kursieren. In Afghanistan unternimmt die internationale Staatengemeinschaft den Versuch, Afghanistan wiederaufzubauen. Es geht dabei darum, Afghanistan nach über 20 Jahren der Verwüstung einen demokratischen Neuanfang zu ermöglichen.

Verschwörungstheorien

W.W.: Könnten Sie sich vorstellen, daß hinter dem Anschlag vom 11. September 2001 keine Muslime gestanden haben?

C. Özdemir: Wenn Ihre Frage darauf abzielt, ob der Anschlag nicht von Atta innerhalb des Al-Qaida-Netzwerkes begangen worden ist, dann kann ich mir das nicht vorstellen. Ich glaube an keine der vielen Verschwörungstheorien, die seit dem 11. September kursieren. Wir sind uns aber einig, daß die Attentäter keine Legitimation hatten, für den Islam zu sprechen. Und das ist die schlimmste Strafe, die man ihnen posthum zufügen kann: daß man ihnen sagt, daß sie mit dem Islam nichts mehr zu tun haben. Aber die Verschwörungstheorien, die momentan kursieren, halte ich für so absurd, daß ich sie nicht einmal zitieren möchte. Sie sind unerträglich, es ist eine abstoßende Mischung aus Mythen und Vorurteilen, die von Leuten gestreut werden, die gerne in der Welt dieser Verschwörungstheorien leben möchten.

Konflikte lösen, Glaubwürdigkeit zurückgewinnen

W.W.: Woher stammt der Haß großer Teile der islamischen und der sogenannten Dritten Welt auf Amerika, bzw. warum fühlt man sich vom Westen gedemütigt?

C. Özdemir: Das hängt mit der Politik der letzten Jahrzehnte zusammen. Es ist z.B. noch nicht allzu lange her, daß die USA in Mittel- und Südamerika eine Politik gemacht haben, die an der Seite blutiger Diktaturen stand, wie z.B. in Argentinien, Chile, Brasilien und Nicaragua. Der Westen – soweit man von ihm als monolithischen Block sprechen kann – hat beim Aufbau von Demokratien in diesen Ländern nicht geholfen. Auch im Nahen Osten hat die amerikanische Politik den Schwerpunkt nicht auf den Schutz der Menschenrechte gesetzt. Das muß sich künftig ändern, wenn wir im Westen Glaubwürdigkeit in der arabischen Welt zurückgewinnen wollen. Die Gelegenheit dazu haben wir in Afghanistan, aber wir haben sie auch beim Austausch von Intellektuellen und Theologen zwischen Ost und West. Theologen könnten ein viel größeres Maß an Verantwortung für den Weltfrieden übernehmen, auch dafür, daß dem Terrorismus die Grundlage entzogen wird.

W.W.: Sind Hunger und Armut Nährboden für den Terrorismus?

C. Özdemir: Ich glaube, daß Hunger und Armut auf jeden Fall eine Folie sind, auf der Terroristen agieren können. Aber die Terroristen selbst entstammen nicht aus solchen Kreisen. Die Attentäter vom 11. September stammten aus gebildeten und finanziell abgesicherten Familien. Auf jeden Fall ist es klar, daß wir ohne eine Lösung des Kaschmir-Konflikts und des Konflikts im Nahen Osten diesen Terroristen nicht das Handwerk legen können. Dabei darf nicht allein auf militärische Mittel gesetzt werden. Der internationale Terrorismus ist zuallererst eine Herausforderung an die Politik, an das Militär, die Polizei und Justiz, aber auch an die Wirtschaft und – ganz wichtig – die Kultur.

Noch sind wir uns fremd

W.W.: Wie können die Menschen der arabisch-islamischen und der westlichen Welt zu einem größeren Verständnis des jeweilig anderen kommen?

C. Özdemir: Die Diskussionen, die nach dem 11. September eingesetzt haben, sind zum Teil sehr spannend. Der Austausch ist rege, aber wir merken gleichzeitig, wie fremd wir einander noch sind und wie unterschiedlich das Denken in den verschiedenen Kulturen ist. Man braucht dabei nur an die Verschwörungstheorien zu denken, die sich in weiten Teilen der arabischen Welt ausgebreitet haben und die alle die Täterschaft der Muslime leugnen. So etwas ist unerträglich. Auf der anderen Seite zeigt dies aber auch die Notwendigkeit des Gesprächs. Deshalb würde ich mir wünschen, daß man möglichst viele Foren zum Austausch bildet. Man muß sich einfach mit den Intellektuellen in der arabischen Welt stärker auseinandersetzen, sie zu uns einladen und sie besuchen, damit dies ein fruchtbarer Austausch wird. Etwas ähnliches gilt auch für die Theologie. Nur so kann ich mir vorstellen, daß die Entfremdung der Menschen untereinander langsam aufgebrochen wird, so daß gegenseitige Antipathie oder gar Haß vermieden werden können.

W.W.: Wie können wir in Deutschland vorbildliche Zusammenhänge schaffen, in denen Muslime und Christen zusammenleben? Wie holt man den Islam aus den Hinterhöfen raus? Was kann man tun, damit sich die Muslime in Deutschland wohlfühlen?

C. Özdemir: Gerade bei uns in Deutschland haben wir dazu die Möglichkeit, weil die Muslime direkt unter uns leben. Man kann dazu beitragen, daß der Islam aus den Hinterhöfen rauskommt, indem man islamischen Religionsunterricht in den Schulen anbietet, und zwar in deutscher Sprache und mit Lehrmaterial, das hier hergestellt worden ist. Dieser Religionsunterricht muß auf der Basis unserer Verfassung stehen. Man kann außerdem auf kommunaler Ebene Gesprächskreise einrichten, in denen man sich kennenlernt, indem man sich gegenseitig besucht und anderweitige Kontakte miteinander aufbaut. Das sind Beiträge dafür, daß sich ein Islam in Deutschland bilden kann, der sich hier nicht mehr im Exil befindlich betrachtet, sondern Teil unserer Gesellschaft wird.

W.W.: Auf welche westlichen Werte müßten sich die Muslime einrichten?

C. Özdemir: Auf dieselben wie die unsrigen. Alle Religionen in Deutschland müssen auf dem Boden des Grundgesetzes handeln und die Grundrechte als Bestandteil ihrer Werte anerkennen. Dabei handelt es sich um universelle Werte und nicht um Werte einer Religion. Sicherlich hat die christliche Kirche beim Herausbilden europäischer Werte in der Vergangenheit eine große Rolle gespielt, aber auch der Islam war jahrhundertelang Teil Europas. Insofern muß man keinen Gegensatz zwischen den Menschen verschiedener Religionen aufbauen. Werte unseres Säkularismus, die in unserer Verfassung festgehalten sind, die Gleichberechtigung von Mann und Frau, das Toleranzgebot u.v.m. sind für die Angehörigen aller Religionsgemeinschaften verwirklichbar. Allerdings wird man darüber hinaus immer eine kleine Gruppe von Menschen haben, die mit diesen Werten Probleme haben. Das haben wir einerseits bei den deutschen Rechtsradikalen, und genauso werden wir immer eine kleine Minderheit von islamischen Fundamentalisten haben, ähnlich wie wir das auch aus dem Christentum kennen.

Gewalt als Ultima ratio

W.W.: Die Grünen haben auf dem Parteitag in Rostock Ende 2001 den Kurs der rot-grünen Regierung gestützt. Angenommen, diese Regierung hat über das Jahr 2002 hin Bestand, wie wird die grüne Basis bei weiteren Militärschlägen der NATO reagieren, wenn Deutschland sich wieder beteiligen soll?

C. Özdemir: Das ist eine sehr hypothetische Frage, die ich genau deswegen so nicht beantworten kann. Bei jedem Einsatz der NATO werden wir uns sehr genau anschauen, welche Ziele damit verfolgt werden und wie sie ausgeführt werden.

W.W.: Wie stehen Sie zu der pazifistischen Linie vieler Grüner? Ist diese noch realitätsnah?

C. Özdemir: Diese Linie ist nach wie vor ein wichtiger Bestandteil unserer Politik. Und wer von uns könnte auf das verzichten, was Mahatma Gandhi, Martin Luther King und andere gedacht und getan haben, als es in den jeweiligen Ländern darum ging, durch zivilen Ungehorsam gewaltfrei eine aggressive Macht – sei es die eigene Regierung oder eine Fremdbesatzung – zurückzudrängen und zu besiegen und mit dem Druck der Öffentlichkeit zu einer Veränderung zu kommen. Das ist nach wie vor der richtige Weg, der Weg, den wir propagieren und den wir als den legitimen Weg betrachten. Darüber hinaus gibt es aber leider Konflikte, bei denen eine Prävention nicht erfolgreich war. Wenn es keine andere Möglichkeit gibt, diese Konflikte zu beenden, dann ist der Einsatz militärischer Gewalt als Ultima ratio gerechtfertigt. Das haben wir auf dem Parteitag in Rostock anerkannt.

Der Nationalsozialismus in Deutschland war mit friedlichen Mitteln nicht zu besiegen. Die Appeasement-Politik Chamberlains gegenüber Hitler 1938 hat die Katastrophe des Zweiten Weltkrieges nicht verhindert. Hätten die Alliierten Deutschland früher auch militärisch Einhalt geboten, wäre unzähligen Menschen das Leben gerettet worden. Wer „Nie wieder Auschwitz" und „Nie wieder Krieg" sagt, der darf die Anwendung von Gewalt als Ultima ratio nicht ausschließen.

Sie wollen kein Outlaw in der eigenen Fraktion sein

W.W.: Durch das neue Zuwanderungsgesetz erhalten geschlechtsspezifisch und nichtstaatlich Verfolgte Abschiebeschutz. Ist diese Neuerung ein Erfolg der Grünen?

C. Özdemir: Mit Sicherheit ist das ein grüner Erfolg. Ich erinnere daran, daß der Bundesinnenminister diese Änderung zunächst ablehnte. Er wollte auch keine Härtefallregelung, wie sie die Kirchen und andere wollen, und auch diese haben wir jetzt im Zuwanderungsgesetz. Ich glaube, daß die Bilanz der Grünen mit ihren 6,7 % sich auch hier wirklich sehen lassen kann.

W.W.: Warum haben die Unionsabgeordneten außer Süssmuth, Geißler und Schwarz-Schilling bzw. der Enthaltung von Blüm das Zuwanderungsgesetz im Bundestag mehrheitlich abgelehnt? Ist dies Wahlkampf, oder hat es andere Gründe?

C. Özdemir: Das ist eine Mischung aus Wahlkampf und dem Umstand, die letzten Monate der Legislaturperiode nicht als Outlaw in der eigenen Fraktion verbringen zu wollen. Ich kann mir gut vorstellen, daß auf die Abweichler in der Union viel Druck ausgeübt worden ist. Es ist nicht schön, von der eigenen Fraktion geschnitten bzw. wie ein Gesetzloser betrachtet zu werden. Diese Form des Druckes bedaure ich sehr. Am Schluß waren die Unterschiede teilweise nur noch minimal, wie man an dem Papier des saarländischen Ministerpräsidenten Peter Müller erkennen kann. Deshalb finde ich es sehr bedauerlich, daß der Wahlkampf und parteipolitische Taktierereien dazu führen könnten, daß ein wichtiges Reformprojekt gegen die Spitze der CDU/CSU durchgesetzt werden muß.

W.W.: Warum fürchtet die Union eine multikulturelle Gesellschaft bzw. das Einwanderungsland Deutschland, also etwas, das wir doch längst sind?

C. Özdemir: Die Union geht davon aus, daß ein solches Eingeständnis ihr bei den Wahlen nichts nutzen würde. Sie reduziert dieses Problem auf den einfachen Satz: Hilft es oder schadet es uns bei den Wahlen? Und aufgrund dieser Überlegung entscheidet die Union eine Frage, die für Deutschland von nationaler Bedeutung ist. Das halte ich für sehr bedauerlich, zumal deswegen, weil die Union auch in der Vergangenheit Entscheidungen getroffen hat, bei denen sie nicht unbedingt davon ausgehen konnte, daß sie ihr bei Wahlen helfen würden, sondern bei denen sie wußte, daß sie für das Land wichtig sind.

Es gehört zu den Aufgaben der Politik, daß man manchmal auch für unbequeme Dinge wirbt, sie entscheidet und dann dafür einsteht. Die Opposition darf sich nicht ausschließlich auf Verhinderungspolitik zurückziehen. Eine gute Opposition ist immer eine Regierung im Wartestand und ist bereit, Verantwortung zu übernehmen. Das tut die Union in der Zuwanderungspolitik derzeit leider gar nicht.

Migration als Bereicherung

W.W.: Kann man die Zuwanderungsbegrenzung überhaupt mit der hohen Arbeitslosigkeit in Deutschland begründen?

C. Özdemir: An dieser Stelle werden leider Milchmädchenrechnungen eröffnet. Es nützt nichts, wenn wir geringqualifizierte Arbeitslose haben, qualifizierte Arbeitssuchende nicht ins Land zu lassen. Wenn wir diese hochqualifizierten Arbeitssuchenden ausgrenzen, wird dadurch niemand von den unqualifizierten Arbeitssuchenden in Deutschland einen Arbeitsplatz bekommen. Wenn ich einen arbeitssuchenden Professor nicht ins Land lasse, wird dadurch kein arbeitssuchender Kohlekumpel einen Arbeitsplatz bekommen. Diesen Zusammenhang zu verstehen, fällt vielen offensichtlich schwer.

Zweitens ist die Arbeitslosigkeit branchenspezifisch sehr unterschiedlich, und hier ist es eben so, daß nicht jeder alles kann, und nicht jeder ist für alles geeignet. Diese Zusammenhänge werden immer mehr übersehen. Man darf Ausbildung, Reformen am Arbeitsmarkt und Zuwanderung nicht gegeneinander ausspielen. Alle drei Bereiche müssen gefördert werden. Dadurch werden neue Arbeitsplätze in Deutschland geschaffen, und das muß unser Ziel sein.

W.W.: Soweit ich weiß, gibt es eine Million Stellen, die nicht besetzt werden können.

C. Özdemir: So ist es. Zum Beispiel in dem Raum, aus dem ich komme, dem mittleren Neckar-Raum, werden Facharbeitskräfte dringend gesucht, und sie werden nicht gefunden. Aufgrund dieser Situation gehen Arbeitsplätze verloren. Und bei der Verwirklichung der Greencard haben wir gesehen, daß ein Greencard-Besitzer im Durchschnitt zweieinhalb Arbeitsplätze geschaffen hat. Deshalb müßten diejenigen, die damals gegen die Greencard waren, denjenigen, die dadurch Arbeitsplätze gefunden haben, einmal erklären, warum sie arbeitslos bleiben sollten. Migration ist nicht nur eine Belastung, sondern häufig auch eine Bereicherung für die Gesellschaft und hilft sogar, neue Innovationspotentiale zu erarbeiten. Wer das nicht glaubt, soll sich diese Zusammenhänge einmal in den USA anschauen, denn dort ist der Boom der letzten Jahre zu einem großen Teil auch durch die Zuwanderung geschaffen worden, speziell im Bereich der Computerexperten.

Schmutzige Hände

Interview mit Andreas von Bülow

von Wolfgang Weirauch

Dr. jur. Andreas von Bülow, *geb. 1937 in Dresden, aufgewachsen in Heidelberg. Studium und Studienaufenthalte in Heidelberg, München, Paris, Berlin, Washington. Seit 1960 Mitglied der SPD. Verwaltung Baden-Württemberg 1966–1969. Mitglied des Deutschen Bundestages 1969–1994. Er war sowohl Mitglied des Parlamentarischen Kontrollgremiums zur Überwachung der Geheimdienste als auch des Schalck-Golodkowski-Untersuchungsausschusses des Bundestages. Von 1976 bis 1980 war er Staatssekretär im Verteidigungsministerium und von 1980 bis 1982 Bundesforschungsminister. Von Bülow arbeitet seit 1994 als Rechtsanwalt in Bonn.*

Buchveröffentlichungen: „Strategie vertrauensschaffender Sicherheits-Strukturen in Europa – Wege zur Sicherheits-Partnerschaft" (1985, bekannt als „Bülow-Papier"); „Sicherheit für Europa" (1988, zus. mit H. Funk und A.v.

Müller); „Im Namen des Staates. CIA, BND und die kriminellen Machenschaften der Geheimdienste" (2000).

Die letzten zehn Jahre der DDR waren u.a. von einem eigenständigen Staat im Arbeiter- und Bauernstaat geprägt, dem Bereich Kommerzielle Koordinierung (KoKo) des Stasi-Obersts Schalck-Golodkowski. Dieser versuchte mit allen Tricks und krummen Geschäften, Sondereinnahmen in Form von westlichen Devisen für die Staatssicherheit und die SED zu gewinnen. Und das ist ihm trefflich gelungen.

Andreas von Bülow saß jahrelang im KoKo-Untersuchungsausschuß des Deutschen Bundestages, um diese Machenschaften aufzudecken, und stieß schon bald auf vielseitige Spuren und recherchierte weiter. Wer seine Ausführungen im nachstehenden Interview und in seiner ausführlichen Dokumentation „Im Namen des Staates. CIA, BND und die kriminellen Machenschaften der Geheimdienste" (München 2000) liest, fällt endgültig vom Glauben ab, zumindest vom Glauben an die Integrität vieler westlicher Politiker und der Geheimdienste ihrer Länder.

Andreas von Bülow entdeckte bei seinen Recherchen ein kaum zu durchschauendes Netz gegenseitiger Trickserei und Zusammenarbeit westlicher und östlicher Geheimdienste, Waffenschieber und Drogenhändler. Wenn auch nur die Hälfte dessen stimmt, was von Bülow darstellt, dann stecken viele Politiker und die Geheimdienste tiefer im Morast, als die Vorstellungskraft reicht.

Aber man sollte aufpassen, wenn man sich diese Zusammenhänge nur oberflächlich zu eigen macht, ohne sie wirklich zu durchschauen. Denn für manche könnte dann der Schritt zu verschiedensten altbekannten Verschwörungstheorien nicht weit sein, auch wenn diese damit nichts zu tun haben, also den immer wieder vorgetragenen Theorien, daß erlesene machtpolitische Gremien, die Freimaurer oder gar die Juden die Strippen der Weltpolitik zögen. Diese Form von Strippenziehern gibt es nicht.

Andreas von Bülow wird wegen seiner Recherchen angefeindet und totgeschwiegen, aber er ist kein Verschwörungstheoretiker. Er setzt auf seine Recherchen und will, daß sie diskutiert werden. Er fordert Argumente, Beweise und Aufklärung. Auch wenn man ihm nicht in allem zu folgen bereit ist – z.B. was er über die Hintergründe der Anschläge vom 11.09. 2001 vermutet –, sollte man doch auch das Unvorstellbare zumindest als Arbeitshypothese denken lernen. Lesen Sie seine Ausführungen über die Machenschaften der Geheimdienste und die aktuelle weltpolitische Lage.

Wolfgang Weirauch: Sie waren jahrelang Mitglied des sogenannten KoKo-Untersuchungsausschusses im Deutschen Bundestag. Was war die Aufgabe dieses Ausschusses?

Andreas von Bülow: KoKo steht für Kommerzielle Koordinierung, eine Organisation, die dem Oberst der Staatssicherheit, Schalck-Golodkowski, unterstand. Offiziell war Schalck-Golodkowski stellvertretender Außenminister der DDR, in Wirklichkeit war er ein verdeckter General der Staatssicherheit, der die Aufgabe hatte, für die Staatssicherheit mit Hilfe der Vernetzung geheimdienstlicher mit wirtschaftskriminellen Methoden Westdevisen zu erwirtschaften. Die Aufgabe unseres Untersuchungsausschusses war es, diese Machenschaften aufzudecken.

W.W.: Konnten Sie den Dschungel durchdringen?

A. von Bülow: Nur zu einem kleinen Teil.

Verbindungen zu Terrororganisationen

W.W.: War im Westen überhaupt der Wille vorhanden, die Verstrickungen der KoKo-Stasi-Mannschaft in den internationalen Terrorismus und Waffenhandel aufzuklären?

A. von Bülow: Das war ein Teil des Untersuchungsausschusses. Es ging vor allem darum, die krummen Geschäfte Schalck-Golodkowskis aufzuklären. Im Westen glaubt man zum Teil heute noch an den genialen Geschäftsmann und Manager aus dem Osten, der, wenn man ihn nur gelassen hätte, der DDR unglaubliche Vorteile gebracht hätte. In Wirklichkeit hat er der DDR-Volkswirtschaft geschadet, den wirtschaftlichen Zusammenbruch beschleunigt. In der etwa 10jährigen Blütezeit des Bereiches KoKo – von 1980 bis 1989 – sank der Außenhandel der DDR in seinen Austauschdaten mit den westlichen Volkswirtschaften immer mehr ab. Anfang der 80er Jahre erzielte die DDR für ihre Exportwaren für 2 Mark Ost Herstellungskosten 1 DM West. Ende der 80er Jahre war dieses Verhältnis auf 4 : 1 gesackt. Die DDR ist in dieser Zeit ökonomisch nahezu abgestürzt. – Im Zuge der Arbeit des Untersuchungsausschusses stießen wir im Bereich des Waffenhandels auf Verbindungen der KoKo zu Terrororganisationen.

Die Geschäfte des Schalck

W.W.: Auf welche Weise hat die KoKo mit Alkohol, Kaffee, Textilien und anderen Waren, wie z.B. Öl, gehandelt?

A. von Bülow: Allgemein ging es um das betrügerische Unterlaufen des westlichen Wirtschaftsrechts, auch des Wirtschaftsstrafrechts, z.B. des EG-Rechts oder des Alkoholmonopols. In fast allen westlichen Staaten erheben die Staaten eine hohe Abgabe auf Alkohol. Alkohol selbst herzustellen ist dagegen außerordentlich billig. Die Schalck-Leute kauften folglich auf dem Weltmarkt Alkohol zu billigsten Preisen ein, verarbeiteten ihn zu alkoholischen Produkten und schmuggelten diese an dem Alkoholmonopol vorbei auf den westlichen, insbesondere den westdeutschen Markt. Schalck-Golodkowski hat verschiedene Alkoholsorten in die westdeutschen Handelsketten gedrückt und enorm viel an der Differenz verdient.

Ähnlich war es mit ungarischen Gemüsekonserven, die als DDR-Produkte deklariert unter den Bedingungen des innerdeutschen Handels zollfrei nach Westdeutschland exportiert wurden. So wurde auch das Welttextilabkommen unterlaufen, indem er aus Ländern, die die Quote ihres Textilexports schon erschöpft hatten, weiterhin Textilien importiert und sie als ostdeutsche Waren in den westdeutschen Handel brachte. Ähnliches geschah mit dem Weltkaffeeabkommen.

Vermutlich im Zusammenspiel mit den Kollegen vom KGB hat KoKo hervorragendes russisches Öl an einen Zwischenhändler im Hamburger Hafen weit unter dem angemessenen Preis als minderwertig, weil schwefelhaltig, mit Wasser versetzt an die westlichen Ölgesellschaften verkauft. Ein Institut für Qualitätskontrolle mußte die Minderqualität wahrheitswidrig testieren. Mit Sicherheit wußten die Geheimdienstganoven entlang der Pipeline von Sibirien bis Hamburg ebenso wie die westlichen Ölgesellschaften von dem Streich. Die Preisdifferenz wurde auf Bankkonten in den Paradiesen des Bankgeheimnisses in Sicherheit gebracht. Ob die Stasi allein oder auch die handelnden Personen des Koko-Ladens sich bereichert haben, war nicht auszumachen. Einer der KoKo-Händler war angeblich Doppelagent des BND.

W.W.: Wie profitierte die KoKo an dem Getreideimport und dem Rindfleischexport?

A. von Bülow: Die KoKo-Firmen kauften aus den Überschuß-Getreidebergen der EG unter Inanspruchnahme der Exportvergütungen Getreide zu Ramschpreisen ein, fütterten damit das DDR-Vieh und exportierten dann das Fleisch zollfrei im innerdeutschen Handel nach Westdeutschland, z.B. an die bayerischen Unternehmen März und Moksel. An ein West-Berliner Importunternehmen wurde hochwertiges Rindfleisch als Tierfutter deklariert verkauft. In den West-Berliner Handelsketten verwandelte sich das Tierfutter wieder zu hochwertigem Filetfleisch. Den Gewinn teilte sich die KoKo mit dem westdeutschen Zwischenhändler. Der Deal ging zu Lasten der DDR-LPGs, die kaum profitierten. Ob der Gewinn gänzlich der Stasi zugute kam, bleibt ungewiß. Die Akten wurden auch hier rechtzeitig vernichtet oder durch Privatisierung in Sicherheit gebracht. Nach 1990 soll auch die Treuhand darüber gewacht haben, kompromittierende Akten nicht in die Hand von mit der Abwicklung beauftragten Mitarbeitern gelangen zu lassen.

Ähnliche Geschäfte hat man auch mit der EG-Butter getätigt. Der EG wurde der Export nach Rumänien vorgegaukelt. Entsprechend günstig war dank der Subvention zur Beseitigung des Butterbergs der Einkaufspreis für die KoKo. Doch dann wurde die Butter in Kühlbetrieben der DDR umgepackt und als DDR-Produkt im innerdeutschen Handel zollfrei und zu hohen Preisen auf den westdeutschen Markt gebracht. Die Masche ist immer die gleiche.

W.W.: Auf welche Weise wurden der DDR Kredite von deutschen Stahlfirmen durch Ex- und Import gewährt?

A. von Bülow: Der westdeutschen Industrie war es verboten, der DDR innerdeutsche Kredite zu gewähren. Also haben westdeutsche Stahlbetriebe Stahl und Stahlerzeugnisse an die DDR verkauft, und zwar mit einem Zahlungsziel bis zu 24 Monaten. Die Ware wurde in die DDR geliefert und meist nach wenigen Tagen zurückimportiert und gleichzeitig abgekauft. Der Kaufpreis des eigenen Stahls wurde so zu einem Kredit für die DDR. Auf diese Weise unterlief man in der DDR die Kreditenge, die man auf dem internationalen Markt hatte, indem man auf verschiedenste Weise Lieferungen aus Westdeutschland kreditieren ließ.

W.W.: Wie liefen überhaupt die Geldströme, z.B. wenn man an den Iran Waffen verkaufte, und in welcher Währung wurde bezahlt?

A. von Bülow: Die DDR und vor allem die Stasi waren natürlich nur an Westwährungen interessiert, vor allem Dollar und DM oder Yen. Bei größeren Beträgen wurde grundsätzlich eine komplizierte Transferstrecke aufgelegt. Sie durchlief jeweils sechs oder sieben Banken, und bis das Geld in der DDR ankam, verging oftmals bis zu einem halben Jahr. Wer daran wiederum verdient hat, war in unserem Untersuchungsausschuß nicht festzustellen. Allerdings habe ich sehr stark den Eindruck, daß die DDR auch in die internationale Geldwäsche involviert war und daß Schalck-Golodkowski das zu einem seiner Themen gemacht hat.

Wie Bisamratten krochen sie umeinander herum

W.W.: Welche Verbindungen bestanden zwischen KoKo-Vertretern und westlichen Geheimdiensten?

A. von Bülow: Bildlich müssen Sie sich das vorstellen wie einen Deich, der von Bisamratten durchlöchert ist. Und in diesem Deich krabbelten die Geheimdienstler umeinander herum. Jeder ostdeutsche Stasi-Händler, der für ein Geschäft in den Westen reiste, wurde natürlich sofort von der CIA, dem BND oder den anderen Geheimdiensten kontaktiert. Und umgekehrt versuchten die östlichen Geheimdienste wiederum die Interessen der Westhändler für sich in Anspruch zu nehmen. Und daraus entstand ein abenteuerliches Geflecht von Mehrfachagenten.

Ein Fall, den wir eher zufällig aus den vielen Begebenheiten näher durchleuchtet haben, ist der eines aus der DDR stammenden westdeutschen Stahlhändlers in Berlin, der fest in Stasi-Hand war, sich dann der CIA anvertraute und dann noch vom BND engagiert wurde. In den Protokollen kann man z.B. nachlesen, wie sich der westdeutsche Stasi-Informant mit seinem CIA-Führungsoffizier über den um Kontaktaufnahme werbenden BND-Mann lustig macht. Der Stasi-Führungsoffizier des Stahlhändlers wiederum besprach jeweils eingehend vor jedem Treff die der CIA zu liefernde Information. Ziel war es, den bereits vorhandenen Wissensstand der CIA auszukundschaften und dabei herauszufinden, wo die Quellen sitzen konnten, die der CIA zuarbeiteten. Im wesentlichen handelte es sich um die m.E. recht wirksame Gegenspionage der Stasi sowie um Desinformation des Gegners.

Letztendlich hat man immer wieder den Eindruck kindlicher Männerspiele. Man sieht auch, mit welcher Sorgfalt und mit welchem enormen personellen Aufwand sich die DDR nach außen abgeschirmt hat und wieviel Intelligenz dafür eingesetzt werden mußte. Daran sind die totalitären Regime letztendlich wohl alle gescheitert.

Gut Freund mit Kriminellen

W.W.: Was war Schalck-Golodkowski damals eigentlich für ein Mensch?

A. von Bülow: Das war ein jovialer freundlicher Berliner, mit dem man gerne einen trinkt oder einen Abend voller Anekdoten verbringt. Er war unterhaltsam, lustig, intelligent und in der Lage, größere Zusammenhänge bis in die Einzelheiten zu durchschauen. Nach außen strahlte er den Bonvivant aus.

W.W.: Hatten Sie während der Zeit des Untersuchungsausschusses zu ihm persönliche Kontakte?

A. von Bülow: Nein, allerhöchstens haben wir im Aufzug mal einige mehr frotzelnde Worte gewechselt.

W.W.: Hat er gezielt westliche Kriminelle in seine Machenschaften und Transaktionen eingebunden?

A. von Bülow: Damit hatte er wie alle Geheimdienstler überhaupt kein Problem. Alle, die mit ihm tätig waren, wußten natürlich, daß sie gegen westliche Wirtschaftsbestimmungen verstoßen mußten. Insofern waren sie in diesem Sinne bereits Kriminelle. Aber das sind die sogenannten Weiße-Kragen-Kriminellen. Und da man in den westlichen Staatsanwaltschaften und Gerichten auf diese Art von oft global organisierter Kriminalität weder personell noch institutionell hinreichend gerüstet ist, hatte die Schalck-Mannschaft oft ein leichtes Spiel.

Hinzu kommt ja, daß Geheimdienste mit ihren Fälscherwerkstätten naturgemäß keinerlei technische oder organisatorische Probleme mit der Herstellung falscher „echter" Urkunden, Plomben, Ausweisen oder auch nur der Legung von Fehlspuren haben. Schalcks Leute bewachten z.B. die Parkplätze West-Berliner Finanz- und Zollämter, wußten, wer wo wohnt, kannten die Schwächen der Mitarbeiter usw. usf. Wer gegen Apparate mit einer derartigen Personalausstattung ohne jede Kostenrelevanz anzugehen hat, kann sich die Zähne ausbeißen, wenn er sich nicht sogar zuweilen in Lebensgefahr bringt.

W.W.: Wie steht es mit nach der Wende aufgetauchten größeren DM-Beträgen, z.B. von der Firma F.C. Gerlach? Was waren das für Gelder? Gehörten sie dem Stasi-Mann Michael Wischniewski oder der BRD als Rechtsnachfolgerin der DDR?

A. von Bülow: Das waren Gelder aus illegalen Transaktionen, allerdings war dies äußerst problematisch nachzuweisen. Wischniewski wurde nach der Wende sehr schnell israelischer Staatsbürger. Im Untersuchungsausschuß ging es darum, ob es sich bei der Firma Gerlach um einen Privat- oder um einen verdeckten Staatsbetrieb der DDR gehandelt hat und wer dementsprechend das Geld geerbt hat. Leider konnten wir dies nur ungenügend klären. Wischniewski hat nach der Wende sofort alle seine Unterlagen im Kamin verbrannt, so daß sogar die Polizei wegen der starken Rauchentwicklung eingeschaltet wurde.

Gleichzeitig versuchte Wischniewski, in letzter Minute noch ca. 300 Mio. DM auf das Konto einer Bank in Israel zu überweisen, was aber durch schnelles Einschreiten der Berliner Polizei verhindert werden konnte. Das Bundesfinanzministerium klagte auf Herausgabe dieses Geldes, aber der Prozeß führte wegen vieler Fehler zu keinem Erfolg. Das Geld konnte bis heute nicht sichergestellt werden.

High-Tech-Schmuggel und Spionage

W.W.: In der Zeit des Kalten Krieges galt im Westen das sogenannte COCOM-Abkommen, also das Verbot der Ausfuhr von High-Tech- und Militärprodukten. Dieses Verbot wurde aber immer wieder gebrochen, z.B. von der Münchner Firma Rhode & Schwartz, die normalerweise die Bundeswehr ausrüstet. Was hat diese Firma in den Ostblock geliefert?

A. von Bülow: Das waren vor allem Peilanlagen und andere militärische Gerätschaften. Das Brechen des COCOM-Abkommens vollzog sich so einfach, daß wir im Untersuchungsausschuß sehr schnell zu der Meinung gelangten, daß hier etwas nicht stimmen könne. Auch hier steckte ein Geheimdienstauftrag dahinter, was sich mehrfach bestätigt hat. Andere Firmen lieferten Computer und weitere Hochtechnologie-Anlagen.

W.W.: Was war der tiefere Sinn, daß verschiedene Firmen geheimdienstgesteuert Hochtechnologie in den Ostblock unter Umgehung des COCOM-Abkommens liefern durften?

A. von Bülow: Man hatte damals bereits die Technik entwickelt, in Computer elektronische Hintertüren einzubauen, die das Eindringen entweder über Satelliten oder Telefonleitungen ermöglichten.

W.W.: Wenn ich es recht verstehe, heißt dies im Endeffekt, daß der amerikanische Geheimdienst diese Eindringungssoftware bewußt in die High-Tech-Anlagen eingebaut hat und daß das COCOM-Abkommen deswegen gezielt gebrochen wurde, damit man den Osten möglichst umfassend ausspionieren konnte?

A. von Bülow: Das muß man wohl annehmen, ja.

Moneten-Müller

Auf der anderen Seite ist es merkwürdig, daß eine Firma in Wien, die selbst die leistungsfähigsten High-Tech-Computer in den Ostblock exportiert hatte, unter der Reagan-Administration plötzlich aufgelöst wurde. Das Geschäft wurde vom sogenannten Moneten-Müller samt Verkaufs- und Service-Mannschaft in der Nähe von Hamburg in einem für eine zweistellige Millionensumme gekauften Landgut aufgenommen. Müller übernahm den Vertrieb der Hochleistungsrechner des Typs VAX, die in den Raketensteuerungs- und Beobachtungsprogrammen der US-Streitkräfte zur Anwendung kamen und mit denen auch das Jäger-2000-Programm bei MBB-DASA und die Anlage des Genfer Atomforschungszentrums CERN gesteuert wurden. Moneten-Müller war zuvor in einem Informatik-Institut der südafrikanischen Streitkräfte beschäftigt gewesen. Man wird der CIA nicht zu nahe treten, wenn man unterstellt, daß sie über die Neukonstruktion des Geschäfts vollkommen im Bilde war.

Moneten-Müller wurde bei einer seiner Transaktionen mit hintertürbewehrten VAX-Computern gefaßt. Der amerikanische Verteidigungsminister Caspar Weinberger berief eine große Pressekonferenz in Washington ein, auf der er zornbebend den deutschen „Techno-Banditen“ vorführte und bitter den schamlosen Verkauf westlicher amerikanischer Verteidigungstechnik durch Bündnispartner an das „Reich des Bösen“ brandmarkte. Das amerikanische Presseecho war verheerend gegen die Bundesrepublik gerichtet, nach dem Motto: Wir Amerikaner halten unsere Köpfe hin für die Verteidigung der westlichen Freiheit und ernten den Dank des Verrats durch äußerst läßlichen Umgang mit den Embargobestimmungen gegen den Sowjetblock.

In den von Geheimdiensten gesponserten PR-Kampagnen findet man – von Rabta über Moneten-Müller bis hin zu Elementen der Raketensteuerung für den Irak und jetzt den angeblichen Hamburger Selbstmord-Muslimen – penetrant, geradezu per Design, das Bild vom deutschen Trottel, der gegen Geld die Freiheit verkauft und das Böse fördert. Ist die Kampagne durch, bleibt oft vor Gericht von den grandiosen Behauptungen nichts mehr übrig.

W.W.: Müller wurde vor Gericht ja von Otto Schily verteidigt.

A. von Bülow: Genau. Das Verfahren muß, nach dem Presseecho zu urteilen, außerordentlich fröhlich und mit viel Augenzwinkern über die Bühne gegangen sein. Das Urteil fiel sehr milde aus. Der Anwalt wurde über eine Wahlkampfspende bezahlt.

Die totale Kontrolle

W.W.: Können Sie diese Technik mit der geheimnisvollen Hintertür noch ein wenig genauer erläutern? Soweit ich weiß, haben die Israelis parallel dazu auch eine ähnliche Technik entwickelt.

A. von Bülow: Darüber gibt es in den USA einen großen Streit, weil der, der diese Technik entwickelt hatte, in der Zeit von Reagan um sein Patent betrogen worden ist. Ihm wurde das Patent weggenommen. Ursprünglich war es eine Software zum Ausmachen und Verfolgen von Hochkriminellen. Sie diente dazu, den gesamten Lebensbereich einer strafverfolgten Person zu überwachen, indem eine Fülle persönlichkeitsbezogener Daten – Wasser- und Elektrizitätsverbrauch, Telefonverbindungen, die Nutzung von Kreditkarten usw. – durch Ausspähung verschiedenster Computer und Datenbanken gesammelt und zu einem Gesamtbild zusammengefaßt werden. Anhand dieser Daten kann man die Bewegungs- und Beziehungsmuster jeder gewünschten Person erstellen.

Der Erfinder dieser Software, Hamilton, merkte sehr schnell, welcher Sprengsatz, aber auch welche Gewinnchancen in dieser von ihm entwickelten Software lag. Hamilton und dessen Frau, die an der Entwicklung dieses Programms mitgewirkt hatte, arbeiteten ursprünglich bei der NSA (National Security Agency). Die Software wurde dem Ehepaar vom amerikanischen Justizministerium entwunden, es kam zu einem Prozeß, und zwei Bundesgerichte bescheinigten dem Justizministerium den Diebstahl dieses Programms. Die unteren Instanzen sprachen damit den Eheleuten Hamilton gegenüber dem Justizministerium einen Schadensersatzanspruch zu, doch der Supreme Court gab dem Ministerium schließlich mit der Begründung recht, die Klage sei vor dem unzuständigen Gericht anhängig gemacht worden.

Kurzum, diese Technik ist insgeheim in die Computer eingebaut und mit Mitteln versehen worden, die die Abstrahlung in Richtung Satellitenüberwachung möglich machten. Mit Hilfe dieser Technik kann jeder Vorgang bis hin zu computergestützten Banktransaktionen und allem, was für Geheimdienste von Interesse sein könnte, verfolgt werden.

W.W.: Das heißt also, daß CIA und Mossad auch auf den Computern deutscher Banken und Finanzämter usw. mitlesen konnten bzw. können?

A. von Bülow: Richtig. Die Europäer verfügen über diese Technik nicht, es sei denn, sie steigen als Spione in das amerikanische System ein, wie es vermutlich die Israelis gemacht haben. Die Amerikaner wissen in bezug auf gezielt beobachtete Personen in der Welt genau, welche Geldmittel woher und wohin fließen, ob und woher Bestechungsgelder eingehen usw. Die europäische Korruption im politischen Bereich ist unter der Kontrolle der USA-Geheimdienste. Da die Israelis wiederum die amerikanische Szene mit im Griff haben dürften, ist auch die dortige politische Szene tendenziell gefährdet. Der Fall der hoch betrügerisch vorgehenden Energiefirma Enron in den USA, mit Begünstigungen in Administration wie Kongreß (70 % aller Mitglieder), zeigt, welche Sprengstoffe im entscheidenden Moment in die Arena geworfen werden können.

W.W.: Mittlerweile ist die Technik fortgeschritten, und wenn es wahr ist, was Sie sagen, wird es in den einschlägigen Kreisen längst bekannt sein, daß man alle Großrechner anzapfen kann, und man hat sicherlich Firewalls und ähnliches zur Abwehr installiert, dann wurde wieder neue Technologie zur Umgehung dieser Schutzmaßnahmen entwickelt usw. Wie ist der augenblickliche Stand?

A. von Bülow: Ich glaube, daß die Software-Hersteller zur Vereinfachung der Geheimdienstarbeit mit den Diensten zusammenarbeiten oder zusammenarbeiten müssen. Alle Sicherheitsmaßnahmen und Codes sind letztendlich knackbar. Die Aufwendungen der USA-Geheimdienste sind enorm, allein die NSA verbraucht soviel Elektrizität wie eine Großstadt, betreibt unzählige Satelliten, Bodenstationen und riesige Rechner. Die können jeden Code knacken.

Die KoKo und der Waffenhandel

W.W.: Inwiefern war die KoKo über die Berliner Firma IMES in den internationalen Waffenhandel verstrickt?

A. von Bülow: Die IMES war eine von zwei Firmen, durch die Länder und Gruppen mit Waffen beliefert werden konnten. Die zwei Firmen gab es deswegen, damit auch die jeweiligen Konkurrenten oder im Streit befindlichen Mächte beliefert werden konnten. Die IMES hatte sich mit ihrem Lager in Kavelsdorf bei Rostock auf einen größeren Umfang des Waffenhandels eingerichtet. Ich nehme an, daß sie in die Iran-Contra-Affäre verwickelt war. Das hing mit amerikanischen und innerisraelischen Problemen zusammen.

Die USA unter Carter hatten ein Waffenembargo gegen den Iran verhängt, belieferten jedoch den Irak mit allen Waffen, die dieser sich wünschte. Die Israelis konterkarierten diese Politik, indem sie aus ihren eigenen Armeebeständen Waffen an den mit Irak im Krieg befindlichen Iran zum Aufpreis von 300 % lieferten, die dann im Wege des amerikanisch-israelischen Militärlieferungsabkommens zum Einkaufspreis der amerikanischen Streitkräfte in den USA nachbeschafft werden konnten. Das mußte zwangsläufig über komplizierte Transport- und Zahlungswege verschleiert werden.

In Israel herrschte 1981 eine große Koalition von Likud und Arbeitspartei mit Schamir und Peres an der Spitze, mit der Abmachung, daß nach zwei Jahren Ministerpräsidentschaft von Schamir dann Peres das Ruder übernehmen sollte. Den Waffenkanal in den Iran mit den phantastisch hohen Gewinnen hatte sich eine Likud-Seilschaft aufgebaut, die das Geld auf ihre Mühlen zu lenken verstand. Die Peres-Mannschaft versuchte nun, diesen Waffenkanal zu torpedieren und einen eigenen Labour-Kanal aufzubauen. Da die Likud-Leute sich wehrten, kam es zum Skandal. Der neugebahnte Kanal der Labour-Leute wurde medienträchtig von den Likud-Mannen in die Luft gejagt.

Das traf Oliver North, den Organisator der nach amerikanischem Recht illegalen Waffenlieferungen an die Contras in Nicaragua, das zielte auf George Bush als damaligen Vizepräsidenten und auf zahlreiche Waffenhändler, die auf den Leim des neuen Kanals gegangen waren. Der Fall des Uwe Barschel könnte in diesem Zusammenhang eingeordnet werden. Und Schalck-Golodkowski mit seiner IMES hatte wohl die Hoffnung, über diesen Kanal größere Mengen von Waffen absetzen zu können, die dann allerdings mit dem Hochgehen ebenfalls gescheitert ist.

Mit dem Iran-Contra-Skandal hängt auch das dänische Schiff Pia Vesta zusammen, das in Rostock Militärlastwagen, Luftabwehrraketen und Panzerfäuste geladen hatte. Die IMES war der Verkäufer. Das Schiff fiel mit zweierlei Papieren ausgestattet letztlich dem panamaischen Staatschef Noriega im Hafen von Panama in die Hände. Zur besten amerikanischen Fernsehzeit wurden unter Beteiligung von CNN die Luken geöffnet und die Ladung aus dem Sowjetblock präsentiert. Höhnisch forderte Noriega den Eigentümer auf, sich bei ihm zu melden.

Das tat dann auch ein Waffenhändler aus Florida, der im Weißen Haus ein- und ausgegangen war und behauptete, auch mit Vizepräsident Bush engere Beziehungen zu haben. Bush hatte Noriega als Präsident der CIA besucht, von der dieser jahrelang ein Gehalt von jährlich 200.000 Dollar erhielt. Noriega hatte sein Land zur zentralen Einlaufstelle für die Geldwäsche der amerikanischen Narco-Dollars gemacht. Er selbst war im Drogenhandel aktiv. In seinem engsten Umkreis arbeitete der frühere zweite Mann des Mossad, Mike Harari, als Waffenhändler, der in Panama auch für die Ausbildung südamerikanischer Todesschwadronen zuständig war.

W.W.: Warum fiel Noriega in Ungnade?

A. von Bülow: Er hat einfach zu viel gewußt. Und er ist dann in einer Militäroperation mehr oder weniger entführt und in den USA vor Gericht gestellt worden. Seine Drohung, vor Gericht gestellt würde er „dem Bush an die Eier gehen", hat wohl im Gerichtsverfahren nichts bewirken können.

W.W.: Sitzt er noch ein?

A. von Bülow: Ja.

Die Israelis unterwandern die Terrororganisationen

W.W.: IMES hatte auch aus Großbritannien für die Ost-Berliner Firma Zibado Antiaufruhrwaffen gekauft. Zibado gehörte aber der Abu-Nidal-Gruppe an. Sie schreiben in Ihrem Buch „Im Namen des Staates" (München 1998), daß die Abu-Nidal-Gruppe ohne ihr Wissen vom Mossad unterwandert und mit Waffen beliefert worden sei, und zwar schon zur Zeit des Überfalls auf die Achille Lauro. Wo ist da der Sinn?

A. von Bülow: Damit berühren Sie ein sehr sensitives Thema. Zum eigenen Schutz unterwandern die Israelis möglichst die nahöstlichen Terrorgruppen und stehen dabei in Konkurrenz zu den USA, da auch die amerikanischen Geheimdienste dort eigene Quellen anwerben wollen. Doch die Israelis sind in aller Regel vor Ort und aufgrund der Herkunft vieler ihrer Staatsbürger aus den arabischen Ländern erfolgreicher. Die Israelis nutzen diese Terrororganisationen, wie ehemalige Mossad-Mitglieder berichten, zuweilen gezielt zur psychologischen Kriegsführung aus, d.h. sie nehmen auch eigene Opfer in Kauf, um die Weltöffentlichkeit auf ihre Seite zu bringen.

Die Abu-Nidal-Gruppe hat im Auftrag und mit dem Geld einer sizilianischen Mafiagröße – diese verdeckt im Auftrag des Mossad – den Kreuzfahrtdampfer Achille Lauro gekapert und im Lauf der Geiselnahme einen jüdischen Rollstuhlfahrer ins Meer geworfen. Wie berechnet, führte dies zu entsprechenden Reaktionen der internationalen Öffentlichkeit, mit der gewünschten allgemeinen Erkenntnis, daß man mit Arabern keine vertraglichen Bindungen verläßlich eingehen kann.

W.W.: Woher wissen Sie das?

A. von Bülow: Das berichtet der ehemalige Mitarbeiter der israelischen Geheimdienste Ari Ben-Menashe in seinem Buch „Profits of War". Die Abu-Nidal-Gruppe liquidierte vor allem palästinensische und arabische Politiker, die für Frieden mit Israel eintraten. Man kann davon ausgehen, daß der bekanntgewordene Fall des Überfalls auf die Achille Lauro nicht der einzige war, bei dem die psychologische Beeinflussung des Westens durch den israelischen Geheimdienst initiiert worden ist.

Das Netz des internationalen Waffenhandels

W.W.: Wie funktioniert das Netz des internationalen Waffenhandels? Wie wurde z.B. die Lieferung in Länder durchgeführt, wenn der amerikanische Kongreß den Waffenexport in diese verboten hatte?

A. von Bülow: Der Waffendeal läuft über Waffenhändler, die in privater Verantwortung handeln. Zum eigenen persönlichen wie auch wirtschaftlichen Überleben arbeiten sie alle mit Geheimdiensten zusammen, meist mit mehreren gleichzeitig. Da haben Sie dann z.B. einen belgischen Waffenhändler, der mit dem BND und dem belgischen Geheimdienst zusammenarbeitet, wahrscheinlich dann auch noch mit dem britischen. Und darüber hinaus macht dann dieser belgische Waffenhändler auch noch Geschäfte mit der Stasi bzw. Schalck-Golodkowski.

Die Aufgabe der Geheimdienste ist zunächst einmal die Aufklärung, und im Zuge dieser Aufklärung hängen sie sich an den Handel der Waffenströme an. Sie unterbinden sie nicht, sondern beobachten sie, und deswegen haben sie Kontakte mit den Waffenhändlern. Die Waffenhändler wiederum sind dadurch vor internationaler Verfolgung sicher. Sollte aber ein Waffenhändler nicht mehr seinem Geheimdienst bei Fuß gehen, landet er schnellstens wegen illegalem Waffenhandel im Gefängnis. Die Geheimdienst-Einrede ist vor Gericht in der Regel als „Schutzbehauptung" keinen Pfifferling wert. Natürlich könnte er auspacken, was den Geheimdiensten wiederum nicht lieb sein kann. Doch die Glaubwürdigkeit bleibt dank amtlicher Dementis immer zweifelhaft. Man erkennt, wie problematisch das Zweierverhältnis ist.

Nehmen wir als Beispiel die CIA, die nicht nur Waffenhandel durchführt, sondern auch viele Staaten in ihrem Interesse manipuliert, indem sie z.B. Minderheiten eines Landes mit Waffen versorgt, die dann Aufstände organisieren, um der jeweiligen Zentralregierung Schwierigkeiten zu bereiten. Daraus entstehen dann Regierungsumstürze, Teilungen von Ländern oder die Autonomie einzelner Provinzen. Die CIA nutzt sehr oft die Spannungen solcher Auseinandersetzungen aus.

Solche Waffenlieferungen müssen natürlich tunlichst geheimgehalten werden. Dem Irak eine chemische Waffenfabrik zu besorgen, den Iran oder die afghanischen Mudschaheddin mit Waffen zu beliefern, wäre für jede Dienststelle der USA leicht zu bewerkstelligen, wenn nicht unter gar keinen Umständen herauskommen dürfte, daß die USA oder die CIA hinter dem Waffendeal stecken. Deswegen nimmt man z.B. Waffenlager aus Polen, transportiert die Waffen nach Nordamerika, von dort nach Südamerika, dann nach Südafrika, von dort nach Australien, dann in rotchinesische Hände und von dort zum Endverbraucher, den Warlords in Afghanistan. Alles wird auf Geheimdienstebene oder auf privater Ebene organisiert.

Dahinter kommt auch kein investigativer Journalist, wenn ihm nicht Informationen von interessierter Seite zugesteckt werden. So kommen die gelieferten Waffen in der Regel aus Ländern, die zu den USA in Gegnerschaft stehen, so daß die auf *Bild*-Zeitungsniveau gehaltenen Massen sofort auf den gewünschten Trichter kommen, wer denn hinter der Lieferung stecken müsse. In Wirklichkeit kaufen westliche Dienste östliche Waffen im Zuge von kriegerischen Auseinandersetzungen auf und nutzen sie für ihre Zwecke.

W.W.: Die schwedische Firma Dynamit-Nobel (Bofors) hat in den 80er Jahren an die beiden kriegführenden Länder Iran und Irak Munition geliefert. Der damalige Ministerpräsident Olaf Palme wollte diese Munitionsverkäufe gründlich untersuchen lassen. Kann man von daher eine Verbindung zu seiner Ermordung ziehen?

A. von Bülow: Nein, das war im KoKo-Untersuchungsausschuß nicht feststellbar. Erkennbar war allerdings, daß Bofors die Ost-Berliner Adresse nutzen wollte, um an den Iran liefern zu können. Inwieweit Palme hier Bescheid gewußt hat, vermag ich nicht zu sagen. Ich glaube auch nicht, daß der Waffenhandel allein der Grund zu seiner Ermordung gewesen ist.

W.W.: Haben Sie eine Vermutung, wer hinter seiner Ermordung stehen könnte?

A. von Bülow: Nein. Irgendwelchen Kreisen war er lästig, aber Näheres kann ich dazu nicht sagen.

George Bushs Deal mit dem Iran

W.W.: Sie greifen in Ihrem Buch auch den Iran-Contra-Skandal auf. Der erste Teil der hintergründigen Machenschaften lief im Jahre 1980. Khomeini war Anfang 1979 an die Macht gekommen, 1980 begann der iranisch-irakische Krieg durch Angriff des Iraks, in Teheran wurden am 04.11.1979 die amerikanischen Botschaftsangehörigen als Geiseln festgesetzt, und für Ende 1980 standen in den USA Präsidentschaftswahlen an. Präsident Carter wollte wiedergewählt werden, und für seine Wiederwahl war die Geiselbefreiung ein Muß. Der Versuch der Geiselbefreiung mit

Hubschraubern scheiterte kläglich. In dieser Zeit hätten sich der spätere CIA-Chef Casey und der spätere Vizepräsident unter Ronald Reagan, George Bush, mit Vertretern des Iran getroffen und hätten ihnen 52 Mio. Dollar sowie jedwede Waffenlieferung für den Krieg mit dem Irak versprochen, wenn sie die Geiseln bis zur Wahl von Reagan nicht freilassen würden. Tatsächlich kamen die Geiseln am Tag der Amtseinführung von Reagan frei. Beruht dies alles auf Fakten?

A. von Bülow: Hier gibt es viele Zeugenaussagen, z.B. derjenigen, die Bush zu diesem Geheimtreffen geflogen haben. Offiziell werden diese Aussagen natürlich alle ins Lächerliche gezogen. Aber die Piloten, die Bush und Casey zu den Geheimverhandlungen nach Paris geflogen haben, haben dies z.B. ausgesagt. Der CIA-Mitarbeiter Brenneke hat es ebenfalls bestätigt. Er wurde wegen Meineides angeklagt, weil er angeblich gar nicht der CIA angehört habe. In diesem Verfahren mußte sich jedoch das Justizministerium in Washington den Vorwurf gefallen lassen, das Geschworenengericht mehrfach belogen zu haben, und es stellte sich heraus, daß Brenneke sehr wohl der CIA 18 Jahre lang als Mitarbeiter angehört hatte. Er sagte darüber hinaus umfassend über geheime Waffenverkäufe der CIA aus und wurde später von allen Vorwürfen freigesprochen.

Also, es gibt zahlreiche Hinweise auf den von Ihnen angesprochenen Tatbestand, aber es gab in den USA niemals einen ernsthaften Untersuchungsausschuß zu diesen Vorkommnissen. Fest steht, daß Carter alles daran gesetzt hat, die Geiseln freizubekommen, und es spricht alles dafür, daß die militärischen Operationen der Amerikaner in der iranischen Wüste aus den eigenen Reihen sabotiert worden sind, denn es gab ein Debakel nach dem anderen. Man wollte Carter bewußt ins Unglück stürzen, um seine Wiederwahl zu verhindern.

Ferner ist es erwiesen, daß daraufhin die Israelis Waffen an den Iran geliefert haben und die USA die israelischen Waffenbestände wieder aufgefüllt haben. Daran haben die Israelis viel verdient, und Teile dieser Gelder sind an die Contras in Nicaragua gegangen. Israel war damals wegen der eigenen Zugeständnisse in Camp David an einer Abwahl Carters interessiert. Offiziell gab es ein Waffenembargo der USA gegen den Iran, und wegen des Dreiecksgeschäfts über Israel wurde es offiziell nicht gebrochen. Auf ähnlichem Wege wurde der Kongreß auch in bezug auf Waffenlieferungen und Geldflüsse an die Contras umgangen.

W.W.: Ist der Iran-Contra-Skandal bis heute befriedigend aufgeklärt bzw. sind die Schuldigen verurteilt worden?

A. von Bülow: Nein, die Mitwirkenden sind jetzt alle wieder in Amt und Würden in der neuen Bush-Administration. Der damalige Mitarbeiter des Sicherheitsberaters MacFarlane, Admiral Pointdexter, hat heute ein neues Amt bekommen. Negroponte, der damals maßgeblich an den Vorfällen beteiligt war, ist heute der Vertreter der Vereinigten Staaten bei der UN. Das heißt also, daß sie alle geadelt worden sind.

Saddam Hussein – ein Produkt der CIA?

W.W.: Viele Länder des Westens unterstützten den Irak mit Waffen. Frankreich lieferte z.B. einen Forschungsreaktor, bei dem angereichertes Uran anfiel, das leicht zu waffenfähigem Uran verarbeitet werden könnte, so daß der Irak Atomwaffen hätte bauen können. Aus Deutschland kamen Hochleistungszentrifugen, aus Südafrika ein Atomlaboratorium usw. usf. War man sich nicht klar, was man mit Saddam Hussein und diesen Waffen für ein Gefährdungspotential heranzüchtete?

A. von Bülow: Hussein ist auch ein Produkt der CIA. Wie viele andere kam auch er durch Putsch und Sturz anderer Herrscher an die Macht. – 1977/78 begannen im Iran revolutionäre Unruhen, und der Schah Muhammed Reza Pahlewi mußte am 16.01.1979 das Land verlassen. Bereits am 02.02.1979 kehrte Khomeini aus Frankreich in den Iran zurück und rief wenig später die Islamische Republik aus. Ein Grund für den Sturz des Schahs war wahrscheinlich, daß ihn die USA nicht mehr unterstützten, denn damals setzte sich die Brzezinski-Doktrin durch. Sie hatte u.a. zum Ziel, die UdSSR mit fundamentalistisch-muslimisch ausgerichteten Staaten zu umgeben, die ihrerseits die muslimischen Teilstaaten der Sowjetunion destabilisieren sollten.

Nach dem Machtwechsel im Iran hat man den Irak ermuntert, den Iran zu überfallen, u.a. auch, um an die Ölfelder bei Mossul heranzukommen. Waffenlieferungen an den Irak waren für alle westlichen Staaten ohne Problem. Daran war auch Franz Josef Strauß beteiligt, vor allem aber die Franzosen. Die Engländer und die Amerikaner lieferten die Chemiewaffen. Niemand hatte zu dieser Zeit damit Probleme. Im Iran-Irak-Krieg haben die Amerikaner beide Seiten kontinuierlich gegeneinander ausgespielt, indem mal der einen, mal der anderen Seite gezielt Satellitenaufnahmen zugespielt wurden, aufgrund derer man die Truppenbewegungen des Feindes erkennen, jedoch nie sich ein zusammenhängendes Bild machen konnte.

In Afghanistan hatte man die UdSSR in der Falle

W.W.: Kam der Einmarsch der Sowjets in Afghanistan den USA und der CIA gelegen?

A. von Bülow: Ja, sehr. Sie haben diesen Einmarsch sogar mehr oder weniger herbeimanipuliert. Das war ein sehr langfristiger Plan. Man wollte den Russen ein Vietnam bereiten, um sie dort verbluten zu lassen. Brzezinski rühmt sich noch heute dieser Überlegungen und führt den Zusammenbruch der Sowjetunion auf sein Wirken zurück. Die Idee war, den muslimischen Teil der Sowjetunion zu packen.

Im Jahre 1973 putschte sich in Afghanistan der Vetter von König Sahir Schah, Daud, an die Macht, bis er 1978 von der kommunistisch orientierten Demokratischen Volkspartei gestürzt wurde, gegen die sich dann der bewaffnete Widerstand der Mudschaheddin richtete. Die Regierungen in diesen Jahren waren tendenziell gemäßigt.

Afghanistan war früher immer schon eine Art Pufferstaat zwischen dem zaristischen Weltreich und dem englischen Imperium. Ende der 70er Jahre des 20. Jahrhunderts rührten sich in Afghanistan die ersten Warlords mit ihren bewaffneten Gruppen, und die UdSSR war bemüht, mit den USA in Afghanistan ein einigermaßen stabiles Regime zu gewährleisten. Doch die USA winkten ab, drückten auf den Rückzug der gemäßigten Parteien aus der Koalition. Nach einem Putsch rief die Regierung Amin die Sowjetunion aufgrund des ein Jahr zuvor geschlossenen Freundschaftsvertrages zu Hilfe. Im Dezember 1979 ließ Breschnew die sowjetischen Truppen in Afghanistan einmarschieren. Diese Intervention soll im Politbüro außerordentlich umstritten gewesen sein, aber die Mehrheit hat sich dann dafür entschieden. In diesem Moment hatte man die UdSSR in der Falle.

Nun begann die CIA zusammen mit den pakistanischen und saudischen Geheimdiensten, aus der ganzen muslimischen Welt Söldner anzuheuern, von Algerien bis nach Indonesien, um die russische Armee im Partisanenkampf kleinzukriegen und sie dort verbluten zu lassen. Die Folge haben wir heute in Form von Al-Qaida und Osama bin Laden. Osama bin Laden hat allein etwa 10.000 Kämpfer herangeschafft. Diese sogenannten Freiheitskämpfer waren oftmals die Tunichtgute ihrer Heimatgemeinden, die als Söldner „in heiliger Sache" in Afghanistan wenigstens etwas Geld verdienen konnten. Das waren Söldner und alles andere als große religiöse Krieger. Sie wurden zum Teil von der CIA, zum Teil von den pakistanischen Diensten zum Kampf gegen die sowjetischen Truppen in allen erforderlichen Techniken ausgebildet.

W.W.: Diese sogenannten Freiheitskämpfer durchliefen die pakistanische Madrassas für einige Wochen, bekamen eine kurze religiöse Erziehung und wurden dann militärisch geschult. Dies soll u.a. in Deutschland und anderen westlichen Ländern geschehen sein. Wissen Sie etwas darüber?

A. von Bülow: Nein, aber ich schließe es nicht aus. Damals wurden die Mudschaheddin bei uns mit glühenden Augen als Freiheitskämpfer dargestellt, und wenn man hier ein wenig „Entwicklungshilfe" geben konnte, hat man das sicherlich getan.

Das Zugriffsrecht der USA auf alle Rohstoffe der Welt

W.W.: Einer der Interessenshintergründe der USA ist das Öl. Welche Ölinteressen der USA liegen hinter den verschiedenen Konflikten und Kriegen in Afghanistan?

A. von Bülow: Erstens scheint es in Afghanistan, und zwar im Norden, doch erhebliche Ölreserven zu geben. Zweitens möchten die amerikanischen Ölgesellschaften an die außerordentlich großen Öl- und Gasreserven in den Staaten südlich des Kaspischen Meers heran, und nun geht es um die Transportwege, d.h. um Pipelines. Eine solche Pipeline soll nach den Vorstellungen in Washington weder über Rußland noch über den Iran gehen, über China schon gar nicht, und da bietet sich nur die Linienführung über Afghanistan bis hin zum Indischen Ozean an.

Natürlich ist es völlig klar, daß eine Ölgesellschaft, die einige Mrd. Dollar für eine solche Pipeline ausgibt, dort keine Warlords mehr dulden kann, die einmal pro Woche mit Maschinengewehren und Handgranaten die Pipeline sabotieren könnten. Also braucht man Sicherheit. Man braucht eine Zentralregierung, die diese Sicherheit gewährleisten kann. Deswegen hat die Administration auch noch bis zum August letzten Jahres scheinbar problemlos mit den Taliban verhandelt. Die sind ja ein Produkt der amerikanischen Politik wie Al-Qaida und Osama bin Laden auch.

W.W.: Gibt es Hinweise darauf, daß der jetzige Afghanistan-Krieg schon vor dem 11.09.2001 geplant war?

A. von Bülow: Das weiß ich nicht, aber man kann sicherlich unterstellen, daß es im Pentagon genügend Menschen für alle Himmelsrichtungen gibt, die sich auskennen und militärische Planungen durchführen. Angeblich sind Vertretern Pakistans wie Indiens entsprechende Hinweise zu Ohren gekommen. Brzezinski als geopolitischer Vordenker der amerikanischen Dienste hat den Anspruch der USA postuliert, als einzig verbliebene Großmacht, als Sheriff des Globus, ein Zugriffsrecht auf die Rohstoffe der Welt zu haben und sich dieses Recht mit Gewalt zu sichern. Dies scheint auch die Marschrichtung der Regierung Bush zu sein. Ganz gleich um welche lokale Auseinandersetzung es auch immer gehen mag, die große Karte wird in den strategischen Köpfen der USA stets mitgedacht.

W.W.: Wie soll denn diese große Karte aussehen?

A. von Bülow: Kennen Sie eine größere deutsche Ölgesellschaft, die irgendwo in der Welt Öl fördert?

W.W.: Nein.

A. von Bülow: Sehen Sie, die Welt ist zwischen amerikanischen und auch englischen Firmen aufgeteilt. Auch Frankreich darf manchmal noch etwas am Katzentisch mitbestimmen, und der Rest der Welt hat nichts zu melden. Und die genannten Staaten versuchen, ihr Kartell aufrechtzuerhalten. Sie versuchen, an die Rohstoffe heranzukommen, um daran zu verdienen. Und weil es im Nahen Osten oft Fördergebiete gibt, in denen es nach kürzester Bohrung sprudelt, fallen hier die Extragewinne für die Ölgesellschaften an, mit denen dann als Gegenleistung in den westlichen Demokratien die verschiedensten Parteien unterstützt werden können.

„Der Anschlag auf das WTC war kein muslimischer"

W.W.: Immer wieder hört man, daß es vor dem 11.09.2001 Warnungen von den Philippinen, vom Mossad oder anderen Geheimdiensten gegeben hätte, die ziemlich genau vor einem solchen Anschlag gewarnt hätten. Wenn die Geheimdienste weltweit alles abhören und mitlesen, warum konnten sie dann diesen Anschlag nicht verhindern?

A. von Bülow: Es ist schwer zu sagen, was die einzelnen Geheimdienste gewußt haben. Ich bin nicht der Überzeugung, daß der Anschlag auf das World Trade Center ein muslimischer Anschlag war. Die 19 Attentäter und die angeblich dahinterstehende Al-Qaida haben in den Tagen vor dem Anschlag mit Klarnamen geradezu wie besessen Spuren hinterlassen. Sie haben überall mit ihrem Namen und ihren Kreditkarten bezahlt, sie haben ihre Flugschule auf ihren Namen gebucht, sie haben mit ihrem Namen Autos gemietet, sie haben mit ihren Kreditkarten ihre Mahlzeiten und in Striptease-Bars bezahlt, und sie haben den gesamten E-Mail-Austausch über das Internet mit ihren Namen durchgeführt und dabei auch ganz offen über Anschläge diskutiert. Daß das alles den Geheimdiensten entgangen sein soll, ist meines Erachtens völlig ausgeschlossen. Ich gehe daher davon aus, daß die Spur der muslimischen Selbstmordattentäter eine bewußt gelegte Spur der Desinformation, der öffentlichen Irreführung ist.

Folgt man dieser Argumentation, dann muß man neben der offensichtlichen und amtlichen Fehlspur eine andere unterstellen, die das hochprofessionelle Vorgehen der eigentlichen Attentäter erklären kann und die u.a. zum Ziel hatte, die Muslime weltweit als neue Feinde, sozusagen als Kommunistenersatz zu implantieren. So kann die Bush-Administration inzwischen bereits bis zu 60 Staaten als angebliche Terroristenunterschlupfe und Stützpunkte in Haft nehmen. Als wesentliches Ergebnis dieses Prozesses kann man jede Hoffnung auf die Friedensdividende als Folge des Zusammenbruchs der Sowjetunion vergessen. Mehr Geld denn je kann für Waffen und Kriegseinsätze verpulvert werden.

W.W.: Das stößt natürlich unser bisheriges Bild von diesem Anschlag um. Deuten Sie damit darauf hin, daß amerikanische Kreise hinter diesem Anschlag stehen? Ist so etwas wirklich glaubwürdig?

A. von Bülow: Das weiß ich nicht. Bisher kann man nichts beweisen. Aber der gesunde Menschenverstand spricht dafür, daß es Leute gegeben haben muß, die von diesem Anschlag gewußt haben.

W.W.: Sie glauben also nicht, daß Osama bin Laden den Anschlag auf das World Trade Center verübt hat?

A. von Bülow: Das halte ich für ausgeschlossen. Er ist meines Erachtens ein Kunstprodukt, ein schönes Geheimdienstgespenst. Ich weigere mich auch zu glauben, daß eine derart hochkomplexe Operation aus den Höhlen von Afghanistan zu organisieren ist. Und derjenige, der das Flugzeug geflogen ist, das ins Pentagon gerast ist, muß ja einen Kunstflugradius von 270 Grad gesteuert haben – ein Manöver, das diese Hobbyflieger nach so wenigen Flugstunden und dem miserablen Zeugnis ihrer Fluglehrer nicht bewerkstelligen konnten.

W.W.: Meinen Sie denn, daß die vier Flugzeuge von außen gesteuert worden sind?

A. von Bülow: Das ist eine Vermutung. In Großbritannien ist Ende der 50er Jahre die Möglichkeit entwickelt worden, Flugzeuge pilotenlos zu manövrieren. Dort hat man ein Modell entwickelt, daß man vier Flugzeuge ohne Piloten im Verband starten, fliegen und auch wiederum landen lassen kann. Soweit ich weiß, haben die Amerikaner diese Technik in den 70er Jahren übernommen, um in Fällen von entführten Flugzeugen zu

Hilfe zu kommen. 600 Großraumflugzeuge der Marke Boeing sollen so ausgerüstet worden sein. Aber ich kann die näheren Zusammenhänge mit den vier beim Attentat entführten Flugzeugen nicht überprüfen. Möglicherweise ist diese Technik hier mißbraucht worden.

W.W.: Dem widerspricht aber, daß das vierte Flugzeug nicht ins Ziel kam, weil die Passagiere die Attentäter überwältigt haben. Wenn es von außen gesteuert worden wäre, hätte es ins Ziel fliegen müssen.

A. von Bülow: Es wird behauptet, daß das Flugzeug aufgrund eines Kampfes mit dem Piloten abgestürzt sei und sich in den Boden gebohrt habe. In Wirklichkeit ist es in der Luft zerstört worden, und die Trümmer sind zehn bis 15 km weit zerstreut worden. Es wird behauptet – allerdings im Internet –, daß die Telefonate der Fluggäste nicht von den Fluggesellschaften abgebucht worden sind. Normalerweise hätten sie über deren Rechner laufen müssen. Aber ich kann das nicht überprüfen. Wenn man sich auf die Theorie einläßt, daß es so sein könnte – also daß die muslimische Spur eine Desinformationsspur ist –, dann wäre es natürlich auch ein Leichtes, Telefonanrufe zu simulieren.

W.W.: Aber es sind doch auch Privatgespräche angekommen. Die kann man doch nicht simulieren.

A. von Bülow: Das könnte man sehr wohl. Es bleiben aber auch so noch erhebliche Zweifel an den angeblichen Telefonaten. Der Heldenkampf in der einen Maschine müßte sich auch im Stimmaufzeichnungsgerät widergespiegelt haben, doch es wird der Öffentlichkeit vorenthalten.

W.W.: In dieser Kette müßten Sie auch den nächsten konsequenten Schluß ziehen: daß die Bin-Laden-Videos gefälscht sind. Glauben Sie das auch?

A. von Bülow: Mit Sicherheit. Dazu sagen Leute aus Hollywood, daß dies technisch überhaupt kein Problem sei. Arabisten meinen im übrigen, die Abschrift im Pentagon stimme mit dem Geäußerten nicht überein.

Verschwörungstheorien?

W.W.: Normalerweise kenne ich die Schilderung solcher Zusammenhänge nur aus der Feder von Verschwörungstheoretikern.

A. von Bülow: Wenn man sonst nichts mehr weiß, kommt dieser Vorwurf wie das Amen in der Kirche. Jeder Amtsträger, der seine Verschwörungstheorie unters Volk bringen möchte und die Geneigtheit entsprechender Journalisten gefunden hat, wehrt Zweifel mit dem Hinweis auf die

Spinner von Verschwörungstheorien ab. Zunächst einmal ist es aber so, daß man staunend vor einem derart perfiden Vorgang steht. Man fragt sich, ob jemand, der so überlegt und perfekt wie bei dem Anschlag auf das WTC vorgeht, nicht darüber nachgedacht haben soll, daß er der muslimischen Welt ungeheuren Schaden zufügt. Er muß wissen, daß dies zu einem ungeheuren Rückschlag in den eigenen Reihen führen wird, daß dies nicht im Interesse der Muslime sein kann.

Ein Kriminalist hat ja auch nicht am Tag nach der Tat die Lösung. Er untersucht den Ort der Straftat, rätselt, sucht nach denkbaren Spuren aus Hergang und Auswirkungen der kriminellen Tat und versucht dann, langsam sich ein Bild zu machen, auch die tragende Idee herauszufiltern. Man fragt sich dann, wem eine solche Tat nützt und welcher Sinn sich dahinter verbirgt. Man macht sich grobe, skizzenhafte Anfangsvorstellungen, dann wiederum wird man bemerken, daß viele Teile des Puzzles nicht mit diesen Vorstellungen übereinstimmen, man ist gezwungen, sie zu verwerfen. Auch ein Kriminalist geht Schritt für Schritt von einer Theorie zur nächsten und muß sich immer wieder überlegen, welche Gesamtvorstellung alle Teile eines Puzzles logisch miteinander verbindet.

Wenn der Anschlag auf das WTC eine verdeckte Operation zur Beeinflussung der Massen auf der ganzen Welt gewesen ist, dann möchte man gerne, daß diese Desinformationslinie weltweit von der öffentlichen Meinung geglaubt wird. Dann paßt es überhaupt nicht ins Bild, daß daran irgendwelche Menschen zweifeln. Man könnte doch sonst solche Vorstellungen als Diskussionspunkt in der Öffentlichkeit aufnehmen, sie z.B. als völligen Unsinn verwerfen, wenn sich herausstellen sollte, daß sie nicht stichhaltig sind. Doch bereits die Zweifel begründenden Fakten werden von den Medien der westlichen Welt mit beredtem und wohl auch betretenem Schweigen übergangen.

W.W.: Aber warum?

A. von Bülow: Ja, das weiß ich eben nicht. Offensichtlich weil die Haupttheorie geglaubt werden soll, also die staatliche Verschwörungstheorie. Von dieser Seite aus mag man es wahrscheinlich überhaupt nicht, daß solche anderen Theorien auch nur diskutiert werden. Mich wundert, daß die Medienlandschaft so etwas nicht aufgreift. Schließlich kann man davon einige Tage leben, und danach könnte die amerikanische Seite ihre Sicht darstellen und meinetwegen begründen, warum die Zweifel an der amtlichen Verschwörungstheorie blanker Unsinn sind. Man könnte z.B. darstellen, daß der Ingenieur, der behauptet, daß man Flugzeuge von außen steuern könne, sich irrt. Und dann wird wahrscheinlich ein anderer Ingenieur kommen, der wiederum das Gegenteil behauptet usw. usf.

Aus solchen Diskussionen, auch von Minderheitenmeinungen, entsteht überhaupt erst ein ordentliches und verläßliches Bild von dem, was gewesen ist. Daß überall in Europa und den USA über diese Hintergründe des Anschlags geschwiegen wird, ist faszinierend und erschreckend zugleich. Denn hier ist das Grundtransportsystem von Nachrichten in einer Demokratie unterbunden, ein, wie ich finde, grob gegen die Verfassung verstoßendes Verhalten. Ohne objektive Berichterstattung keine objektive Meinungsbildung und ohne Meinungsbildung auch über Minderheiten keine Demokratie.

W.W.: Fürchten Sie nicht um Ihr Leben, wenn Sie solche Dinge behaupten?

A. von Bülow: Bisher noch nicht.

W.W.: Es sind genügend Menschen liquidiert worden.

A. von Bülow: Wenn man genauestens beweisen könnte – durch Videos, schriftliche Unterlagen oder hieb- und stichfeste Zeugenaussagen –, daß z.B. der Anschlag auf das WTC von einer anderen Seite her gekommen ist, und wenn man das in die Öffentlichkeit brächte, so daß daraus folgend ganze Regierungen stürzen würden, dann wäre man gefährdet. Aber solange man nur Vermutungen anstellt, ist man lediglich unerwünscht. Ich kenne viele Menschen aus dem Drogengeschäft, die u.a. mit der CIA zusammengearbeitet haben, und unter ihnen sind viele zu Tode gekommen, z.B. durch Flugzeugabstürze.

Insider-Geschäfte

W.W.: Wie steht es mit den Insider-Geschäften, dem Short selling der Aktien von Fluggesellschaften, Finanzdienstleistern und Rückversicherern? Wer ist es, der diese Börsengeschäfte gewinnbringend durchgeführt hat?

A. von Bülow: In diesem Bereich sind etwa 15 Mrd. Dollar eine Woche vor dem Anschlag umgesetzt worden von Menschen, die Bescheid gewußt haben müssen. Wenn man es gekonnt hätte, hätte man es natürlich gerne der Al-Qaida in die Schuhe geschoben, aber offensichtlich kann man das nicht.

Auch das Anthraxproblem ist eine sehr merkwürdige Geschichte. Es ist nicht richtig aufgeklärt worden, und man vermutet als Hintermänner

Wissenschaftler der Armee und auch der CIA, die an Anthraxmunition gearbeitet haben. An dieses Problem will man wohl nicht weiter herangehen, weil die Wissenschaftler zu viel ausplaudern könnten. Faszinierend zu beobachten ist aber, daß der Anschlag auf das WTC stattfindet und sofort von der Anthraxproblematik überlagert wird. Ein ganzes Land wird durch einen terroristischen Angriff ganz anderen Zuschnitts unter Beschlag genommen, der ganz offensichtlich rein inneramerikanisch ist.

„Das Gute im Kampf gegen das Böse"

W.W.: Das nächste Kriegsziel der USA wird voraussichtlich der Irak sein. Welche Absicht verfolgen die USA mit diesem Krieg?

A. von Bülow: In der amerikanischen Politik gibt es eine merkwürdige Eigenschaft: nicht aufgeben zu können. In bezug auf Kuba verhält es sich genauso. Kuba nimmt man seit Jahrzehnten in eine Kollektivhaftung, obwohl man genau weiß, daß der dortige Kommunismus sich bald zu Tode reiten wird. Gorbatschow hat den Republiken des ehemaligen Sowjetreiches die Freiheit der Entscheidung gegeben. Warum Amerika zu einer ähnlichen Geste gegenüber Kuba nicht bereit ist, ist mir unerfindlich. Als könnte Fidel Castro ohne das fanatische Embargo der USA doch noch zum kommunistischen Erfolgsmodell werden!

Saddam Hussein ist für die USA der Inbegriff des Bösen, vorher war es Gaddafi. Scheinbar braucht man den religiös überhöhten Gegner in den USA, das Gute im Kampf gegen das Böse. Es wird bei Teilen der amerikanischen Bevölkerung Jubel ausbrechen, sollte es George W. Bush gelingen, Saddam Hussein öffentlichkeitswirksam zu stürzen oder umzubringen. Im übrigen ist für das Renommee eines Weltpolizisten wichtig, daß die Welt immer wieder miterleben kann, wie der Stock auf irgendeinen gerade widerspenstigen Hintern heruntergeht.

Das Geschäft mit der Rüstung

W.W.: Der ehemalige Präsident Clinton hat 1994 mit Nordkorea verabredet, die Schließung und Überwachung der nordkoreanischen Nuklearanlagen zu übernehmen und die Atomraketen abzukaufen. Den zweiten Teil der Vereinbarung, den Abkauf der Atomraketen, unterläßt Bush nun. Hat er Nordkorea in die „Achse des Bösen" eingeordnet, damit er mit Nordkorea einen Alibischurken mit Atomraketen aufzeigen kann und deswegen seine NMD-Weltraum-Raketenabwehr in die Wege leiten kann?

A. von Bülow: Nach dem weltweiten Zusammenbruch des Kommunismus müßte die amerikanische Bevölkerung über ihre politischen Parteien eigentlich fordern, daß der jährlich Hunderte von Milliarden schluckende Rüstungsetat für friedlichere Zwecke verwendet wird. Man könnte die Maschinerie herunterfahren und sich kooperativ unter Achtung des Völkerrechts in die internationale Weltgemeinschaft einordnen. Die USA sind als kontinentale Wirtschaftsmacht mit ihren technologischen Vorsprüngen eh stark genug. Nach dem Untergang der Gegenmacht ist der ganze High-Tech-Rüstungskram in der Gefahr, gegenstandslos zu werden. Doch der in die Millionen von Beschäftigten gehende Gesamtapparat wehrt sich natürlich gegen solche Forderungen. Er wehrt sich industriell dagegen, er wehrt sich intellektuell dagegen, und er wehrt sich mit seinen Funktionären dagegen.

Eisenhower hat seinerzeit nicht ganz zu Unrecht gesagt, daß der militärisch-industrielle Komplex inzwischen die Demokratie auf Bundesebene wie in jeder Kleinstadt bedrohe. Denn er hat als ehemaliger Oberbefehlshaber der amerikanischen Streitkräfte in Europa gemerkt, daß ihm in der Zeit seiner Präsidentschaft Waffen vom Kongreß verschafft worden sind, die er für völlig unsinnig hielt. Dadurch wurde er in eine Konfrontation mit der Sowjetunion hineingezwungen, die er in diesem Umfang nicht haben wollte. Er merkte also, daß hier demokratiegefährdende Kräfte aufkamen. Und genau dies ist auch das heutige Problem. Der militärisch-industrielle – und nicht zu vergessen: intellektuelle – Komplex in den USA versucht natürlich, neue Feindschaften aufzubauen, die langfristig so haltbar sind, daß man all die geliebten Rüstungsspiralen weiter am Drehen halten kann.

Und dazu braucht man Gegner, die über Raketen verfügen, die angeblich sogar die USA erreichen und ernsthaft bedrohen können. In Wirklichkeit wagt dies natürlich kein Land, weil es im Kriegsfall mit seinen wenigen Raketen über Nacht dem Erdboden gleichgemacht werden würde. Deshalb muß man die chemischen und biologischen Waffen als große Gefahr darstellen, genauso den Terrorismus, mit der logischen Schlußfolgerung, die militärische Apparatur uneingeschränkt aufrechtzuerhalten. Als Kollateralnutzen wird der Aufwand durch den Zugriff auf die Rohstoffe der Erde gerechtfertigt.

Kampf der Kulturen?

W.W.: Wie sieht die Welt in 20 Jahren aus?

A. von Bülow: Das wird jetzt gerade entschieden. Entweder gelingt es den Amerikanern, die Welt so auf ihren Leisten zu nageln, unter ihre Vorherrschaft zu drücken, daß kein Staatsmann es mehr wagt, amerikanischen Wünschen zu widersprechen. Oder aber die Menschheit verhält sich im Umgang mit dem Hegemon so, daß es den USA mehr Nach- als Vorteile bringt. Dann kann es zur Gegenwehr von Innen, aus der amerikanischen Demokratie kommen. Der Antiamerikanismus wird heutzutage immer stärker, aber ich teile ihn nicht. Im Gegenteil: Ich liebe das Land, sehe seine großen Vorzüge und begreife nicht, warum die USA diese Art von Politik verfolgen.

Es sind bestimmte Eliten in den Vereinigten Staaten die sich von diesem Weg Vorteile für ihr Land versprechen. Wenn es gelingt, daß die Europäer sich zusammentun, mit den vernünftigen muslimischen Staaten zusammenarbeiten, sich mit den Russen absprechen, ebenfalls mit den Chinesen, dann kommt Amerika mit dieser Art von Politik nicht durch. Doch die gegenwärtige Regierungsmannschaft in den USA wird alles daransetzen, diese europäisch geführte Gegenposition zu verhindern. Man beobachte nur den Oberpudel der europäischen Satrapie, Blair. Großbritannien als alternder Juniorpartner der letzten Supermacht!

W.W.: Glauben Sie, daß es zu dem sogenannten Kampf der Kulturen kommen wird, den Huntington beschworen hat?

A. von Bülow: Ich hoffe nicht. Aber die muslimische Welt ist schwach. Sie ist zwar menschenstark und kann auch Selbstmordattentäter mobilisieren, aber sie ist durch die Kolonialpolitik vor allem der Engländer und durch das willkürliche Setzen von Grenzen, durch das Inthronisieren von wackeligen Kleinstdynastien über gewaltigen Ölreserven in einem unglaublich schwierigen Zustand. Amerika ist einfach viel zu stark, und Israel natürlich auch, als daß man irgendwo gegen sie eine Gegenposition aufbauen könnte.

Gegenentwurf zur einseitigen US-Politik

W.W.: Wenn alles das stimmt, was Sie sagen und schreiben, dann kann man in bezug auf die letzte Hoffnung im politischen Weltgeschehen völlig vom Glauben abfallen. Welche Motivationsgründe gibt es für heutige jugendliche Menschen überhaupt noch, sich politisch zu interessieren oder gar zu engagieren?

A. von Bülow: Die Parteipolitik wird ja – teilweise zu Recht, teilweise aber auch zu Unrecht – oft mit großem Naserümpfen betrachtet, aber man kommt nur in der Gemeinschaft weiter. Was mir am Herzen liegt, ist, daß man nicht alles glaubt, was über die Medien in die Hirne hineinverpflanzt werden soll. Weiterhin liegt mir am Herzen, daß nicht neue Feindbilder entstehen, wie wir mit dem Kommunismus 50 Jahre eines gehabt haben. Es wäre eine Katastrophe, wenn die Muslime bzw. die muslimisch-arabischen Staaten zum neuen Feindbild des Westens herangezüchtet würden, gegen die man einen neuen Kreuzzug führen muß. Und insofern liegt mir daran, daß all diejenigen, die dieses Geschäft betreiben, es zumindest in der deutschen Öffentlichkeit in Zukunft schwerer haben.

Aber wenn man das will, muß man sich auch in der Politik engagieren. Die Skepsis in Deutschland gegenüber der derzeitigen amerikanischen Politik ist mittlerweile so groß, daß selbst ein Mann wie Karl Lamers von der CDU diese Antihaltung der deutschen Bevölkerung zur amerikanischen Politik konstatiert und die Politiker dazu aufruft, sich darum zu kümmern. Ich empfehle also jungen Menschen ohne weiteres, in die Parteien hineinzugehen oder zumindest dort zu diskutieren und Rede und Antwort zu fordern. Die Politiker müssen merken, daß sie mit ihren Styropor-Argumenten nicht mehr durchkommen, und die Politik, die wir von Amerika gereicht bekommen, nicht mehr akzeptieren.

Damit fängt es an, und dann kann der Druck eines Landes gegen die einseitige Politik der USA wachsen. Gleiches muß natürlich auch in Frankreich und England geschehen. Vor allem müssen diese beiden Länder endlich akzeptieren, daß sie Provinzen Europas sind. Das gilt auch für Deutschland. Berlin kann allein nichts bewirken, vieles muß in Brüssel koordiniert und bestimmt werden. Nur in der Gemeinsamkeit der europäischen Nationen sind wir überhaupt in der Lage, der einseitigen US-Politik einen Gegenentwurf entgegenzustellen. Und dieser Druck muß mit Kraft aufgebaut werden.

Eine andere Welt ist möglich!

Veranstaltungen mit Repräsentanten der globalen Zivilgesellschaft

Ulrich Morgenthaler*

Vom 31. Januar bis zum 5. Februar 2002 fand im brasilianischen Porto Alegre das zweite „Weltsozialforum“ (WSF) statt. Über 50.000 Menschen aus 132 Ländern hatten sich zusammengefunden, dreimal soviel wie beim ersten Forum vor einem Jahr, unter ihnen etwa 11.000 Jugendliche. Etwa 2.000 Organisationen und Initiativen waren vertreten. Aus der Bundesrepublik hatten diesmal etwa 160 Teilnehmer den Weg nach Brasilien gefunden. Darunter war auch eine „Stuttgart-Delegation“ – Katrin Zöfel (Attac), Ulrich und Gabi Morgenthaler (Forum 3), Christoph Strawe (Initiative Netzwerk Dreigliederung), Johannes Lauterbach und Carol Bergin (GlobeNet3 bzw. GlobalSTAF) sowie Suely Nunes-Loewe und Jens Loewe (Netzwerk weltweiter Projekte, NWWP).

Über das Weltsozialforum und die dortigen Aktivitäten der „Stuttgart Delegation“ sind bereits eine Reihe von Berichten erschienen *(Das Goetheanum, Info3, Rundbrief Dreigliederung)*. Die Stuttgarter „Portos“, wie sie sich seither gerne nennen, haben im Reisegepäck eine ganze Reihe von Vorhaben mitgebracht, an denen sie mit anderen gemeinsam arbeiten wollen. Dazu gehören auch Veranstaltungen mit Repräsentanten der globalen Zivilgesellschaft, ein Projekt für „Eine andere Welt ist möglich!“ und „Unsere Welt ist keine Ware!“ Über diesen Impuls möchte ich hier berichten.

„To walk away from the King“ – Eine Vorbetrachtung

Ohne hier auf Einzelheiten einzugehen, schicke ich allgemein voraus, daß mir eine Verbindung meines sozialen Engagements und meines eigenen spirituellen Weges im Laufe der Zeit immer wichtiger geworden ist. Das, was ich zwischen Menschen in Begegnungen und Beziehungen wahr-

* **Ulrich Morgenthaler,** geb. 1955, verheiratet, ohne Kinder. Er arbeitet seit 1977 als Sozialgestalter im Stuttgarter Jugend- und Kulturzentrum Forum 3, wo er in den letzten Jahren für die Organisation öffentlicher Vortrags-, Diskussions- und Seminarveranstaltungen verantwortlich ist.

Ulrich Morgenthaler

nehmen kann, gibt mir eine Grundlage für mein Verständnis und mein Handeln. So stand auch in Porto Alegre für mich die Begegnung mit Menschen im Vordergrund.

Einer dieser Menschen ist David Korten, Mitglied im Vorstand des „International Forum on Globalization". In einem Gespräch verwendete er zur Beschreibung seiner Haltung und der vieler seiner Freunde im Kampf um die Gestaltung der Globalisierung ein Bild, das mich sehr beeindruckt hat: „To walk away from the King". Aus der Einsicht, daß jede noch so deutliche und radikale Kritik an den Folgen der konzerngesteuerten Globalisierung kein echtes Verständnis bei deren Betreibern und keine wesentlichen Veränderungen im Herrschaftssystem der Welthandelsorganisation (WTO), des Internationalen Währungsfonds (IWF) und der Weltbank bewirkt haben, hat er den Schluß gezogen, sich innerlich und äußerlich frei zu machen von jeder Erwartung an „die da oben", sich umzuwenden und eine neue Richtung einzuschlagen: „mit Gleichgesinnten eine andere, bessere Welt zu bauen". Das bedeutet keine Dialogverweigerung, bezeichnet jedoch zugleich die wesentliche Voraussetzung dafür, daß Dialoge überhaupt fruchtbar werden können.

David C. Korten

„To walk away from the King“ ist gar nicht leicht in allen Nuancen ins Deutsche zu übersetzen. Es meint, sich vom König abwenden, um vor sich Raum für eigenes, unabhängiges Handeln frei zu haben. Bei diesem Entschluß angekommen zu sein, heißt, eingesehen zu haben, daß die ausschließliche direkte Konfrontation mit ihm, dem Gegner, nicht fruchtet. Dadurch, daß man ihn – König oder Gegner – auf dem neuen Weg nicht mehr vor sich sieht, ist er aber nicht aus der Welt. Es geht um das Geheimnis, durch das eine gleichzeitig das andere zu bewirken: durch das „Wandeln“ auf dem eigenen Weg die „Wandlung“ des Königs.

Erlebnisse durch Menschen – Eindrücke in Porto Alegre

Porto Alegre war ein Ort der Begegnung zwischen Menschen. Wir alle sind heute in einer nie dagewesenen Weise auf der ganzen Erde den gleichen, oft als anonym erlebten, über uns hereinbrechenden und uns bestimmenden Kräften und Verhältnissen ausgesetzt. Weil die Situation neu ist, werden alte Lösungen und Verhaltensweisen nicht helfen. Wir sind gefordert, gemeinsam etwas völlig Neues zu finden, auch im Umgang miteinander. Gleichzeitig haben wir wie noch nie die Chance, menschlich und persönlich miteinander global zu kommunizieren. Die für unser öffentliches Leben entscheidenden Dinge können heute aus dem Persönlichsten und aus Begegnungen im kleinsten Kreis entstehen. Dafür brauchen wir Vertrauen und Offenheit untereinander. Weil unsere persönlich-öffentlichen Beziehungen in der Zukunft die tragende gemeinsame Basis sein werden, möchte ich das Projekt, das ohne solche persönlichen Momente nicht zustande gekommen wäre, auch in meiner ganz persönlichen Art beschreiben und andere Menschen, die in einer ähnlichen Richtung suchen wie ich, einladen, in ihrer persönlichen Art daran mitzuwirken.

Während des zweiten Weltsozialforums habe ich einen Entschluß gefaßt, der einiges von dem, was sich im Rahmen meiner Arbeit im Forum 3 schon angebahnt hatte, in eine entschiedenere Perspektive als vorher gerückt hat. Dieser Entschluß entstand beim Miterleben von Martin Khor aus Malaysia, wie er auf einer der vormittäglichen Konferenzen des WSF über die neuen Themen ausführte, welche die Industriestaaten in die Welthandelsorganisation (WTO) einführen wollen:

- neue Investitionsregeln (eigentlich das alte Investitionsschutzabkommen MAI durch die Hintertür von GATS, dem Abkommen über den Handel mit Dienstleistungen innerhalb der WTO),
- verschärfte „fairere" Wettbewerbsregeln (gepusht von der EU zum Nachteil der Entwicklungsländer),
- Transparenz im öffentlichen Beschaffungswesen, was in letzter Konsequenz in einen weltweiten Ausschreibungszwang münden soll (sämtliche Ausgabenbereiche der Staatshaushalte sollen dem wirtschaftlichen Wettbewerb zugänglich gemacht werden).

Anhand dieser drohenden Verschärfung des WTO-Regimes, machte er auf dem Hintergrund der in ihm ohnehin bestehenden Mißstände:

- daß mit dem TRIPS-Abkommen sich etwas in der WTO befindet, was dort nicht hineingehört (die TRIPS-Definition des geistigen Eigentums schützt Konzerne, nicht Mensch und Natur),
- daß mit dem GATS-Abkommen sich etwas in der WTO befindet, was dort nicht hineingehört (zwischenmenschliche Beziehungsdienstleistungen sind keine Waren),
- und daß das Abkommen über Landwirtschaft (AoA), ebenso wie das GATT-Abkommen, entweder reformiert oder aber aus der WTO herausgenommen werden müßte,

grundsätzlich deutlich: Diese WTO ist nicht reformierbar! Ihr ganzer Prozeß muß gestoppt werden. Das WTO-Regime greift – aufgrund der Möglichkeit, jede regionale demokratische Entscheidung durch die Klage bei der WTO-Schiedsstelle auszuhebeln – in alle Länder durch, wenn es nur gelingt, einen Verstoß gegen die sakrosankten Regeln des freien Wettbewerbs glaubhaft zu machen. Das WTO-System verunmöglicht jede soziale Gestaltung durch die betroffenen Menschen in ihrer Region, an ihrem Ort. Seine Beseitigung, ist es erst einmal durchgesetzt, ist vielhundertmal schwerer als die Änderung einer nationalen Verfassung, denn alle – heute über 140 – Mitgliedsländer müßten zustimmen. Als kritischen Zeitraum, einen Verhandlungsstop in der WTO noch zu ereichen, nannte Martin Khor die kommenden Monate bis zur nächsten WTO-Konferenz 2003 in Mexiko.

Die entschiedenere Perspektive – Mithelfen wollen, den WTO-Prozeß zu stoppen

Viele dieser hier nur angedeuteten Sachverhalte habe ich schon vor Porto Alegre gewußt. Aber Wissen ist eines, Erlebnis, Betroffenheit und Handeln sind etwas anderes: Dieser Mann, der so ruhig und ausdauernd sprechen konnte, konnte den Ernst vermitteln, daß etwas Unwiderrufliches droht. Diesen Moment verdanke ich ihm. Wie ich mich beim Zuhören beobachtete, merkte ich, daß in mir, in einer Entschiedenheit, die ich von mir in dieser Dimension nicht kannte, der Wunsch und Wille wuchs: „Auch ich setze mich dafür ein, daß die WTO gestoppt wird."

Durch die indische Aktivistin der Zivilgesellschaft Vandana Shiva kam bei einer anderen Konferenz noch etwas hinzu. Es wirkt eine besondere Kraft, wenn sie sagt: „Die Menschenrechte werden uns nicht von den Regierungen gegeben. Sie sind uns angeboren!" Dasselbe können andere Menschen auch sagen. Aber sie sagt es mit einem Feuer, das jedem im Saal in die Füße fährt, so daß viele aufstehen, weil eine Kraft von ihr ausgeht, die Mut macht. Diese Kraft der Überzeugung zu erleben und diesen Mut zu ahnen, das verdanke ich ihr.

In diesem Zusammenhang ist bedeutsam, was einige Leute aus anderen Ländern in Porto Alegre über Deutschland gesagt haben: Für die kommenden WTO-Entscheidungen werde es mit ausschlaggebend sein, was in Europa und was gerade in Deutschland passiert. Dies deswegen, weil Europa im weltweiten Kräfteverhältnis ein ganz wesentlicher Baustein ist, in-

Vandana Shiva

nerhalb dessen Deutschland eine, vielleicht sogar die zentrale Stellung einnimmt. Das wurde von einigen so beschrieben, ausdrücklich auch von Martin Khor.

Soziale Wirkung durch gegenseitige Ergänzung – Der GATS-Artikel von Maude Barlow

Diese für mich neue, entschiedenere Perspektive, hat sich mir mit einer Beobachtung verbunden, die mich seit langem beschäftigt: Die entscheidenden Dinge, die mich auf meinen Weg bringen, geschehen im Verhältnis zu bestimmten einzelnen Menschen. In Begegnungen entstehen Eindrükke, Gefühle, Bilder, deutlich oft erst im nachhinein, durch die mir, wenn ich auf sie achte, neues Verständnis und neue Handlungsideen zukommen können.

Dazu ein Beispiel, das in Beziehung zu diesem Projekt steht: Im April 2001 waren wir in der Vorbereitungsgruppe für eine internationale Konferenz auf der Suche nach einem thematisch aktuellen, provozierenden Einstieg für die Gruppenarbeit. Wir stießen auf einen Artikel von Maude

Maude Barlow

Barlow über GATS, „The Last Frontier". Juliane Peiffer hatte ihn entdeckt. Ich fand ihn interessant und gab ihn meiner Frau. Die sagte: „Das ist nicht nur interessant, das ist zentral!" und begann mit der Übersetzung. Dann schickten wir ihn herum. Auch Jens Loewe bekam ihn, und reagierte sehr betroffen. Weil er meinte, möglichst viele Menschen auf der ganzen Welt sollten ihn lesen, wandte er sich an Doris Henrichsen, die dann weitere Übersetzungen und eine große, weltweite Verbreitungsaktion veranlaßte.

Inzwischen ist der Artikel auf diesem Wege in fünf Sprachen übersetzt worden, auf deutsch: „Die letzte Grenze", und liegt von Wilfried Hüfler herausgegeben als Sonderdruck vor. Christoph Strawe hat ihn dann in seinem *Rundbrief Dreigliederung* veröffentlicht und aus Sicht der sozialen Dreigliederung kommentiert. Bis in den Herbst hinein wurde beides von verschiedenen Zeitschriften nachgedruckt und von einem Radiosender aufgegriffen. Inzwischen kann Christoph Strawe die Anfragen, über GATS und verwandte Themen zu referieren, kaum noch alle bewältigen. – Ohne uns bewußt verabredet zu haben, haben wir sinnvoll in unseren einzelnen Handlungen aneinander angeknüpft und eine größere soziale Wirkung erreicht. Und außerdem bemerkte ich, daß wir gleichzeitig, ohne sie dabei persönlich kennengelernt zu haben, in eine Beziehung mit Maude Barlow getreten waren.

Dann, Anfang November, waren Carol Bergin und Johannes Lauterbach in Doha (Katar) bei der WTO-Konferenz und schrieben: „Wir sind nur wenige, um die Zivilgesellschaft hier zu vertreten. Aber viele wichtige Leute sind da: Vandana Shiva, Lori Wallach, Martin Khor, Walden Bello, viele bekannte Repräsentanten des globalen Widerstandes, und auch Maude Barlow.“ Ich schlug Carol vor, Maude Barlow zu fragen, ob sie bereit wäre, nach Stuttgart zu kommen. Und Carol Bergin, mit ihrer Fähigkeit, auf Menschen zuzugehen, hat in Doha die Wege so bereitet, daß wir jetzt in Porto Alegre mit Maude Barlow, aber auch mit Lori Wallach und Vandana Shiva darüber sprechen konnten, ob sie nicht im Herbst nach Stuttgart kommen können. Sie haben unsere Einladung gerne angenommen.

Ein globales Freundesnetz – Unsere persönlich-öffentlichen Beziehungen

Dieses Beispiel berührt grundsätzlich die Frage: „Wie können wir das GATS und die WTO denn eigentlich stoppen?“ Die Analyse der Globalisierung, egal von welchem Gesichtspunkt, liefert noch nicht die Ideen dafür, was wir im Konkreten, im Lokalen oder im einzelnen Fall tun können, wenn wir etwas suchen, was wirklich Kraft und Ausstrahlung hat. Ich bin überzeugt, daß wir das erst unterwegs miteinander finden können.

Darauf zu achten, was zwischen uns geschieht, kann die Augen öffnen für Möglichkeiten, die sich uns anbieten wollen: Gemeinsam Situationen anschauen; persönliche Beiträge und Fähigkeiten erkennen; Freiräume lassen für individuelles Handeln; Bewußtsein für den Prozeß entwickeln; dem einzelnen Verantwortung für das Ganze zutrauen; Ergebnisse zusammentragen und Zusammenhänge sehen; Zukunftsmöglichkeiten ahnen; über unsere Fragen sprechen, unser Scheitern, unsere Erfolge, über das, was wir neu probieren in unseren jeweiligen Situationen; und bewegen, was auf uns zu kommt, um es zu vertiefen. Wenn wir wach werden für die Beziehungsfäden zwischen uns, wahrnehmen, was zwischen uns spielt, dann bilden wir die Substanz, die den Unterschied ausmachen wird. Diese Substanz ist es, die Kraft und Ausstrahlung haben wird, aus der Neues entstehen kann.

Es sind nicht die Organisationen, in denen wir arbeiten und in denen wir uns engagieren, auf die es ankommt. In jeder Situation sind es bestimmte einzelne Leute, die miteinander etwas anfangen können oder nicht. Es sind persönlich-öffentliche Beziehungen, die sich heute unter uns bilden im gemeinsamen Widerstehen und im Suchen nach Wegen, miteinander eine neue, andere Welt zu bauen. In gleicher Weise sind wir von einer über uns hereinbrechenden globalen Bedrohung betroffen. Dadurch kreuzen sich unsere Wege. Wir kommen aus unterschiedlichen Richtungen. Wir tun uns zusammen. Wir lernen uns kennen. Erfolge und Niederlagen bringen uns näher. Wir können zu Freunden werden, zu strategischen Freunden. Darin liegt die Zukunft.

Als wir Maude Barlow unsere Geschichte mit ihrem Artikel erzählten, meinte der zuhörende John Cavanagh vom Institute for Policy Studies in Washington, D.C.: „That is the process they cannot stop!" – „Das ist der Prozeß, den sie nicht aufhalten können!"

Von April 2002 bis Anfang 2003 – Die Veranstaltungsreihe nach dem momentanen Stand

Auf jeweils unterschiedliche, aber menschlich ähnliche Weise haben neben Maude Barlow, Vandana Shiva und Lori Wallach weitere Persönlichkeiten der globalen Zivilgesellschaft im Rahmen des hier beschriebenen Projektes zu folgenden Terminen/Zeiträumen zugesagt, nach Stuttgart zu kommen:

Freitag, 26. April 2002

Maria Mies, emeritierte Professorin für Soziologie, von 1972 bis 1993 an der Fachhochschule Köln. Seit 1969 aktiv in der Frauen-, Dritte-Welt- und Ökologie-Bewegung. Autorin zahlreicher Bücher, u.a. zu diesen Themen: „Globalisierung von unten – der Kampf gegen die Herrschaft der Konzerne", und „Ökofeminismus" (zus. mit Vandana Shiva). – Maria Mies lebt zusammen mit ihrem Mann in Köln.

Freitag, 14. bis Sonntag, 16. Juni 2002

Paul Ray, Soziologe, Ph.D. Leiter der Green Economic Movement Strategies. Hat zusammen mit der Psychologin Sherry Anderson in über zehnjähriger Forschungsarbeit das Phänomen der „Cultural Creatives" (die kulturell Kreativen) entdeckt und untersucht – eine Gruppe, die wesentlich hinter den sogenannten neuen sozialen und spirituellen Bewegungen steht. Paul Ray lebt mit seiner Frau in Sonoma, Kalifornien, USA.

Nicanor Perlas, studierter Agrarwissenschaftler und Landwirt, Leiter des Center for Alternative Development Initiatives (Manila). Unter dem Marcos-Regime einer der Gründer der Anti-AKW-Bewegung. Exil in den USA. Seit Ende der 80er Jahre Initiativen für nachhaltige Entwicklung und Co-Autor der Philippinischen Agenda 21. Autor mehrerer Bücher, darunter: „Die Globalisierung gestalten". – Nicanor Perlas lebt in der Nähe von Manila auf den Philippinen.

Freitag, 27. bis Sonntag, 29. September 2002

Martin Khor, Wirtschaftswissenschaftler, Direktor des Third World Network, Vorstandsmitglied des IFG und des South Center (einer zwischenstaatlichen Körperschaft der Entwicklungsländer). Ehrenamtlich tätig für die Consumer's Association und ehemaliges Mitglied der Expertengruppe der UN-Menschenrechtskommission zur Frage der Entwicklungsrechte. Er war Berater für zahlreiche Forschungsstudien der UNO. Autor mehrerer Bücher und Artikel zu Fragen von Handel, Entwicklung und Umwelt, u.a.: „Rethinking Globalization". – Martin Khor lebt in Penang, Malaysia.

Ernst Ulrich von Weizsäcker, Studierter Chemiker und Physiker, Doktor der Biologie. In den 70er Jahren Professor für Interdisziplinäre Biologie in Essen und Gründungspräsident der Universität/GHS Kassel. U.a. ehemaliger Direktor des UNO-Zentrums für Wissenschaft und Technologie in New York, des Instituts für Europäische Umweltpolitik in Bonn und des Wuppertal Instituts für Klima, Umwelt und Energie GmbH. Seit 1998 Mitglied des deutschen Bundestages. Dort Vorsitzender der Enquetekommission „Globalisierung der Weltwirtschaft". Mitglied des Beraterkreises für den Nachhaltigkeitsgipfel 2002 in Johannesburg und der „Weltkommission für die Soziale Dimension der Globalisierung". Zahlreiche internationale Auszeichnungen. Veröffentlichungen u.a.: „Faktor Vier" und „Politik der Erde". – Ernst Ulrich von Weizsäcker lebt in Stuttgart.

Donnerstag, 28. bis Samstag, 30. November 2002

Maude Barlow, Vorsitzende des Council of Canadians, der größten öffentlichen bürgerschaftlichen Vereinigung Kanadas. Begründerin des „Blue Planet Project", einer globalen Bürgerbewegung zum Schutz des Wassers. Autorin mehrerer Bestseller, u.a.: „Global Showdown" (zus. mit Tony Clarke) – Maude Barlow lebt in Ottawa, Kanada.

Vandana Shiva, Physikerin, Trägerin des Alternativen Nobelpreises. In den 80er Jahren Zusammenarbeit mit Nicanor Perlas an Fragen der Gentechnologie. Eine der führenden Aktivistinnen Indiens. Hat vor der amerikanischen Justiz die mächtige Firma Rice-Tec in die Knie gezwungen, die das Patent für eine dem indischen Basmatireis ähnliche Reissorte erhalten hatte. Autorin mehrerer Bücher, u.a.: „Biodiversität. Plädoyer für eine nachhaltige Entwicklung". – Vandana Shiva lebt in Neu Dehli.

Lori Wallach, Rechtsanwältin, Spezialistin für Handelsrecht. Maßgebend am Widersand von Seattle beteiligt. Direktorin von Public Citizen, der von Ralph Nader gegründeten, größten Verbraucherschutzorganisation der Welt. Autorin mehrerer Bücher, u.a.: „The WTO: Five Years of Research to Resist Corporate Globalization", „Whose Trade Organization? Corporate Globalization and the Erosion of Democracy". – Lori Wallach lebt in Washington D.C., USA.

Alle drei sind Vorstandsmitglieder des International Forum on Globalization.

Freitag, 10. bis Sonntag, 12. Januar 2003

David C. Korten, MBA, Ph.D. Stanford Business School. Autor von „The Post-Corporate World: Life after Capitalism" und „When Corporations Rule the World". Ehemaliger Professor der Harvard Business School. War als Regionalberater der US-Agency for International Development 30 Jahre in Asien, Afrika und Lateinamerika. Machte dort die Erfahrung, daß das US-Modell zu keiner positiven Entwicklung für die Bevölkerung führte. Heute u.a. Vorstandsvorsitzender des Positive Futures Network. – David Korten lebt zusammen mit seiner Frau und Kollegin Francis auf Bainbridge Island, Bundesstaat Washington, USA.

Nicanor Perlas, s.o.

Ein Beitrag, mehr nicht – Die Geschichte des Kolibris

Es ist offensichtlich: Trotz der Fähigkeiten und der Popularität dieser Persönlichkeiten in Kreisen der globalen Bewegung, im Verhältnis zu dem Ziel, den WTO-Prozeß zu stoppen, scheint hier ein krasses Mißverhältnis zu bestehen. Dazu eine kleine Geschichte, die ich von Suely Nunes-Loewe gehört habe. Sie stammt von dem brasilianischen Sozialwissenschaftler Betinho aus Rio de Janeiro. Er hat auf seine Weise die Armut bekämpft, und diese Geschichte stets erzählt, wenn er Journalisten über seine Arbeit berichten wollte:

> Vor langer Zeit brach in einem Wald ein großes Feuer aus. Da begannen alle Tiere, die großen wie die kleinen, wegzulaufen, um ihr Leben zu retten. Aber es gab einen kleinen Vogel, der das nicht tat. Er flog zu einem kleinen Bach in der Nähe, nahm etwas Wasser in seinen kleinen Schnabel, kehrte zum großen Feuer zurück, und bespritzte es jedes Mal mit einem Tropfen Wasser. Er machte das viele ... viele Male und sehr ... sehr schnell. Dann kam ein Elefant, der war auf dem Weg hinaus, als der Kolibri auf dem Weg hinein war. Der Elefant hielt an, und voll Neugier beobachtete er die harte Arbeit des Kolibris, der versuchte, das große Feuer aufzuhalten. Nachdem er ihm eine Zeitlang zugeschaut hatte, entschied sich der Elefant, den Kolibri zu unterbrechen, um ihn zu fragen: „Hallo, Kolibri!!! Bist Du verrückt??!! Glaubst Du, Du kannst dieses große Feuer mit diesen kleinen Wassertropfen aufhalten???!!! Laß uns zusammen weglaufen, um unser Leben zu retten, so lange noch Zeit ist!!!!“ Da hielt der Kolibri an und antwortete: „Ja, Herr Elefant, ich weiß, daß ich allein dieses große Feuer nicht aufhalten kann. Für mich allein ist es eine harte Arbeit. Aber ... ich tue auch nur meinen Teil.“

Die Formen finden – Struktursuche auf dem Hintergrund einer Vision

Bis jetzt ist angedacht, das Auftreten dieser nach Stuttgart eingeladenen Menschen in je unterschiedlicher Weise zu nutzen und mit folgenden Veranstaltungsmöglichkeiten zu verbinden: Aktionen, um die Öffentlichkeit zu informieren; Vorträge, um Interessierte und Aktivisten weiterzubilden; Seminare, um Schulung und Vertiefung der gegenseitigen Beziehungen für Aktive zu schaffen; Märkte der Möglichkeiten, um auf Alternativen hinzuweisen und Vernetzung anzubieten.

Weiter besteht der Wunsch, diese Veranstaltungen und die sie begleitenden Aktivitäten als Beitrag im Gesamtzusammenhang aller Initiativen auszurichten, die sich für „Eine andere Welt ist möglich!“ und gegen die konzerngesteuerte Globalisierung gewaltfrei engagieren.

Viele Fragen der Gestaltung sind noch offen, und im Sinne des oben Ausgeführten hoffen meine Freunde und ich, daß durch die Beteiligung vieler an diesem Projekt noch Ideen entstehen und hinzukommen.

Wir sind heute in einer Situation, in der wir als einzelne unterschiedliche psychologische, spirituelle und andere weltanschauliche Wege gehen. Jeder versucht, auf eigene Art Übereinstimmung zwischen Überzeugung und Verhalten im Leben herzustellen. Schon diese individuellen Anstrengungen machen uns zu aktiv Handelnden und Beteiligten bei der Veränderung der Welt. Wir schaffen neue Verhältnisse. Zunächst noch kaum bemerkbar, bringen wir nach und nach die sogenannte Zivilgesellschaft zur Geltung, hauptsächlich durch eine Befreiung kultureller Werte aus der Dominanz politischer und ökonomischer Interessen. In diesem Sinne spricht Paul Ray von den Trägern der sozialen und spirituellen Bewegungen als den „Cultural Creatives", den „kulturell Kreativen".

Und in diesem Sinne sprechen sowohl Nicanor Perlas als auch Paul Ray und David Korten von einer sich andeutenden Dreigliederung in unserer Gesellschaft: Unsere Lebensumstände und unsere innere Motivation haben es mit sich gebracht, daß wir uns nicht nur im privaten Umfeld eingebracht haben, sondern auch durch berufliches und öffentliches Engagement in die unterschiedlichen Bereiche der Gesellschaft.

In dieser Situation haben wir heute die Möglichkeit, innezuhalten und uns umzuschauen, wen von „uns" wir wo entdecken. Wir können aufeinander zugehen und versuchen, mit denjenigen, die unsere Wertvorstellungen teilen und wie wir selbst an der Veränderung der Verhältnisse mitwirken wollen, strategische Verbindungen einzugehen, um die Gestaltung der Gesellschaft weiterzubringen.

Im Laufe der Zeit könnte dann sichtbar werden, daß unsere neuen Werte von einer wachsenden Anzahl von Institutionen in Kultur, Politik und Wirtschaft vertreten werden. Dann würde die kapitalistische Gesellschaft ihren Halt verlieren und sich ändern. Dann würden umfassende nachhaltige Entwicklungsinitiativen weit verbreitet sein, und die Konturen einer zivilen Gesellschaft könnten langsam sichtbar werden. Dann hätte eine neue Ära der Zivilisation begonnen.

Den Impuls tragen – Erste Kreise und mögliche Schritte

In dem Maße wie die Umrisse und Dimensionen dieses Projektes sich abzeichneten, habe ich Gespräche über den Kreis der Stuttgarter „Portos" hinaus mit verschiedenen Menschen gesucht: mit meinen Mitarbeitern im Forum 3 und führenden Mitgliedern von Attac Stuttgart, Vertretern des DGB und anderer Organisationen.

Auf die Frage an Maude Barlow, was beispielsweise als Vorbereitung bis zu der Veranstaltung mit ihr – auch konkret zu GATS – getan werden könnte, nannte sie drei Schritte: 1. sich selbst kundig machen[1]; 2. die Aktivisten der Zivilgesellschaft und die (von GATS) betroffenen Menschengruppen informieren: Krankenschwestern, Lehrer usw.; 3. danach erst an die Medien gehen.

Sich verbinden – Der Prozeß als Weg

Besonders Lori Wallach hat auf dem WSF in Porto Alegre den Mißstand benannt, daß unsere Bewegung als „Anti" verschrien ist, während es doch der elitäre Zirkel der Globalisierungsbetreiber ist, der der eigentliche „Anti" ist: „Sie sind gegen unsere Zukunft, gegen Demokratie. Wir sind die globale Bewegung *für* Demokratie, *für* den Menschen, *für* Bürgerentscheide, *für* Vielfalt, *für* unterschiedliche Möglichkeiten und ein anderes Denken, wir sind die Bewegung *für* sozialen Ausgleich. ... Wir sind *für* die Gesundheit der Umwelt ... Wir sind die Bewegung *für* faire globale Gerechtigkeit, und wir müssen uns auch so darstellen."

Es geht darum, das selbst in die Hand zu nehmen, was wir selbst machen können, unsere Handlungsspielräume wieder wahrzunehmen („To walk away from the King").

Dafür war das zweite Weltsozialforum in Porto Alegre ein Beispiel. Aber das Weltsozialforum war nicht nur ein zentrales, einmaliges Ereignis, das nächstes und übernächstes Jahr seine Fortsetzungen in Porto Alegre und dann in Indien finden soll. Das WSF ist auch ein Prozeß, der überall auf der Erde fortgesetzt wird. Dieser Prozeß der Dezentralisierung ist im Gang: Noch in diesem Jahr wird es ein Europäisches Sozialforum in Italien geben, im nächsten Jahr dann eins in Paris. Dasselbe findet auch in anderen Kontinenten und in anderen Regionen statt.

Auch in Stuttgart haben wir mit dem Regionalen Sozialforum am 3. Februar, parallel zu Porto Alegre, einen kleinen Anfang gemacht. Und in Porto Alegre haben uns viele darum beneidet, daß wir dieses Parallel-Event hatten, und sogar noch mit einer Live-Schaltung. „Darauf hätten wir auch kommen sollen!" haben uns viele gesagt. Zur Zeit gründen sich hier in der

---

1. Folgende Websites bieten Informationen und Links zur WTO und deren Abkommen GATS, TRIPS usw.: Initiative Netzwerk Dreigliederung: www.sozialimpulse.de // Netzwerk Weltweite Projekte (NWWP): www.nwwp.org // Attac Stuttgart: www.attac-netzwerk.de/stuttgart // Welthandelsorganisation (WTO): www.wto.org

Region weitere Sozialforen, wie jetzt kürzlich das Regionale Sozialforum Tübingen/Reutlingen. Solche Foren sind Orte der Begegnung und des Austausches über Alternativen.

Doch das Sozialforum ist auch selbst eine Alternative. Die Charta des Weltsozialforums mit ihren 14 Prinzipien hat sich als praktikabel für die übergeordnete Zusammenarbeit erwiesen. Denn sie ermöglicht ein gemeinsames Dach, in dem jeder sich frei einbringen kann, ohne befürchten zu müssen, im Ganzen vereinnahmt zu werden; bei gleichzeitiger Möglichkeit – mit wem auch immer, und wem auch immer nicht – sich zu einer Plattform oder Koalition oder Kampagne zusammenzuschließen.

Innerhalb dieses neuen Prozeßverständnisses brauchen wir eine völlig neue Offenheit für die Zukunft. Denn das, wohin wir gemeinsam wollen, kennt noch keiner von uns. Und wer meint, es zu kennen, für den gilt, was sich dazu bei Paul Ray findet: Eigentlich meinen wir, daß wir wissen müssen, wohin wir wollen. Sonst können wir nicht dorthin kommen. Aber auf unsere Zeit heute trifft ein neuer Gedanke zu. Wir stehen gemeinsam vor einer so tiefen Not der Transformation, daß das, auf das wir zugehen, wirklich neu sein muß. So neu, das alles das, was wir aus der Vergangenheit wissen, uns nicht dorthin führen kann. Eben weil es „Neu"-Land sein wird: „Wenn Du meinst, zu wissen, wohin Du willst, bist Du in großer Gefahr, dort zu landen, wo Du schon einmal warst."

Die Menschen erreichen – Ein Wort zu den Medien

Was überzeugen wird: unser persönliches Auftreten, unser gemeinsames Erscheinungsbild, die Fruchtbarkeit unserer Zusammenarbeit, die Verständlichkeit unserer Sprache, die Machbarkeit unserer Alternativen.

Nähere Informationen: Ulrich Morgenthaler, Forum 3, Gymnasiumstr. 21, D-70173 Stuttgart, Tel. 0711/ 29 03 72, Fax 0711/ 226 49 06, E-Mail: ulrich.morgenthaler@forum3.de, Internet: **www.forum3.de**

Für eine menschenwürdige Welt – sind wir alle verantwortlich!

Dietlind Rinke*

Marken, die täglich Freude bereiten?

Im Anschluß an einen Vortrag in der Christengemeinschaft in Bremen von Wolfgang Weirauch zum Thema „Die Welt im Umbruch – Die Menschheit zwischen Abgrund und neuer Verständigung" fiel in dem Gespräch die Bemerkung, daß auf den Kakaoplantagen in Afrika 200.000 Kinder als Sklaven eingesetzt werden.

Nun wurde und wird gerade in diesen Tagen und Monaten das Bremer Rathaus von einer riesengroßen Werbeplane verhüllt, auf der für Milka-Schokolade des Konzerns Kraft Foods (gehört seit 1988 zu Philip Morris) geworben wird.

Auf der einen Seite Werbung am Rathaus für Milka und einen Konzern, der seine Produkte unter dem Motto „Wir wollen Marken schaffen, die täglich Freude bereiten!" anbietet, und auf der anderen Seite in Afrika unmenschliche Arbeitsbedingungen bei der Kakaoernte für die Schokoladenherstellung unter dem ausbeuterischen Einsatz von entführten und verkauften Kindern – als ich dies beides bedachte, kamen Fragen auf: Können wir solch eine weithin sichtbare Reklame am historischen Rathaus im Zentrum von Bremen weiterhin akzeptieren? Machen wir uns nicht zu Mittätern, wenn wir nichts zur Abhilfe solcher unwürdigen Produktionsverhältnisse unternehmen? Wieviel Unrecht in der Welt kann ich meinem Gewissen eigentlich zumuten? Was kann ich selbst tun, um die Verhältnisse zu ändern und den Kindern zu helfen?

So versuchte ich zunächst, das Gehörte bestätigt zu bekommen. Ich besorgte mir das in dem obengenannten Vortrag erwähnte Buch „Schwarzbuch Markenfirmen" von Klaus Werner und Hans Weiss (Wien/Frankfurt a.M. 2001), in welchem die Verhältnisse u.a. so beschrieben werden:

---

* **Dietlind Rinke,** geb. 1937 in Bad Karlshafen. Ehemalige Grund- und Waldorfschullehrerin, Mutter von sechs Kindern. In der Zeit der Berufstätigkeit arbeitete sie auch zwei Jahre als Lehrerin in Rumänien.

„*Kindersklaven auf Kakaoplantagen*
Etwa 20.000 Kinder aus Mali wurden bis jetzt auf die großen Plantagen der Elfenbeinküste verschleppt, hat die Menschenrechtsorganisation Terre des Hommes ermittelt. Sie werden geschlagen, mißhandelt und ausgebeutet. ‚Was dort geschieht, ist definitiv Sklaverei', sagt Pierre Poupard, der das UNO-Kinderhilfswerk Unicef in Mali leitet: ‚Die meisten wissen nicht einmal, woher sie stammen, geschweige denn, wo sie sind. Wer dem Terror zu entfliehen sucht, läuft Gefahr, von seinem Besitzer verprügelt, ja, getötet zu werden.'" (S.146)

Und weiter heißt es: „... Mit dem Kinderhandel – insgesamt werden in Westafrika geschätzte 200.000 Kinder als billige Arbeitskräfte gehalten – hat sich eine neue Form von Sklaverei entwickelt." (ebd.)

Und einer Meldung der *Süddeutschen Zeitung* zufolge (05.05.2001) arbeiten 200.000 Mädchen und Jungen, die aus Togo, Mali und Benin entführt wurden, 16 bis 18 Stunden täglich ohne Bezahlung in der Elfenbeinküste, Nigeria und Kamerun.

Brief an den Bürgermeister

Daraufhin schrieb ich an den Bremer Bürgermeister, Henning Scherf, wies dabei auf die Zusammenhänge von Milka-Werbung und Kinder-Sklavenarbeit hin und bat ihn, sich bei dem Konzern, der in Bremen seinen deutschen Hauptsitz hat, für diese Kinder einzusetzen, damit sie freigelassen werden und ihnen eine Abfindung zur Heimreise und zur Unterstützung der Familie gegeben wird. Für die Kinder aber, deren Zuhause nicht mehr ausfindig gemacht werden kann, sollte eine menschenwürdige Unterbringung und eine Ausbildung bezahlt werden.

Einen weiteren Brief schrieb ich an den Konzern Kraft Foods und wies auf meine Absicht hin, eine Demonstration vor der Plane am Rathaus zu veranstalten. Ich legte auch den Brief an den Bürgermeister mit meinen Forderungen bei und fügte noch die Aufforderung zu fairem Handel und humanen Arbeitsbedingungen hinzu. Ich wollte damit dem Konzern die Möglichkeit geben, mir vorher ein Zeichen zu geben, daß er menschengerechte Kriterien in einer globalen Arbeitswelt aufzubauen und einzuhalten gedenke. Und daß er Entschädigung zu leisten bereit sei für die kapitalisierende Preispolitik unter Duldung des Mißbrauchs von Kindheitskräften!

Den Brief an den Bürgermeister brachte ich ebenso an alle Organisationen in Bremen, die sich für fairen Handel, den Abbau von Kinderhandel und -arbeit einsetzen, um sie zu einer gemeinsamen Aktion aufzurufen, die mir nur so erfolgversprechend zu sein schien.

Sehr bald erhielt ich eine Einladung vom Pressesprecher des Senats der Freien Hansestadt Bremen, Herrn Schloesser, zu einem Gespräch im Rathaus, zusammen mit dem Pressesprecher des Kraft Foods-Konzerns, Herrn Sauerbier – drei Tage nach der vorgesehenen Demonstration! Von seiten der Organisationen und Verbände kam kein einziges Echo. Bei meiner telefonischen Nachfrage beim Bremer Informationszentrum für Menschenrechte wußte niemand etwas von meinen schriftlichen Anfragen, und die beigefügten Briefe an den Bürgermeister, die ich zu unterschreiben gebeten hatte, waren dort nicht mehr aufzufinden. Nur eine Freundin sammelte in ihrer Kirchengemeinde viele Unterschriften ...

Gespräche mit der *taz Bremen* verliefen positiv. Der Redakteur, Herr Simon, wollte zur Demonstration kommen und unser Anliegen redaktionell begleiten.

So bereitete ich Plakate vor: „Versklavte Kinder ernten Kakao für Milka“. Darunter schrieb ich mit rotem Stift „Freilassen und entschädigen!“, „Keine Werbung für Milka am Rathaus – weg damit!“, „Gegen die Allianz von Politik und Konzernmacht – Konzernarbeitsweisen prüfen!“, „Für eine menschenwürdige Welt – sind wir alle verantwortlich!“

Nur fünf Personen demonstrierten vor dem Rathaus. Der *taz*-Redakteur erschien mit einer Kollegin, die uns vor der Plane am Rathaus fotografierte. Am nächsten Tag erschien ein halbseitiger gut recherchierter Bericht in der *taz*, der zu dem Thema Kindersklaven auf Kakaoplantagen sowohl die Organisationen von Terre des Hommes und Unicef als auch die Firma Hachez in Bremen zu ihrem fairen Handel mit Kakao zu Wort kommen ließ.

Wie erreicht man Augenzeugen am Ende der Welt?

Das Gespräch im Rathaus verlief dann in einer offenen, freundlichen Atmosphäre, bei dem Herr Sauerbier berichtete, daß er gerade von einer Reise in die Elfenbeinküste, an der auch ein Mitarbeiter der Gesellschaft für Technische Zusammenarbeit (GTZ) teilgenommen habe, zurückgekommen sei. Kindersklaven habe er nicht gesehen, was nicht heißen solle, es gäbe sie nicht. Es würde ihn ebenso belasten wie uns, und er wolle etwas für die Kinder tun. Wenn wir die Richtigkeit unserer Behauptungen darlegen und Vorschläge zu einem Ansatz der Abhilfe machen könnten, wolle er mit uns zusammenarbeiten. Das Geld stünde zur Verfügung; gegebenenfalls würde er auch mit uns hinunterfliegen ...

Zwar hatte Herr Sauerbier nun wieder uns „den Ball zurückgegeben", aber seine Äußerungen waren es wert und machten es notwendig, auch weiterhin am „Ball zu bleiben" und weitere Erkundigungen einzuholen und Bestätigungen zu finden. Einen ganzen Tag lang telefonierte ich durch die ganze Republik und wurde von einem zum anderen verwiesen ... ohne Ergebnis!, so daß man vermuten konnte, einer Zeitungsente aufgesessen zu sein ... Wie erreicht man Augenzeugen am Ende der Welt?!

Eine ehemalige Unicef-Mitarbeiterin, die mir genannt wurde, konnte mir schließlich aus eigenem Erleben schildern, wie schwierig und anders die Verhältnisse in Afrika sind. Die Kinder helfen dort wie selbstverständlich überall mit. Kinderarbeit ist weltweit verboten, alle Regierungen haben die Konvention unterschrieben. Sie wissen, daß sie sich schuldig machen, also geben sie es nicht zu, lassen Kinder verschwinden, wenn eine Kontrolle kommt. „Wenn die Arbeit monoton wird, werden Kinder eingesetzt", erzählte mir eine andere Frau, die in Afrika lebte.

Inzwischen habe ich durch eine Recherche von Unicef ein Papier vorliegen, das besagt, daß diese Schätzzahl von 200.000 Sklavenkindern wohl zutrifft, aber sich auf verschiedene Regionen Afrikas verteilt und auf viele Bereiche bezieht, wie Baumwollplantagen, Kaffee- und Kakaoplantagen, Fischerei, Haushaltshilfen, sexuelle Ausbeutung ...

Wie kann man fairen Handel aufbauen?

Auf der Frühjahrstagung der Bäuerlichen Gesellschaft zum Thema „Landwirtschaft und Geld" in Bremen, bei der sowohl Attac als auch Trans-Fair eine Arbeitsgruppe führten, wurden unsere Fragen erweitert: Wie kann man fairen Handel aufbauen? Welche Möglichkeiten bieten sich, um die Produktionswege zu kontrollieren? Welche Rolle kommt international handelnden Konzernen zu, um auch in einer globalisierten Wirtschaft noch menschenwürdige Lebensverhältnisse beizubehalten bzw. erst zu schaffen?

Auch denke ich, daß es notwendig ist, die Ideen Rudolf Steiners in bezug auf einen gesunden sozialen Organismus ins Spiel zu bringen, auch in Gesprächen mit den großen Organisationen, die vor Ort schon tätig sind, mit den dort gebildeten Kooperativen, mit dem Konzern und mit allen Betroffenen, z.B. in der Elfenbeinküste.

Diese Fragen beschäftigen mich und lassen meine Fühler zu Menschen in meiner Umgebung ausstrecken, die mit mir das Problem erwägen wollen.

„Initiative Menschenwürdiges Wirtschaften"

Folgende Vorstellungen haben nun die Menschen bilden können, die sich in der für das anstehende Aufgabenfeld gebildeten „Initiative Menschenwürdiges Wirtschaften" eingefunden haben:

1. eine Stiftung für die Bauern zu gründen und
2. einen Fonds für die Kindersklaven zu bilden.

Stiftung

Den Bauern, die wegen Kakaoüberproduktion umstellen wollen, sollten zinslose Kredite zur ökologischen Bewirtschaftung und Ablösung der Monokulturen bereitgestellt werden.

In der Elfenbeinküste ist eine Monokultur von Kakaoanbau entstanden. Bis zum Jahre 2000 sorgte die Regierung für die Abnahme des Rohkakaos zu einem Festpreis – auch als der Welthandelspreis gefallen war –, was dazu führte, daß immer mehr Plantagen entstanden sind. Ein Gesetz der EU, das erlaubt, 5 % des Fettanteils in der Schokolade durch andere Fette zu ersetzen, brachte der Regierung einen Verlust von vielen Millionen Dollar, woraufhin der Ministerpräsident N'Guessan protestierte, nach England reiste und klagte, daß davon die Bauern nicht mehr leben könnten und Kindersklaven eingesetzt werden müßten, um zum geforderten Preis produzieren zu können! – Als der Verzweiflungsruf ohne Wirkung verhallte, kündigte er das Abnahme-Übereinkommen mit den Bauern. Seitdem sind die Verhältnisse sehr korrupt. Viele Organisationen, die ich ansprach, haben sich aus der Elfenbeinküste zurückgezogen.

Fonds

Es sollten genügend Gelder für die freizulassenden und zu entschädigenden Kinder bereitgestellt werden, damit sie die Heimreise antreten können und damit den Familien ein Lebensunterhalt gewährleistet werden kann. Für die Kinder, deren Heimat nicht mehr ausfindig gemacht werden kann, soll hierdurch eine menschenwürdige Unterbringung und eine Ausbildung ermöglicht werden.

Die Gelder für die Kinder aber können nur von den vor Ort arbeitenden Organisationen wie Terre des Hommes und Unicef nach eingehender Prüfung vergeben werden.

In die Stiftung und den Fonds können alle, die sich von der bestehenden Situation betroffen fühlen, spenden, und man müßte versuchen, alle dort beteiligten Konzerne „mit ins Boot zu nehmen“, denn Kraft Foods ist nicht der einzige Konzern, der die Menschen wegen niedriger Preise zu Höchstleistungen herausfordert und ausnutzt.

Im Verein mit der GTZ engagiert sich Kraft Foods bereits und unterstützt den Bau von Schulen in Westafrika, wobei angeblich 80 % des benötigten Geldes von dem Konzern einfließen. Auf diese Weise könnten auch in der Elfenbeinküste Schulen gebaut und das Problem dort aufgegriffen werden. Das ist bisher aber nicht der Fall.

Die Schulungen der Kooperativen-Verwalter könnten vielleicht durch die bereits bestehenden Einrichtungen von Trans-Fair bei entsprechend finanzieller Ausweitung übernommen werden, um eine Umstellung zu ermöglichen und zu zertifizieren. Die Kontrolle, die von Zeit zu Zeit vorgenommen werden müßte, wird sicherlich durch zusätzliche Kräfte aufgebaut werden müssen.

Sicherlich gäbe es noch viele Möglichkeiten, neue Wege zu beschreiten, z.B. wenn man Studenten aus Afrika hier schulen würde, die dann ihre Fähigkeiten in der Heimat einsetzen wollen. Müßte nicht ein gut verstandener Entwicklungsdienst diese Wege nutzen?

So denke ich, ließe sich ein soziales Wirtschaften langsam aufbauen, wenn wir alle – Produzenten, Händler und Verbraucher – wach genug sind, die Probleme der Welt als unsere eigenen zu betrachten und gemeinsam nach Lösungen zu suchen, denn: Für eine menschenwürdige Welt sind wir alle verantwortlich!

Anschrift: Dietlind Rinke, Initiative Menschenwürdiges Wirtschaften, Weißenburger Straße 29, D-28211 Bremen, Tel. 0421/ 491 52 09

Johannes Rogalla von Bieberstein
Die These von der Verschwörung 1776–1945
Philosophen, Freimaurer, Juden, Liberale und Sozialisten als Verschwörer gegen die Sozialordnung
216 S., kt. EUR 17,– / ISBN 3-926841-36-2

Jimmy Carter
Frieden schaffen im Gespräch
Ein Impuls für die nächste Generation
206 S., kt. EUR 17,– / ISBN 3-926841-71-0

Carola Cutomo
Medialität, Besessenheit, Wahnsinn
188 S., kt. EUR 11,– / ISBN 3-926841-19-2

Klaus Engels
Destruktive Kulte im Spannungsfeld von Kirche und Gesellschaft
212 S., kt. EUR 15,– / ISBN 3-926841-46-X

Hans-Diedrich Fuhlendorf
Rückkehr zum Paradies oder Erbauen des Neuen Jerusalem?
Geschichtsbetrachtungen in apokalyptischer Zeit
352 S., kt. EUR 20,– / ISBN 3-926841-37-0

Wolfgang Gädeke
Anthroposophie und die Fortbildung der Religion
448 S.
Leinen, EUR 25,– / ISBN 3-926841-23-0
kt. EUR 19,– / ISBN 3-926841-24-9

Ludger Helming-Jacoby
Zeugnissprüche
und Sprüche aus dem Hauptunterricht einer Waldorfschule
188 S., kt. EUR 15,– / ISBN 3-926841-95-8

Dieter Hornemann
Geheimnisvolles Afrika
Anthroposophische Arbeit im Urwald
102 S., 32 farb. Abb., kt. EUR 14,–
ISBN 3-926841-60-5

Johannes Kiersch
Fragen an die Waldorfschule
Neuauflage Mai 2002, ca. 160 S., kt.
ca. EUR 15,– / ISBN 3-926841-33-8

Peter Krause
Das Judasproblem
Von den spirituellen Hintergründen der Gewalt
128 S., kt. EUR 11,– / ISBN 3-926841-38-9

Peter Krause
Feuer in Tschernobyl
Die Ukraine nach dem SuperGAU
168 S., 37 farb. Abb., kt. EUR 15,–
ISBN 3-926841-58-3

Peter Krause, Faustus Falkenhahn (Hg.)
Einsam – gemeinsam
Jugend im Gespräch
192 S., kt. EUR 12,– / ISBN 3-926841-43-5

Ernst-Martin Krauss
Holzwege, Steinwege ...
Erlebnisse mit Elementarwesen
92 S., Großformat, 13 farb. Abb., gebunden, EUR 29,– / ISBN 3-926841-35-4

Henning Kullak-Ublick (Hg.)
Erziehung zur Freiheit – in Freiheit
Aktion mündige Schule
160 S., 15 farb. Abb., kt. EUR 13,–
ISBN 3-926841-94-X

Andreas Meyer (Hg.)
Seele und Geist
Ansätze zu einer spirituellen Seelentherapie
160 S., kt. EUR 14,– / ISBN 3-926841-47-8

Hans Philippsen
Götter, Hexen und Naturgeister
Sagen und Sagenhaftes der Insel Föhr
144 S., 16 farb. Abb., kt. EUR 13,–
ISBN 3-926841-84-2

Sidney Saylor Farr
Tom Sawyers Nah-Todeserfahrung und die Wandlung seines Lebens
204 S., kt. EUR 17,– / ISBN 3-926841-82-6

Heinz Schimmel (Hg.)
Tanz der Seelen
Der Tod als Verwandler der Seele. Die Totentanzdichtung von Joachim Fernau und ihre eurythmische Darstellung
108 S., 14 farb. Abb., kt. EUR 13,–
ISBN 3-926841-53-2

Wolfgang Weirauch
Im Spiegel der Finsternis
Roman für Jugendliche und Erwachsene. Ab 13 Jahren.
252 S., geb. EUR 17,– / ISBN 3-926841-86-9

FH 11
Über Tod und Sterben
4. Aufl., 232 S., kt. EUR 15,–
ISBN 3-926841-11-7

FH 13
Hexen, New Age, Okkultismus
3. Aufl., 196 S., kt. EUR 13,–
ISBN 3-926841-08-7

FH 14
Erneuerung der Religion
Die Christengemeinschaft, Sakramente, Kirche und Kultus
4. Aufl., 184 S., kt. EUR 12,–
ISBN 3-926841-07-9

FH 15
Waldorfschule und Anthroposophie
3. Aufl., 132 S., kt. EUR 8,–
ISBN 3-926841-00-1

FH 16
Kulturvergiftung: Rauschgift, Sucht und Therapie
2. Aufl., 228 S., kt. EUR 12,–
ISBN 3-926841-21-4

FH 17
Kulturvergiftung: Alkohol
2. Aufl., 160 S., kt. EUR 12,–
ISBN 3-926841-34-6

FH 18
Biologisch-dynamische Landwirtschaft, Ökologie, Ernährung
2. Aufl., 184 S., kt. EUR 13,–
ISBN 3-926841-03-6

FH 19
Musik
2. Aufl., 184 S., kt. EUR 12,–
ISBN 3-926841-06-0

FH 20
Sexualität, Aids, Prostitution
2. Aufl., 170 S., kt. EUR 12,–
ISBN 3-926841-09-5

FH 21
Aids
164 S., kt. EUR 12,– / ISBN 3-926841-10-9

FH 22
Erkenntnis und Religion
Zum Verhältnis von Anthroposophischer Gesellschaft und Christengemeinschaft
132 S., kt. EUR 12,– / ISBN 3-926841-13-3

FH 23
Engel
3. Aufl., 196 S., 9 farb. Abb., kt. EUR 15,–
ISBN 3-926841-15-X

FH 24
Direkte Demokratie / 1789–1989
240 S., kt. EUR 12,– / ISBN 3-926841-16-8

FH 25
Rechtsleben und soziale Zukunftsimpulse
Von der Dreigliederungsidee Rudolf Steiners zur Volksgesetzgebung
244 S., kt. EUR 12,– / ISBN 3-926841-17-6

FH 26
Michael
Januskopf Bundesrepublik
184 S., 8 farb. Abb., kt. EUR 12,–
ISBN 3-926841-22-2

FH 27
Strafprozeß, Strafvollzug, Resozialisierung
224 S., kt. EUR 12,– / ISBN 3-926841-20-6

FH 28
Naturwissenschaft und Ethik
204 S., kt. EUR 12,– / ISBN 3-926841-25-7

FH 29
Freie Schule
248 S., kt. EUR 13,– / ISBN 3-926841-28-1

FH 30
Märchen
Neuauflage in Vorbereitung
ca. 220 S., kt. ca. EUR 15,–
ISBN 3-926841-29-X

FH 31
Biographiearbeit
4. Aufl., 192 S., 7 farb. Abb., kt. EUR 14,–
ISBN 3-926841-31-1

FH 32
Anthroposophen und Nationalsozialismus
168 S., kt. EUR 12,– / ISBN 3-926841-32-X

FH 33
Destruktive Kulte, schwarze Magie, Sexualmagie
232 S., kt. EUR 14,– / ISBN 3-926841-40-0

FH 34
Alte und neue Seelenfähigkeiten
192 S., kt. EUR 13,– / ISBN 3-926841-41-9

FH 35
Die Christengemeinschaft heute
Anspruch und Wirklichkeit
212 S., kt. EUR 13,– / ISBN 3-926841-42-7

Siehe auch die folgende Seite.

FH 36
Schwangerschaftsabbruch
212 S., kt. EUR 14,– / ISBN 3-926841-44-3

FH 37
Indianer
212 S., 6 farb. Abb., kt. EUR 14,–
ISBN 3-926841-45-1

FH 38
Konfliktbewältigung
2. Aufl., 220 S., 10 farb. Abb., kt. EUR 14,–
ISBN 3-926841-50-8

FH 39
Christus
184 S., 16 farb. Abb., kt. EUR 14,–
ISBN 3-926841-51-6

FH 40
Ausländerhaß, Nationalismus, Rassismus
188 S., 13 farb. Abb., kt. EUR 14,–
ISBN 3-926841-52-4

FH 41
Anthroposophie und Rassismus
212 S., kt. EUR 14,– / ISBN 3-926841-54-0

FH 42
Sind wir noch zu retten?
Zerstörung oder Verwandlung der Erde?
224 S., 26 farb. Abb., kt. EUR 14,–
ISBN 3-926841-56-7

FH 43
Gebet heute
168 S., kt. EUR 14,– / ISBN 3-926841-57-5

FH 44
Scheidung – warum?
Partnerschaftsprobleme und ihre Bewältigung
2. Aufl., 228 S., 11 farb. Abb., kt. EUR 15,–
ISBN 3-926841-59-1

FH 45
Hüter der Schwelle
Der Mensch am Abgrund
172 S., kt. EUR 14,– / ISBN 3-926841-61-3

FH 46
Jugendideale
208 S., kt. EUR 14,– / ISBN 3-926841-62-1

FH 47
Übungen zur Selbsterziehung
2. Aufl., 216 S., 16 farb. Abb., kt. EUR 15,–
ISBN 3-926841-65-6

FH 48
Angst
188 S., 16 farb. Abb., kt. EUR 14,–
ISBN 3-926841-66-4

FH 49
Depression
200 S., 8 farb. Abb., kt. EUR 14,–
ISBN 3-926841-67-2

FH 50
Erziehung
188 S., 8 farb. Abb., kt. EUR 14,–
ISBN 3-926841-68-0

FH 51
Nah-Todeserfahrungen
Rückkehr zum Leben
2. Aufl., 180 S., kt. EUR 15,–
ISBN 3-926841-72-9

FH 52
Auferstehung
Von der Gegenwart Christi
168 S., 8 farb. Abb., kt. EUR 15,–
ISBN 3-926841-73-7

FH 53
Gedächtnis und Erinnerung
184 S., kt. EUR 15,– / ISBN 3-926841-74-5

FH 54
Ernährungsfragen
176 S., kt. EUR 15,– / ISBN 3-926841-75-3

FH 55
Naturgeister
Vom Wirken der Elementarwesen
2. Aufl., 192 S., 16 farb. Abb., kt. EUR 15,–
ISBN 3-926841-76-1

FH 56
Über Reinkarnation und Karma
Erfahrungen früherer Erdenleben
188 S., kt. EUR 15,– / ISBN 3-926841-78-8

FH 57
Die Welt im Umbruch
Globalisierung und Kampf aller gegen alle
196 S., 29 farb. Abb., kt. EUR 15,–
ISBN 3-926841-79-6

FH 58
Wirkungen der Musik
204 S., kt. EUR 15,– / ISBN 3-926841-80-X

FH 59
Umgang mit dem Sterben
204 S., 8 farb. Abb., kt. EUR 15,–
ISBN 3-926841-81-8

FH 60
Die Impulse des Bösen am Jahrtausendende
196 S., kt. EUR 15,– / ISBN 3-926841-83-4

FH 61
Die Hintergründe von 666
196 S., 8 farb. Abb., kt. EUR 15,–
ISBN 3-926841-85-0

FH 62
Arbeitslosigkeit
Weg ins Ungewisse
184 S., kt. EUR 15,– / ISBN 3-926841-87-7

FH 63
Feldzug gegen Rudolf Steiner
Über O.T.O.-, Rassismusvorwürfe und Angriffe auf die Waldorfschulen
240 S., kt. EUR 15,– / ISBN 3-926841-88-5

FH 64
Liebe – Die Sonne der Welt
200 S., 8 farb. Abb., kt. EUR 15,–
ISBN 3-926841-90-7

FH 65
Doppelgänger
Der Mensch und sein Schatten
228 S., 8 farb. Abb., kt. EUR 15,–
ISBN 3-926841-91-5

FH 66
Hellsehen
Der Blick über die Schwelle
192 S., kt. EUR 15,– / ISBN 3-926841-92-3

FH 67
Esko Jalkanen – der Heiler aus dem Norden
Vom Zauber finnischer und baltischer Kultur
184 S., 19 farb. Abb., kt. EUR 15,–
ISBN 3-926841-89-3

FH 68
Liebe Leben
Homosexualität und die Vielfalt der Lebensformen in Zeiten der Individualisierung
192 S., kt. EUR 15,– / ISBN 3-926841-93-1

FH 69
Islamische Impressionen
Brücken zwischen Orient und Okzident
228 S., 12 farb. Abb., kt. EUR 15,–
ISBN 3-926841-96-6

FH 70
Träume
Was wollen sie uns sagen?
192 S., kt. EUR 15,– / ISBN 3-926841-97-4

FH 71
Einblicke in die Anthroposophie
200 S., kt. EUR 15,– / ISBN 3-926841-99-0

FH 72
Es ist an der Zeit
Aspekte der Anthroposophie
216 S., kt. EUR 15,– / ISBN 3-935679-00-9

FH 73
Eurythmie
Aufbruch oder Ende einer jungen Kunst?
204 S., 12 farb. Abb., kt. EUR 15,–
ISBN 3-935679-01-7

FH 74
Abgründe und Chancen in Zeiten des Egoismus
192 S., kt. EUR 15,– / ISBN 3-935679-02-5

FH 75
Einsamkeit
Wege des Ich
216 S., 20 farb. Abb., kt. EUR 15,–
ISBN 3-935679-04-1

FH 76
Kampf der Kulturen?
Eine andere Welt ist möglich
204 S., kt. EUR 15,–
ISBN 3-935679-06-8

So 1
Partnerschaft und Ehe
5. Aufl., 212 S., kt. EUR 15,–
ISBN 3-926841-04-4

So 2
Das Geheimnis der EAP
212 S., kt. EUR 9,– / ISBN 3-926841-05-2

So 4
Partnerschaft und Ehe II – Briefe
2. Aufl., 72 S., kt. EUR 8,–
ISBN 3-926841-14-1

So 5
Volkssouveränität und Volksgesetzgebung
Die Kernpunkte der Demokratiefrage
338 S., kt. EUR 14,– / ISBN 3-926841-18-4

So 7
Kunst
368 S., 25 farb. Abb., kt. EUR 16,–
ISBN 3-926841-26-5

So 8
Anthroposophen in der Zeit des deutschen Faschismus
Zur Verschwörungsthese
164 S., kt. EUR 12,– / ISBN 3-926841-27-3

www.flensburgerhefte.de

So 9
Zehn Jahre real-existierendes freies Geistesleben
Zur Geschichte der Gädeke-Studie [„Anthroposophie und die Fortbildung der Religion"]. Hintergründe, Fakten
92 S., kt. EUR 12,– / ISBN 3-926841-39-7

So 10
Biographiearbeit II
Grundlagen, Praxis, Ausbildungen
2. Aufl., 184 S., 8 farb. Abb., kt. EUR 15,–
ISBN 3-926841-48-6

So 12
Schwarze und weiße Magie
Von Satan zu Christus
2. Aufl., 184 S., kt. EUR 14,–
ISBN 3-926841-55-9

So 13
Waldorfschulen in Not
244 S., kt. EUR 14,– / ISBN 3-926841-63-X

So 14
Mensch und Computer
156 S., kt. EUR 14,– / ISBN 3-926841-64-8

So 16
Die Schande Europas
Der Krieg auf dem Balkan
200 S., kt. EUR 15,– / ISBN 3-926841-70-2

So 17
Ita Wegman und die Anthroposophie
Ein Gespräch mit Emanuel Zeylmans
216 S., kt. EUR 16,– / ISBN 3-926841-77-X

So 18
Erfahrungen im Umgang mit Tod und Sterben
Beiträge von Leserinnen und Lesern
180 S., kt. EUR 15,– / ISBN 3-926841-98-2

So 19
Die Welt am Abgrund
Jeder Mensch eine Bombe?
200 S., kt. EUR 15,– / ISBN 3-935679-03-3

So 20
Wortgetreu und unverfälscht?
Haben wir in der Gesamtausgabe Texte Rudolf Steiners?
76 S., kt. EUR 8,– / ISBN 3-935679-05-X

Flensburger Hefte = **FH** (ISSN 0932-5859)
FH-Sonderhefte = **So** (ISSN 0943-5549)

Anschrift, Abo- und Bezugsbedingungen siehe Impressum, 2. Umschlagseite.
Alle Titel auch im Buchhandel erhältlich.
Preisänderungen vorbehalten.
Siehe auch die vorangehenden Seiten.